Historia de las mujeres en la Argentina

Historia de las mujeres en la Argentina

Bajo la dirección de
Fernanda Gil Lozano, Valeria Silvina Pita y María Gabriela Ini

Coordinación editorial: Mercedes Sacchi

Tomo I
Colonia y siglo XIX

taurus UNA EDITORIAL DEL GRUPO
SANTILLANA QUE EDITA EN:

ESPAÑA	PORTUGAL
ARGENTINA	PUERTO RICO
COLOMBIA	VENEZUELA
CHILE	ECUADOR
MÉXICO	COSTA RICA
ESTADOS UNIDOS	REP. DOMINICANA
PARAGUAY	GUATEMALA
PERÚ	URUGUAY

© De esta edición:
Aguilar, Altea, Taurus, Alfaguara, S.A., 2000
Beazley 3860 (1437) Buenos Aires
www.alfaguara.com.ar
Directoras: Fernanda Gil Lozano, Valeria Silvina Pita, María Gabriela Ini
Autores: Judith Farberman, Juan Luis Hernández, Marta Goldberg,
Laura Malosetti Costa, Dora Barrancos, Roxana Boixadós,
Gabriela Braccio, Lily Sosa de Newton, Alejandra Correa,
María Celia Bravo, Alejandra Landaburu, María Gabriela Ini,
Pablo Ben, Valeria Silvina Pita

- Grupo Santillana de Ediciones S.A.
  Torrelaguna 60 28043, Madrid, España
- Aguilar, Altea, Taurus, Alfaguara, S.A. de C.V.
  Avda. Universidad 767, Col. del Valle, 03100, México
- Ediciones Santillana S.A.
  Calle 80, 1023, Bogotá, Colombia
- Aguilar Chilena de Ediciones Ltda.
  Dr. Aníbal Ariztía 1444, Providencia, Santiago de Chile, Chile
- Ediciones Santillana S.A.
  Constitución 1889. 11800, Montevideo, Uruguay
- Santillana de Ediciones S.A.
  Avenida Arce 2333, Barrio de Salinas, La Paz, Bolivia
- Santillana S.A.
  Río de Janeiro 1218, Asunción, Paraguay
- Santillana S.A.
  Avda. San Felipe 731 - Jesús María, Lima, Perú

ISBN obra completa: 950-511-645-4
ISBN tomo I: 950-511-646-2
Hecho el depósito que indica la ley 11.723

Han colaborado:
Valeria Satas (investigación y coordinación iconográfica)
Florencia Verlatsky y Luz Freire (corrección)
Ruff's Graph (tratamiento de imágenes)

Cubierta: Claudio A. Carrizo
Ilustración de cubierta: *Interior de un templo,*
                         acuarela sobre papel de Juan León Pallière, ca. 1860
                         Museo Nacional de Bellas Artes

Impreso en la Argentina. *Printed in Argentina*
Primera edición: agosto de 2000

Introducción

Fernanda Gil Lozano
Valeria Silvina Pita
María Gabriela Ini

Historia de las mujeres en la Argentina es un intento colectivo de *restituir a las mujeres en la Historia y devolver nuestra Historia a las mujeres.*[1] En este sentido, considera a las mujeres como sujetos de conocimiento, creando, simultáneamente, una conciencia de su especificidad histórica tanto en las propias mujeres como en los ámbitos académicos y en las historiografías oficiales.

La mayoría de las indagaciones acerca del pasado pretenden explicar, describir e interpretar los problemas derivados de la construcción de la nación, la conformación de la nacionalidad y de la ciudadanía, entre otros. En el mismo sentido, este libro está dedicado a resituar a las mujeres, deslizándolas desde el lugar marginal al que fueron confinadas en los relatos tradicionales hacia el centro de la escena. Esta operación tiende, entonces, no sólo a hacer visibles a las mujeres dentro del territorio que conformó a la Argentina sino también a elevarlas a la categoría de *sujetos dignos de la Historia.* Sin embargo, nuestra pretensión va aun más allá. Creemos posible cuestionar, mediante la reflexión epistemológica y teórica que los trabajos aquí reunidos contienen, los supuestos neopositivistas del quehacer historiográfico, en procura de conformar en el mediano plazo una nueva y renovada *historia social argentina,* entendida como un relato global que, aunque heterogéneo y complejo, pueda dar cuenta de los diferentes sectores que formaron en el pasado a la sociedad argentina, sin connotaciones androcéntricas ni prejuicios sexistas.

Nuestra producción es tributaria de varias tradiciones historiográficas y políticas. Por un lado, retoma los planteamientos de la historia de las mujeres como rama específica del conocimiento histórico, surgida hacia la década de 1970 en los Estados Unidos, Inglaterra y Francia, por mencionar las experiencias más significativas. Por otro, trabaja con los aportes que, desde los años 80, trajo a la disciplina la categoría analítica de género, que ha enriquecido y complejizado las nociones teóricas y las implicancias para los estudios históricos en general. También es heredera de un singular contexto nacional y latinoamericano, donde las mujeres y los movimientos feministas tuvieron y tienen diferencias importantes, en su desarrollo y respuesta social, con respecto a los de países centrales; en razón de los marcos políticos autoritarios en que debieron y deben desenvolverse y que dieron por resultado una inserción precaria del feminismo en la sociedad y en las universidades nacionales. Asimismo, resulta ser una mixtura entre las producciones resultantes de los proyectos de investigación en diversas unidades académicas y centros de investigación universitarios y el trabajo intelectual llevado a cabo al margen de éstos. En suma, la presente obra reúne una amplia gama de investigadoras e investigadores, desde aquellos que se están iniciando hasta los profesionales, maestros y maestras que ya cuentan con amplia experiencia y reconocimiento en sus respectivos ámbitos de trabajo.

Por qué una historia de las mujeres

Tradicionalmente, la historia ha rescatado del olvido a las mujeres cuando sus acciones, presencia y poder las distinguían del resto y elevaban su figura a un nivel de paridad con sus congéneres varones. La biografía ha sido uno de los discursos historiográficos más utilizados para ello, pero presenta una visión elitista y parcial del pasado: reinas, santas, heroínas y malvadas se entrecruzan, destacándose la excepcionalidad de unas pocas en oposición a la amnesia general que cubría al resto del colectivo "mujeres".

Otra manera de insertar a las mujeres en los relatos del pasado es la llamada *historia contributiva,* cuyo objetivo central es incorporar las acciones y aportes de las mujeres. Entre los temas más revisados se encuentran la educación y el sufragio femenino, el trabajo y la literatura de mujeres. Si bien este tipo de historiografía amplía el espectro de las *mujeres,* su escritura no supone la superación del modelo analítico androcéntrico del quehacer historiográfico. Aunque perciben las diferencias entre los varones y las mujeres y la marginación y el sometimiento de estas últimas, esos trabajos visualizan "la complementariedad" como un vínculo neutro. Esa neutralidad conduce a la producción de relatos descriptivos que no cuestionan "el contexto social definido por los varones en el seno de una sociedad patriarcal".[2] Así, esos relatos ocultan la desigualdad y la jerarquización de un grupo sobre el otro.

Otro tipo de historiografía contributiva es la que surge de centrar la mirada en los aspectos materiales de la vida cotidiana. Nos referimos a la escuela francesa de los *Annales*, que se inició en las primeras décadas del siglo XX y ha llegado hasta nuestros días con estudiosos como Philippe Ariès y Georges Duby. Los trabajos de esta escuela constituyeron un avance con respecto a una historia centrada en los hechos políticos de personajes públicos notables. A partir de la indagación del interior de las casas, la comida, el vestuario, rituales, tiempos y ritmos hogareños se redescubrió en esos escenarios a las mujeres, quienes fueron incorporadas a los relatos como parte de ellos. Sin embargo, esta perspectiva no supuso necesariamente la recuperación de las mujeres como *sujetos*; más bien, su presencia en los ámbitos domésticos se contrapuso a su ausencia en el campo de lo público, considerado como el ámbito donde se ejerció y se ejerce el poder político. En este sentido, los cánones tradicionales que ligan lo femenino al gineceo, a lo doméstico y a la reproducción en oposición al mundo de lo público y de la política –considerado, por ende, como representante de lo masculino–, no sólo se mantuvieron sino que se reforzaron. De esta forma, las mujeres quedaron situadas en un nuevo lugar marginal y secundario dentro del *corpus* historiográfico. Tampoco los desarrollos que abarcan la familia, la vida privada y aun la sexualidad, recuperan las experiencias femeninas por fuera del ámbito de la familia y la reproducción, aunque denuncien lo engañoso de las concepciones políticas y morales acerca de los sexos y de los roles dentro de los grupos primarios. Así contribuyen a la perpetuación de las mujeres dentro de un *continuum* de tiempo ahistórico marcado por ritmos biológicos más allá de la cultura y de la esfera de las acciones humanas.

La incorporación de las mujeres como una subsección o como un capítulo más dentro de la historia social sin la redefinición de los marcos conceptuales de la operación metodológica historiográfica contribuyó a reforzar los supuestos binarios vigentes en los relatos tradicionales: mujeres *versus* varones; naturaleza *versus* cultura, público *versus* privado, reduciendo a las mujeres a los ámbitos domésticos y su situación dentro de éstos. Tal como expresa Mary Nash, si el estatus de un varón jamás sería definido por su lugar en la estructura familiar, sino con relación a su contexto económico, político y cultural, por qué mantener el reduccionismo familiar con relación a las mujeres.[3]

Por el contrario, la historia de las mujeres intenta abarcar y recuperar el conjunto de sus acciones, superando el horizonte contributivo de las corrientes históricas mencionadas.[4] El desarrollo de esta rama, a diferencia de las experiencias anteriores, acompañó los interrogantes que, a partir de la década del 60, surgieron dentro del movimiento feminista con el objetivo de hallar las raíces de la subordinación y la opresión de las mujeres, como así también de ubicarlas como agentes de cambio y sujetos históricos, rastreando en las diferentes culturas y épocas su importancia, lugares y significados sociales. De tal manera, las mujeres fueron cobrando visibilidad y protagonismo en las escenas de las que antes habían sido excluidas o ignoradas. Estos *otros* orígenes resintieron la hegemonía de premisas que hacían de la subordinación de las mujeres un acto *natural* basado en las diferencias biológicas. Así, la subordinación es el resultado de una distribución desigual del poder y no un estado inmutable y ahistórico.

Los grandes cuestionamientos llegaron, primeramente, del mundo anglosajón. Historiadoras como Joan Kelly Gadol y Gerda Lerner llamaron la atención acerca de la forma en que los discursos históricos habían omitido y borrado a las mujeres. Sus trabajos posibilitaron el replanteo de las bases conceptuales de la investigación, al revisar los principales puntos de interés de la reflexión histórica: la periodización, las categorías de análisis y las teorías del cambio social.[5]

Joan Kelly Gadol, en su artículo "¿Tuvieron las mujeres Renacimiento?",[6] discutió la interpretación liberal de aquel período al poner en tela de juicio la idea de que había sido una época de esplendor y progreso para el Occidente europeo. Al analizar los criterios de control de la sexualidad femenina, los roles económicos, políticos, culturales y la ideología dominante con respecto a las mujeres de la época concluyó que, dadas las restricciones en el campo de la acción y del poder de las mujeres, el Renacimiento fue un retroceso con respecto al período del Medioevo. La revisión de momentos históricos considerados fundantes de nuevas etapas o ciclos evidencia la primacía de una visión que encubre y justifica "el avance de un sexo y la opresión del otro".[7] Desde esta revisión crítica, la historia de las mujeres establece vínculos con la historia general, y tiene en cuenta que los cambios no siempre repercutieron de la misma manera para unas y otros, lo que implicó también la incorporación de nuevas categorías de análisis. Al respecto, Gerda Lerner explica: "Todas las analogías –de clase, grupo minoritario o casta– se acercan a la posición de la mujer, pero no logran definirla adecuadamente. Las mujeres son una categoría en sí mismas: un análisis adecuado de su posición en la sociedad exige nuevas herramientas conceptuales".[8] De este modo, incluir a las mujeres en la Historia implica necesariamente *redefinir y ampliar las nociones tradicionales del significado histórico*.[9]

La búsqueda histórica de los orígenes de la opresión de las mujeres fue replanteando las categorías de análisis. La comprensión de que el estudio de las relaciones sociales entre las clases era tan necesario como el de las relaciones entre varones y mujeres llevó a investigar los vínculos entre las clases sociales y los sexos. Desde la perspectiva marxista, la subordinación femenina fue vista como el resultado de las relaciones sociales de producción. Para algunos, el patriarcado era la causa de la subordinación de las mujeres. Otros estudios hicieron hincapié en las diferencias biológicas entre uno y otro sexo. En síntesis, a partir de la decada de 1960 surgieron diversas perspectivas que explicaban la opresión de las mujeres.

Debatidas por la historiografía feminista, todas estas perspectivas fueron aportando diversas maneras de interpretar el pasado, desplazando los supuestos epistemológicos neopositivistas presentes en la disciplina. A partir de rechazar el clásico modelo androcéntrico y ubicar a las mujeres en el centro de un esquema analítico, los profesionales de la Historia pudieron cuestionar la producción tradicional. La historia de las mujeres revitalizó el *corpus* teórico de la disciplina, y no sólo con respecto a la experiencia histórica de las mujeres: la historia de la humanidad –entendiendo por ésta un relato que toma en cuenta las experiencias de varones y mujeres, de ricos y pobres, de vencidos y vencedores, de blancos, indios y mestizos– también se amplió y enriqueció.

En la década de 1980, la categoría de "sexo" se transformó y redefinió en la de "género", con el objetivo de eliminar toda connotación biológica en lo que era producto de la esfera social, política y cultural, y por ende de carácter histórico. El *género* es una herramienta imprescindible para el análisis de las dimensiones culturales de los discursos y las prácticas acerca de las mujeres y los varones. Además, permite iluminar los aspectos sociales y políticos de las relaciones entre los sexos. El concepto de "género" se refiere a la asignación de atributos y conductas a los individuos según su pertenencia a un sexo biológico. Esas conductas son construcciones históricas y culturales que se naturalizan y se reproducen, de generación en generación, como si fueran innatas, ahistóricas y moralmente correctas. La socialización de los individuos según su pertenencia genérica, además, oculta la desigualdad y las relaciones de poder que el género implica. "La utilización del concepto de género desplaza del análisis la concepción de mujer universal, ahistórica y esencialista hacia un análisis relacional contextualizado. El género es el saber sobre la diferencia sexual, la que no está biológicamente prefijada, sino que se va conformando cultural e históricamente y ordena las relaciones sociales."[10]

Más de la mitad de la población mundial está compuesta por mujeres, pero a pesar de este hecho, son un grupo social oprimido y alejado del poder, como las minorías étnicas y religiosas. Como es la característica sexual la que introduce diferencias, al contrario de otras minorías que son relativamente homogéneas, las mujeres están distribuidas en todas las culturas y clases sociales y participan en los diferentes niveles de la estratificación social. Asimismo, "cada mujer es una multiplicidad en sí misma: está marcada por un conjunto de diferencias dentro de sí misma que la convierten en una fragmentación, una entidad anudada, construida sobre las intersecciones de los niveles de la experiencia".[11]

En la actualidad, la categoría de género es discutida desde el propio campo de la teoría feminista. Nuevas tensiones se establecieron a partir del concepto de "diferencia", trabajado sobre todo por las feministas francesas e italianas. Mientras el concepto de género tendería a reflexionar sobre la relación entre hombres y mujeres desde una perspectiva integradora, las feministas de la diferencia pretenden marcar tensiones y centrarse en las particularidades de la experiencia femenina: "conceptualizar la diferencia implica repensar no sólo las nociones de identidad, sino también las de alteridad",[12] nociones de alteridad que resultan importantes para acercarse a las experiencias de las mujeres e historizarlas. Así como la historia puede escribirse y leerse desde diferentes posturas ideológicas y políticas, la historia de las mujeres tampoco es una sola, como no lo fueron –ni lo son– las prácticas y experiencias femeninas. Como señala Scott, "la historia permite explicar no sólo la variedad de posiciones existentes en la escritura feminista, sino también las diferentes maneras de concebir la identidad social e individual de la mujer".[13]

La historia de las mujeres en la Argentina

En la Argentina, el desarrollo de una historiografía que contemplara a las mujeres como sujeto fue singularmente diferente del de las experiencias en los países centrales. Por un lado, el movimiento feminista de los años 70 fue mucho más débil y su dinámica fue abruptamente interrumpida por la dictadura militar. Por otro, los aportes de las mujeres en el pasado fueron un tema poco explorado por las corrientes historiográficas locales.[14] Hacia la decada del 60, encontramos el antecedente más significativo de la historia de las mujeres en los trabajos de Lily Sosa de Newton, cuyo *Diccionario de mujeres argentinas* continúa siendo hasta hoy una de las referencias básicas para todos los que buscamos la presencia en singular de las mujeres en el pasado. Fue recién hacia principios de los años 80 cuando de las sombras resurgió tímidamente un movimiento radical de mujeres. El clima democrático posibilitó el restablecimiento de redes políticas e intelectuales de mujeres, donde la lucha por los derechos humanos, las experiencias del exilio y la introducción en abundancia de materiales bibliográficos del exterior, entre otros factores, colaboraron directamente en la conformación de una base intelectual y política del movimiento de mujeres. En este marco, la mirada se volcó hacia el pasado: la búsqueda de los orígenes, el descubrimiento de las actuaciones femeninas, el reconocimiento de aquellas que fueron omitidas por la historia, van a encontrarse con las búsquedas históricas realizadas en otras regiones del planeta unas décadas atrás.

Quienes se sintieron convocadas en el rastreo de las huellas femeninas en el pasado provenían de diveros campos profesionales y heterogéneas formaciones académicas. Reunidas, muchas de ellas, en la revista *Todo es Historia*, recorrieron dos siglos de historia argentina, tornando visibles a las *madres de la patria* y a sus *hijas bastardas*. Periodistas, escritoras, feministas, prostitutas, militantes políticas y sociales, damas de la elite y trabajadoras fueron rescatadas del olvido y de la exclusión a los que habían sido confinadas en los relatos oficiales. El origen de los estudios históricos de las mujeres en la Argentina tiene, conscientemente, la intención de dar a conocer a un público amplio las presencias de las mujeres en el pasado, confluyendo para ello y desde distintas opciones ideológicas y políticas, escritoras, periodistas, militantes feministas y profesionales universitarias, entre otras. En esta pesquisa se fundieron diversos recorridos y tradiciones: hallamos a María Sáenz Quesada, María Moreno, Mabel Bellucci, Leonor Calvera, Araceli Bellotta, más tarde a Catalina Wainerman, Zulma Reccini de Lattes, María del Carmen Feijoó, entre otras. Estos trabajos fundacionales fueron en su gran mayoría desarrollados fuera de los centros académicos. Habrá que aguardar hacia fines de la década de 1980 para que esta rama del conocimiento histórico sea incorporada en algunos programas de investigación en el nivel universitario.

A los ámbitos universitarios, el interés hacia la historia de las mujeres llegó con un retraso de más de diez años. Y provino, por un lado, de los destellos que estos estudios emanaban desde el exterior, que enunciaban concienzudamente la viabilidad de un relato historiográfico con las mujeres como sujetos privilegiados, como así también la apertura de centros de investigación, cátedras y programas en las universidades más antiguas y prestigiosas de Europa y los Estados Unidos. Esta situación indicaba tanto la institucionalización de la historia de las mujeres dentro de las universidades como el clima de replanteo teórico que ésta trajo a la disciplina. En otro sentido, la difusión de las investigaciones realizadas hacia públicos más amplios, no universitarios, cuyo interés y recepción fueron acompañados por éxitos editoriales, tales como la *Historia de las mujeres* dirigida por Georges Duby y Michelle Perrot, dio lugar a la recepción y aceptación de propuestas de investigación en el interior de algunas universidades nacionales. Aunque también la historia de las mujeres tomó impulso en un conjunto de investigadoras e investigadores, en su mayoría jóvenes, que encontraron en ella y en los estudios de género nuevas motivaciones e interrogantes que las corrientes y ramas tradicionales de la disciplina no aportaban.

Fue sin lugar a dudas en 1991 –con motivo de las Primeras Jornadas de Historia de las Mujeres, organizadas por la Universidad de Luján– cuando las investigadoras argentinas confrontaron por primera vez el estado de sus trabajos, lo cual impulsó a su vez la continuación y ampliación de este campo que se presentaba como novedoso.[15] La década de 1990 se caracterizó por la institucionalización de los programas de investigación, la apertura de centros específicos dentro de las universidades y los replanteos teóricos de la rama. No obstante, muchos de los tópicos del feminismo –que trabajan sobre la marginación de las mujeres, la secundarización de sus roles, la invisibilización de sus presencias, la desigualdad de oportunidades entre varones y mujeres– fueron y son motivo de cuestionamiento por parte de algunas investigadoras, también en el interior de las universidades. Si en términos generales hemos concluido que la inclusión de las mujeres en el relato histórico no contiene en sí la necesidad de reflexionar acerca de los presupuestos que sostienen a la disciplina, algo similar ocurre también con la inclusión de las mujeres y su historia en las instituciones, histórica y políticamente manejadas por y para varones. La institucionalización de la historia de las mujeres no modificó las estructuras institucionales. En gran parte de los casos, tendió a la construcción de un *apartheid* de mujeres, que mientras "se dedicaban a sus cosas", dejaban que los varones se encargaran de las grandes empresas de la humanidad.[16] Muchas de las jóvenes investigadoras debieron sortear los obstáculos devenidos de tal política. Contra la marginación impuesta a los estudios y programas de las mujeres, los diversos centros de investigación debieron establecer estrategias de inclusión en los programas de grado y posgrado, con suerte distinta en cada universidad.

En la actualidad, y con una década de trabajo, se ha logrado cierto equilibrio en el interior de las universidades. Muchas investigadoras e investigadores han logrado intercambiar el resultado de sus trabajos con sus pares abocados a temas de economía, política y cultura, cuestionando en algunos casos los tópicos que aparecían como cerrados y revitalizando aun más el cuerpo teórico de la disciplina. Queda todavía un largo camino para recorrer, tanto en el interior de nuestras universidades como hacia afuera de ellas, donde el movimiento de mujeres deberá tener reservado un lugar central.

Esta obra

La idea que guía y estructura esta obra es que la experiencia histórica de las mujeres puede abarcarse, en principio, alrededor de tres ejes: la sujeción y el cautiverio, la desapropiación y reapropiación del cuerpo, y las resistencias y luchas que, consciente o inconscientemente, las propias mujeres desarrollaron contra las prácticas y discursos construidos sobre ellas.

El encierro de las mujeres puede ser interpretado como una práctica, tanto política como disciplinaria, que organiza en el nivel social la diferencia sexual. En él se hallan contenidos y normativizados los comportamientos "socialmente aceptables" para las mujeres: la obediencia, la sumisión infantil, la educación moral, la bondad, los sentimientos maternales, la sexualidad pasiva, entre otros. A lo largo de la historia, las mujeres han padecido el encierro en el hogar, o bien en instituciones, ya sea de "protección" –casas de recogidas, patronatos–, religiosas –conventos–, de castigo –cárceles– o de "estudio" –psiquiátricos–. Eran prácticas destinadas al control social y a reproducir una determinada identidad de género que se inscribía, según cada contexto histórico, en el conjunto de las acciones de violencia tendientes a castigarlas o a "ponerlas en su lugar". En este sentido, la interpretación de los dispositivos del encierro y sus efectos sobre los sujetos pueden leerse en el cruce del análisis de género, la subjetividad y el poder.

La historización de las prácticas de encierro y control sobre las mujeres permite desmontar los relatos tradicionales de las instituciones modernas, donde las mujeres fueron invisibilizadas, deconstruyendo las formas que adquirió el sistema de sexo-género a lo largo del tiempo en distintas geografías y regiones.

El eje del control (público y privado) se funda en el dominio del cuerpo y en la aplicación de políticas vinculadas a la sexualidad y la reproducción. Estas prácticas combinan objetivos de protección y castigo asentadas en ambiguas definiciones de lo femenino: como lugar de poder y de ausencia de poder, de exacerbada sexualidad y de victimización, como lugar de peligro y al mismo tiempo de desprotección e inocencia.

Pero, pese a que estas prácticas y discursos fueron aceptados y reproducidos por las mismas mujeres, la revisión histórica nos ofrece otros desenlaces, donde a estos controles se contrapusieron actos de resistencia y resignificación e incluso de verdadero enfrentamiento. Pensar a las mujeres desde un encierro silencioso y sumiso hubiera hecho imposible la escritura de estos relatos. Si podemos reflexionar sobre los encierros y las sujeciones femeninas, es precisamente porque ellas mismas han reflexionado sobre los diversos montajes institucionales que las sometieron y someten. Hoy, la historia de las mujeres ha podido nutrirse de aportes de corrientes historiográficas –como la de los ingleses y su "historia desde abajo", con la que ampliaron la visión de los grupos subalternos–[17] no sólo centradas en los grandes conflictos sino también en los hechos cotidianos que han constituido la experiencia mayoritaria de todos los colectivos humanos. Allí han podido encontrar formas de impugnación, de resistencia y de lucha, muchas veces veladas o larvadas pero también más durables y, en algunos casos, más significativas.

El pasaje de la identificación y denuncia de la opresión a las luchas que las mujeres opusieron nos permitió valorarlas en forma diferente. De ser sujetos pasivos sin posibilidades de revertir su situación, se tornaron en seres activos que, aun en las circunstancias más desfavorables, pudieron elevarse desde su condición subalterna y dar una respuesta. La reacción de las mujeres fue un hecho creativo, producto no sólo de su situación subordinada sino de su propia voluntad. Entenderlo de otra manera no sería más que seguir dando preeminencia al dominador sobre el dominado y, en cierta manera, reproducir un relato desde el poder donde hasta la propia condición de opresión de las mujeres dependería de su reconocimiento por parte del patriarcado.

Los conceptos de *resistencia* y *lucha* nos permiten abarcar muchas experiencias. La *lucha* no es el momento en que aparece un grupo de mujeres notables y decididas, sino el punto culminante de un proceso sordo de *resistencia* que eclosiona en determinado momento. Un elemento íntimamente relacionado con las prácticas de lucha y resistencia es aquel que se refiere a la conciencia. Y aquí también una visión más crítica y amplia nos permite abordar de forma más rica este aspecto. La conciencia no aparece como un producto terminado que algunas mujeres alcanzaron de una vez y para siempre. No es un estado a alcanzar, sino un proceso de elaboración social donde se alternan avances y retrocesos, fortalezas y debilidades, claridades y prejuicios, en una unión dinámica y compleja. La comprensión de la dominación patriarcal y de las maneras de enfrentarla se nos muestra históricamente, con sus fisuras y contradicciones, como una construcción social que se fue edificando a partir de fragmentos dispersos portados por mujeres que actuaron en ámbitos diversos.

Las luchas y las resistencias de las mujeres se conformaron, entonces, según los diferentes contextos históricos, asumiendo a veces una de sus formas; otras veces, ambas. Surgieron desde una conciencia de grupo, de identidades comunes, de lucha común, o desde una soledad no siempre militante, sino simplemente transgresora, por parte de mujeres que se sintieron dueñas de sus cuerpos y de sus vidas.

Las estrategias y diversas formas implementadas para la dominación de nuestros cuerpos a lo largo de la historia es uno de los relatos más fascinantes de la cultura humana. Junto a los mecanismos culturales de dominación se fueron construyendo las respuestas sociales al padecimiento del cuerpo. Muchas veces las enfermedades denunciaron los abusos cometidos y otras veces la muerte se encargó de comunicar la tensión entre los discursos y la realidad. Cuerpo, cultura y sociedad conforman un tejido complejo en cuyas redes quedaron prisioneras muchas mujeres sin saber los motivos ni la fatalidad de esta condena.

La investigación sobre el cuerpo y la sexualidad puede abordarse desde tres perspectivas, construidas con fines analíticos: primero, el cuerpo "individual"; segundo, como un medio de sujeción y control social; tercero, como una subjetividad que interactúa con la naturaleza, la sociedad, la cultura, etcétera.

El cuerpo individual es el más evidente. Todas las personas conocen intuitivamente su cuerpo y tienen una experiencia de él. La idea del individuo como unidad de estudio surgió junto con la modernidad a partir del desarrollo de la medicina y la psicología y fue sostenida y legitimada desde diferentes campos del saber como el derecho, la economía y la política. En la cultura occidental, el dualismo cuerpo-mente o cuerpo-alma adquirió diferentes formas en diferentes momentos históricos. No es que otras culturas no separaran la materia del espíritu, pero, a diferencia de éstas, la matriz del pensamiento occidental de cuño aristotélico dio a los elementos de estos binomios un carácter de opuestos antagónicos. Este dualismo cuerpo-mente está además relacionado con otros binomios como naturaleza-cultura, emoción-razón, individuo-sociedad, que han sido estudiados por pensadores como Claude Lévi-Strauss, Sigmund Freud, Emile Durkheim, Max Weber y Karl Marx entre otros.

A lo largo de la historia, el cuerpo de las mujeres llevó una carga adicional por su destino biológico, ya que el molde aristotélico esconde en la idea universal de Hombre el concepto único y unívoco de varón como la norma. Las mujeres fueron vistas, estudiadas y analizadas desde su nacimiento como no-varones, es decir, por su negatividad, por lo que las aleja del modelo, por lo que les falta. Desde Herodoto, la Historia fue narrada casi exclusivamente por varones y en ese relato las mujeres pudieron historizarse solamente desde "la falta", "la ausencia", "la negatividad", "la noche", "la oscuridad", "lo siniestro", etcétera. Por eso, los historiadores las estudiaron en primer lugar en los lugares sociales que les estaban permitidos y/o asignados, para luego integrarlas en una enorme diversidad antropológica dispersa en las construcciones culturales legitimadas: las brujas, las locas, las prostitutas, las subversivas, etcétera. Según las épocas, a las mujeres les faltó inteligencia, alma, pene, y así fueron apareciendo en el relato histórico como un producto monstruoso, casi subhumano.

Esta *Historia de las mujeres en la Argentina* es fragmentaria y reclama otros capítulos. Otras experiencias de encierro, de resistencia y otras lecturas sobre los cuerpos y la sexualidad conformarán un tercer volumen. Nuevos interrogantes y problemas en torno a las experiencias femeninas deberán ser abordados con el fin de dar la palabra allí donde hayan permanecido los silencios. Otras perspectivas de análisis deberán superar los clásicos estudios acerca de los movimientos políticos –del siglo XIX y sobre todo del XX–, los partidos de masas y los movimientos sociales (universitarios, de derechos humanos, ecológicos, por el acceso a la tierra y la vivienda, etcétera), aproximando la mirada hacia los procesos de resistencia y de resignificación más subjetivos: las complejas relaciones entre maestras y directoras; entre amas de casa y empleadas domésticas; problemáticas como la anticoncepción y el aborto; vínculos entre mujeres (lesbianas, amigas, madres e hijas), avanzando sobre todo en las últimas décadas del siglo XX.

La sexualidad y los géneros, de los años 60 en adelante, requieren una reflexión aparte. Nuevos cuerpos ambiguos, mutables, implantables, han aparecido en escena; al trastocar la noción de "sexo", nos permitieron hacer visible el "género". Los trasplantes, los implantes, los cambios de sexo, la clonación, nos obligan a tomar conciencia de nuevos sujetos que podríamos llamar "nómades", ya que su identidad no es fija. Tanto la legislación como la sociología tienen dificultades para abarcar en su análisis los nuevos sujetos que esta época produce.

A pesar de los silencios, esta obra intenta ser el avance de un trabajo mayor, cuyo compromiso deberá ser asumido por las historiadoras y los historiadores que aún confían en la posibilidad de reescribir la historia incluyendo a todos, hombres y mujeres, y que están dispuestos a asumir el desafío que ello implica para nuestra disciplina.

En mayo de 1998 nos reunimos por primera vez en casa de nuestra amiga Marcela Nari para comenzar a darle forma a este proyecto. Ceder a la pretensión de escribir solas "toda" la historia de las mujeres, y aun abordar la historia argentina en un solo libro y con un solo aliento eran peligros ciertos que rondaban nuestros primeros encuentros. Esos encuentros nos permitieron definir, primero, los ejes o partes constitutivas de esta obra, y después, los temas a abordar en cada uno. Frente a tamaño proyecto convocamos a investigadoras e investigadores de diversos ámbitos: historia, antropología, literatura, periodismo... que pronto, y para nuestra alegría y asombro, empezaron a responder con ideas y trabajos que fueron dando forma a esta obra de la que, finalmente, todos somos responsables.

Dos años insumió la tarea de reunir, leer y corregir los trabajos. Cuando el proceso de edición ya estaba en marcha, Marcela Nari, que para entonces había abandonado la propuesta, ocupada en finalizar su tesis de doctorado, murió de manera sorpresiva y cruel. Ante la violencia y arbitrariedad de esa muerte, quedamos profundamente conmovidas. A ella y a su hijita Clara les dedicamos esta obra con todo nuestro corazón y nuestro amor.

Agradecemos a todos los colaboradores de esta compilación por la excelente disposición y la inagotable energía que dedicaron al trabajo, y especialmente a Mercedes Sacchi, que lidió con nuestras ansiedades y nuestros temores sin perder jamás el buen humor.

Por último, como profesionales de la Historia y desde la perspectiva que nos ofrece el comienzo del siglo XXI, no podemos dejar de agradecer a todas y a cada una de aquellas primeras militantes que denunciaron la ausencia de estudios específicos acerca de las experiencias femeninas y batallaron en favor de su incorporación en la Historia.

Fernanda Gil Lozano
Valeria Silvina Pita
María Gabriela Ini

Notas:

1   Gadol, Kelly Joan, "La relación social entre los sexos; implicancias metodológicas de la historia de las mujeres", en Ramos Escandón, Carmen (comp.), *Género e Historia: la historiografía sobre la mujer*, UNAM, México, 1992, pág. 123.

2   Nash, Mary, "Dos décadas de historia de las mujeres en España: una reconsideración", en *Zona Franca*, año II, n° 3, Rosario, 1994, pág. 4.

3   Ídem, "Desde la invisibilidad a la presencia de la mujer en la historia: corrientes historiográficas y marcos conceptuales de la nueva historia de la mujer", en *Nuevas perspectivas sobre la mujer*. Actas de las Primeras Jornadas de Investigación Interdisciplinaria, Seminario de Estudios de la Mujer de la Universidad Autónoma de Madrid, s/f.

4   Por ejemplo, la compilación de Mary Nash y James Amelang, *Historia y género, las mujeres en la historia moderna y contemporánea*, Edicions Alfons el Magnanim, Valencia, 1990, que incorpora trabajos de Natalie Zemon Davis, Paola di Cori, Joan Scott; la de Michelle Perrot y George Duby, *Historia de las mujeres*, Taurus, Madrid, 1993, la anglosajona de Bonnie Anderson y Judith Zinsser, *Historia de las mujeres: una historia propia*, Crítica, Barcelona 1991, entre otras.

5   Kelly Gadol, Joan, "La relación social entre los sexos; implicancias metodológicas de la historia de las mujeres", en Ramos Escandón, Carmen (comp.), ob. cit., pág. 124.

6   Ídem, "Did women have a renaissance?", en *History and Theory*, University of Chicago, 1984, también en versión castellana en Amerlang, James y Nash, Mary (comp.), ob. cit.

7   Ídem, "La relación social entre los sexos; implicancias metodológicas de la historia de las mujeres", en Ramos Escandón, Carmen (comp.), ob. cit , pág. 127.

8   Lerner, Gerda, "The feminist: a second look", Columbia Forum, XIII, otoño de 1970, citado en Gadol, Kelly, ob. cit., pág. 130

9   Scott, Joan, "El género, una categoría útil para el análisis histórico", en Amelang, James y Nash, Mary, ob. cit.

10 Pita, Valeria Silvina, "Estudios de la mujer y estudios de género en la Argentina. Un balance pendiente", en *Temas de Mujeres. Perspectivas de Género*, Universidad Nacional de Tucumán, Facultad de Filosofía y Letras, CEHIM, 1998, pág. 707.

11 Braidotti, Rossi, "Diferencia sexual, incardinamiento y devenir", en *Mora. Revista del Instituto Interdisciplinario de Estudios de Género*, Facultad de Filosofía y Letras, Universidad de Buenos Aires, n° 5, octubre de 1999, pág. 14.

12 Amado, Ana y Domínguez, Nora, Presentación al texto "Diferencia sexual y nomadismo", de Rosi Braidotti, en *Mora*, cit., pág. 7.

13 Scott, Joan, *Only Paradoxes to Offer. French Feminists and the Rights of Man*, Harvard University Press, Londres, 1996, pág. 13.

14 Si bien encontramos trabajos que abordan a las mujeres en la historia, son pocos los ejemplos de carácter contributivo. Fueron quizá los escritos de militantes políticas o vinculadas al feminismo como Juana Roucobuela, Fryda Shultz de Mantovani, Elena Gil, entre otros, los que desde la trama autobiográfica, en su mayoría, aportaron al conocimiento de las presencias femeninas en el campo político.

15 Las Jornadas de Historia de las Mujeres y Estudios de Género continuaron realizándose con regularidad, en 1992, en la Facultad de Ciencias Sociales de la UBA; en 1994, en la Universidad Nacional de Rosario; en 1996, en la Universidad Nacional de Tucumán; en 1998, en la Universidad Nacional de La Pampa.

16 Nari, Marcela, "Relaciones peligrosas: Universidad y Estudios de la Mujer", en *Feminaria*, año VII, nº 12, Buenos Aires, mayo de 1994; Pita, Valeria Silvina, "Estudios de Género e Historia: situación y perspectivas", en *Mora*, nº 4, octubre de 1998.

17 Véase Thompson, Edward P., *La formación de la clase obrera en Inglaterra*, Crítica, Grijalbo, Barcelona, 1989; Steedman Jones, Gareth, *Lenguajes de clase: estudios sobre la historia de la clase obrera inglesa, Siglo XXI*, Madrid, 1989; Samuel, Raphael (comp.), *Historia popular y teoría socialista*, Crítica, Grijalbo, Barcelona, 1984.

Encierros y sujeciones

Judith Farberman
Juan Luis Hernández
Marta Goldberg
Laura Malosetti Costa
Dora Barrancos

Encierros y sujeciones. Desde la conquista y la colonización hasta los albores del siglo XX, género, raza, etnia y clase se entrecruzan para mostrar la complejidad de la experiencia femenina.

Un proceso criminal por hechicería a mediados del siglo XVIII abre esta sección y nos permite, a la vez que asomarnos al mundo de la hibridación cultural en los pequeños pueblos coloniales, reconocer mecanismos de control y castigo instrumentados para imponer normas y preceptos católicos fuertemente patriarcales. Detrás de las acusaciones de brujería promovidas contra un grupo de mujeres indias y su "maestro" se adivina el rechazo de las jerarquías frente a una "excesiva" independencia femenina.

Género, etnia y clase reaparecen al analizar la situación de las mujeres guaraníes, tanto en su propia comunidad como bajo la dominación hispana y en el transcurso de las luchas independentistas. La ocupación de Corrientes por las milicias indígenas artiguistas exhibe un aspecto del choque entre la sociedad blanca y la guaraní, al tiempo que evidencia la reacción de la elite conservadora ante actitudes reivindicativas hacia las mujeres indígenas.

Culpables como las indias por su "natural obscenidad, desvergüenza e impudor", las afroargentinas se suman a esta historia bajo su triple condición de mujeres, negras y esclavas. Objetos de uso y de cambio para la ley, las mujeres negras son también fuente para el goce de sus amos. Casi "invisibles" en la historiografía argentina, su ubicación en el último peldaño de la escala social les permitió, paradójicamente, el goce de ciertas libertades prohibidas para las mujeres blancas de la época.

*A la independencia del dominio español le sigue el capítulo de la gue-
rra de fronteras y las mujeres retornan a la escena en la piel de la cautiva. Unidad de género, pero diferencias de raza: "las cautivas indias en
poder de los blancos no tuvieron la misma suerte que las blancas en poder de los indios, pese a que fueron numéricamente mucho más significativas".*

*El encierro femenino no siempre reconoce fronteras de clase: una
dama de la elite porteña decimonónica cierra esta sección e ilumina con
su experiencia otras formas de control. La inferioridad jurídica de las
mujeres, sancionada en el ordenamiento legal del siglo XIX, constituye
una importante restricción de sus derechos civiles y favorece situaciones en las cuales el hogar se transforma, literalmente, en una cárcel.*

La fama de la hechicera
La buena reputación femenina en un proceso criminal del siglo XVIII

Judith Farberman*

El 4 de octubre de 1761, uno de los alcaldes indígenas del pueblo de Tuama denunció ante la justicia capitular de Santiago del Estero a dos indias de su comunidad llamadas Lorenza y Francisca. A su entender, las mujeres habían causado con arte diabólico una extraña enfermedad que afligía a la china María Antonia, sobrina de su esposa y criada suya.

Lorenza y Francisca no gozaban de buena reputación en el pueblo. Todos les temían, especialmente después de que la enferma las responsabilizara públicamente de su dolencia. En la creencia de que sólo podía reparar quien había provocado el "daño", el indio alcalde obligó a las dos indias a curar a la china. Fue inútil: la salud de María Antonia siguió empeorando y las presuntas hechiceras declararon que no podían hacer nada para ayudarla.

Las reas respondieron a los interrogatorios de la justicia en tres ocasiones. En la primera, los jueces tomaron literalmente la denuncia del alcalde indígena. La segunda vez, el tribunal procuró arrancar mediante tormentos las confesiones de las presuntas hechiceras. En su desesperación, quizás para repartir las culpas, Lorenza mencionó los nombres de sus supuestos cómplices, incluido quien fuera visto por los jueces como un hipotético "maestro", Marcos Azuela. El último interrogatorio tuvo

Un peculiar proceso criminal

La textilería se mantuvo durante siglos como una actividad económica de primer orden en el seno de las unidades domésticas santiagueñas. Aunque en sus orígenes fue un trabajo masculino, en el transcurso de la época colonial fue quedando cada vez con mayor frecuencia en manos de las mujeres. "Santiagueña tejiendo", litografía de León Pallière.

*Este trabajo se benefició de múltiples lecturas. Agradezco a Jorge Gelman, Juan Carlos Garavaglia, Roberto Di Stefano, Anahí Ballent, Jorge Myers, Raquel Gil Montero, Ana María Presta, Susan Socolow, Silvia Palomeque y Ana María Lorandi sus valiosos comentarios y sugerencias bibliográficas. Siento una deuda especial de gratitud hacia Roxana Boixadós y hacia mi madre, Vilma Torregiani.

por objeto persuadir a las mujeres para que entregaran los "encantos" que, según se afirmaba, mantenían enferma a la china. Lorenza y Francisca murieron poco después, quizá debido a los tormentos, sin que la china experimentara mejoría alguna. De todos modos, los jueces se empecinaron en rastrear a los cómplices, aun a los familiares de Marcos Azuela, que vivían fuera de la jurisdicción de Santiago y no habían sido denunciados en la confesión de Lorenza. Cuando las pruebas fueron consideradas suficientes, se dictó la sentencia que condenó al destierro y a la humillación pública a cuatro mujeres y liberó, por considerar inocentes, a otras seis. Transcurría el 16 de diciembre de 1761.

Los acontecimientos están relatados en un proceso criminal de más de 300 fojas, conservado en Santiago del Estero.[1] A diferencia de otras causas contra hechiceros custodiadas en diversos repositorios provinciales del noroeste argentino, la historia de 1761 nos enfrenta con un episodio más cercano a la brujería y al delito colectivo.[2] Se trata de un caso excepcional también por la cantidad de personas a las que involucra, la celeridad con que se resuelve y el extremo rigor aplicado contra Lorenza y Francisca.[3]

En una región en la que la Extirpación de Idolatrías no tuvo actuación y la Inquisición fue una mera receptora de denuncias generalmente desestimadas, un proceso criminal como el que describimos significaba por sí mismo algo atípico. Pero como sugiere E. P. Thompson. "lo atípico puede servir para que vislumbremos las normas",[4] amén de acercarnos a la dimensión cotidiana de la vida en un remoto pueblo de indios, que la mayor parte de los documentos nos ocultan. A la vez, la hechicería era una actividad que atravesaba los distintos grupos étnicos y las diversas clases sociales, podía unirlas o enfrentarlas aunque más no fuera circunstancialmente y, en cualquier caso, alentar u obligar a algunos de sus exponentes a pronunciarse al respecto.[5]

¿Cuál fue el entramado social que sirvió de escenario al dramático episodio? Una sociedad rural recorrida por tensiones, que afloraron violentamente a partir de la denuncia de un miembro de la comunidad cuyo poder de convocatoria era considerable. Por algún motivo, el equilibrio comunitario tuvo que ser restablecido a partir de la injerencia de las autoridades coloniales que, al igual que los indios de Tuama, creyeron en los poderes de las presuntas hechiceras, les temieron y terminaron con ellas a fuerza de tormentos.[6]

Ahora bien, como se desprende del relato inicial, solamente un varón –Marcos Azuela– fue comprometido en el proceso de 1761. Las protagonistas de esta historia fueron mujeres, y esto no resulta casual: en el contexto de intensa emigración masculina y de militarización de la frontera chaqueña, las mujeres eran, con inusitada frecuencia, jefas de familia y sostenes económicos del hogar.

Sus declaraciones permiten constatar un grado considerable de hibridación cultural y de internalización del modelo de familia patriarcal y católico, un modelo que se contradecía con las prácticas reales que imponía una tierra muy a menudo desierta de hombres.[7] Tal hibridación cultural era el resultado de las profundas transformaciones que los pueblos de indios habían experimentado en el proceso colonial. A mediados del siglo XVIII, éstos rebosaban de mestizos, españoles, negros, mulatos e indios libres[8] que, ya fuera como cónyuges de miembros de la casta tributaria, como "agregados", usurpadores o meros huéspedes, convivían con los habitantes originarios. Esta población rural solía comunicarse en un mismo idioma –el quichua–, compartía su confianza en un conjunto de eclécticas prácticas medicinales y creía en el poder de las hechiceras.

Si esto vale para cualquier pueblo de indios santiagueño, tanto más era cierto para Tuama. Sólo cinco leguas separaban de la ciudad al pequeño poblado, al cual los tributarios concurrían asiduamente siguiendo los turnos de la mita. A la vez, por ser cabecera de doctrina, Tuama recibía habitantes de otros pueblos que asistían a los oficios religiosos. Podemos imaginar un contacto cotidiano y fluido, una circulación incesante de personas, de rumores y creencias que acercaba a los pobladores de Tuama a otros de pueblos rurales aledaños. Era un escenario propicio para la conformación de una cultura campesina híbrida, que en un largo proceso colonial terminó de borrar las identidades que dos siglos atrás separaban a las diversas etnias de la región.[9]

Santiago del Estero fue sede episcopal hasta 1699, fecha en que ésta fue transferida a la ciudad de Córdoba. Llama la atención la escasa injerencia eclesiástica en el proceso de 1761. Croquis de la Catedral de Santiago del Estero, Archivo de Indias, Sevilla.

La acusación de Lorenza

No todos los incriminados en el proceso de 1761 depusieron frente a la justicia capitular. Las primeras en declarar fueron Lorenza y Francisca, consideradas por la china María Antonia las únicas y exclusivas responsables de sus dolencias. Sin embargo, la tortura y la persistencia de los jueces llevaron a Lorenza a echar al ruedo otros nombres y a considerar delitos tanto o más graves que los iniciales. En su segundo interrogatorio, la india afirmó haber escapado de la prisión junto a Francisca (Pancha) invocando de inmediato "...a sus compañeras para matar a ésta y que fueron a buscar a Marcos Azuela, y a la hija de Pancha llamada Josepha, que estaba en Tuama para que entre éstos matasen a María Antonia y asimesmo fueron a buscar a Grabiela mujer de Chucico y le hablaron y a dos sobrinas del Alcalde Joseph Martínez, la una llamada Olalla y la otra Juliana y otra Luci y que todas éstas dentraron a la salamanca y concertaron allí el hacer daño a todos los que pudiesen y que todos estos que lleva nominados son hechiceros".[10]

He aquí un primer grupo de presuntos culpables, hechiceros unidos en una asociación que evoca, aunque sólo formalmente, el estereotipo europeo del *sabbat*.[11] De la lista de Lorenza, Marcos Azuela era el único que no pertenecía al feudo de Tuama, y las autoridades judiciales lo mandaron buscar al vecino pueblo de Tilingo, una vez que quedó demostrado que sus hipotéticas discípulas eran impotentes ante los padecimientos de María Antonia. Para su desgracia, poco pudo hacer por la china, que siguió enferma y siempre "al borde de la muerte". Su fracaso como curandero terminó por sumar nuevas cómplices al ya nutrido grupo de hechiceras denunciado por Lorenza. Esas cómplices eran la esposa, tres hijas y dos nietas de Azuela, que fueron sindicadas como hechiceras, ya no por los indios de Tuama, sino por testigos tenidos por españoles.

Como se dijo ya, Lorenza y Francisca murieron después de confesar por tercera vez y también Marcos Azuela cayó "fulminado por un rayo" antes de conocer la sentencia. El peso de la ley terminó por recaer sobre cuatro de las mujeres imputadas: Gabriela, Mencia (mujer de Marcos), Lucía y Juana Jerez (entenada de Marcos), condenadas al destierro y a salir "desde la cárcel pública de esta ciudad [...] cada una de por sí caballeras en un Burro de Alvarda con un pregonero para que levante que en altas e inteligibles voces publicando el delito [...] yendo emplumadas, con una traquila de la barba al Pecho para que sean conocidas por la cara y no la escondan".[12]

Por el contrario, otras fueron, por distintas razones, exceptuadas del castigo. Las nietas de Mencia y Marcos fueron entregadas en adopción a quienes "les dieran buena crianza" y perdonadas por su corta edad. En cuanto a María Josefa, Juliana y Olalla, se salvaron esencialmente gracias a su *buena reputación*.

El proceso de 1761, llevado adelante por la justicia capitular, se conserva en el Archivo Provincial de Santiago del Estero. Aunque se trata de un expediente muy voluminoso, sólo se requirieron tres meses para dictar la sentencia.
Acta del proceso.

Actualmente, del pueblo de indios Tuama sólo quedan en pie la capilla y el cementerio. Probablemente, el traslado de la parroquia al pueblo cercano de Silipica signó su decadencia como villa rural. Capilla de Tuama. Fotografía de la autora.

¿En qué consistía tal buena reputación? Para afinar el análisis, vamos a dividir el proceso de 1761 en dos partes: la primera se concluye con la muerte de Lorenza y de Francisca e implicó casi exclusivamente a declarantes indígenas, residentes habituales en Tuama. En la segunda, la persecución de la justicia capitular se volvió contra Marcos Azuela, zambo y "ladino en lengua española", sus hijas y sus nietas, estigmatizados por personas de "superior" calidad étnica, que habían tenido un contacto más esporádico con ellos.

"Hay que tener en cuenta que en una sociedad rural que cree en las brujas 'pésima vecina' es sinónimo de bruja", escribió Gustav Henningsen a propósito de las persecuciones del país vasco en el siglo XVII.[13] Francisca, y sobre todo Lorenza, eran vistas como pésimas vecinas y se les temía por sus poderes destructivos. Los jueces santiagueños aceptaron como criterio de verdad la opinión colectiva y, las pocas veces en que no surgió espontáneamente, se encargaron de preguntar a sus interrogados si las presuntas concurrentes a la salamanca tenían "fama de hechiceras". Las respuestas no siempre se basaban en la experiencia directa de los declarantes; los chismes y rumores jugaban una parte importante. Por ejemplo, Juan Pascual Carbajal, indio de Tuama y testigo aportado por el alcalde, afirmaba que "ha oído a Santos Salazar que Lorenza india ya citada es hechicera y asimismo dice que el referido Santos [...] le dijo a la tía de este declarante llamada Petrona Soto, que vive en Tuama, que Lorenza era una hechicera".[14]

Úrsula Romo, esposa del alcalde Martínez, tampoco tuvo dudas en

Mujeres de mala fama: las presuntas hechiceras juzgadas por sus pares

relación con Francisca, aunque las pruebas no fueran más contundentes: "habiendo ido María Antonia al Río a traer agua vio una india con manta negra y que esa noche no quiso dormir sola de miedo [...] y que le dijeron que la que había visto era Pancha, la que estaba junto con Lorenza [...] que son indias tenidas por mala fama de hechiceras".[15]

¿Cómo habían construido esa fama que sobrepasaba los confines del pueblo? Los declarantes han dejado algunas pistas, aunque no todas ellas conducen al "daño" y a la actividad mágica. En primer lugar, las dos mujeres parecían estar bastante familiarizadas con procedimientos terapéuticos que aún hoy continúan utilizando las "médicas" rurales, como la sobada, los masajes y el fajado de las caderas; del mismo modo, demostraron conocer las utilidades medicinales de las hierbas.[16] ¿Se desempeñaban habitualmente como curanderas, Lorenza y Francisca? Si así fuera, esta ocupación se caracteriza por su naturaleza ambigua; el hecho de que se les exigiera a las hechiceras que curaran a su propia víctima lo pone en evidencia. No obstante, a diferencia de lo ocurrido con Marcos Azuela, ninguno de los declarantes las identificó como "médicas", mas como autoras de daños dirigidos contra personas muy cercanas. El segundo elemento, entonces, es la presunta capacidad de las reas para movilizar daños, sobre lo cual ni los declarantes ni los jueces guardaron dudas. Pero además, en sus respectivas confesiones, Lorenza y Francisca reconocieron haber maleficiado a otras varias personas en el pasado y, quizás, uno de los motivos que más alarmara a los pobladores de Tuama, fuera que *sus víctimas estuvieran emparentadas con ellas*.[17] Este punto merece un tratamiento más detenido ya que, aún a mediados del siglo XVIII y a pesar de sucesivas reestructuraciones, el andamiaje fundamental de los pueblos de indios seguía siendo la red familiar. En los pueblos de indios, la

A la altura de Tuama, el río Dulce corre entre altas barrancas. Las "barrancas de Tuama" aparecen repetidamente mencionadas en las confesiones de las reas como lugar de reunión.
Ribera del río Dulce en Tuama.
Fotografía de la autora.

Los indígenas chaqueños, como los del oeste del río Salado, también fueron reducidos en pueblos de indios. Sin embargo, no fueron repartidos en encomienda y que de su organización se encargaron los jesuitas.
Florián Paucke, *Hacia allá y para acá. Una estadía entre los indiosmocobíes, 1749-1767,* Tucumán-Buenos Aires, Universidad Nacional de Tucumán, 1942.

tierra y el trabajo se compartían, en un esquema en que la reciprocidad regulaba las relaciones sociales: atacar a un pariente resultaba en este contexto un delito doblemente grave.[18] En tercer lugar, la hechicería aparece como una capacidad en parte hereditaria y en parte aprendida: de este modo, las relaciones de parentesco vuelven a ocupar el centro de la escena. Por ese motivo, la fama de hechicero de Marcos Azuela no tardó en manchar a sus hijas y nietas. También Francisca pertenecía a una generación de hechiceras: el curaca de Tuama afirmó que su madre había sido "quemada por mandato del Gral. Dn. Alfonso de Alfaro siendo Juez por el pernicioso oficio diabólico"[19] y Lorenza acusó a María Josefa, su hija, de participar junto con ellas en la salamanca de los montes.

Sin embargo, lo que nos parece más importante es que la mala reputación no se concluía en la fama de hechiceras. Las mujeres que tuvieron que pagar por sus supuestas culpas tenían mucho en común. La ocupación, por ejemplo. Todas dijeron mantenerse "con hilar y tejer y hacer ollas". Aunque en Santiago la textilería era un oficio universal entre las mujeres, *no todas dependían de ese solo ingreso*; un vasto abanico de actividades económicas, repartidas entre todos los miembros de la familia, hacía posible la subsistencia. Por el contrario, estas cuatro mujeres se mantenían solas: tres de ellas eran viudas y una estaba casada con un hombre que había perdido la razón. Por lo tanto, aunque débiles, no tenían ataduras en un mundo en el cual las solidaridades horizontales del parentesco estaban imbricadas en vínculos verticales de sujeción y dependencia hacia los padres, los maridos o los encomenderos... ¿Cómo podía esa libertad y ese goce de derechos tradicionalmente masculinos no despertar recelos entre los miembros de la comunidad?

También unía a las presuntas culpables la edad relativamente avanzada, de entre 40 y 50 años. Esto no es algo excepcional en los procesos por hechicería: en Europa y en América el perfil de la hechicera suele asociarse con mayor frecuencia al de la mujer madura (y por lo tanto estéril, no deseada y resentida) que al de la jovencita.[20] En este sentido, es significativo que en su confesión bajo tormento Lorenza incluyera a jóvenes y viejas entre las participantes de la salamanca y que los jueces inculparan solamente a las segundas.

Pero además de las coincidencias, Lorenza, Francisca, Gabriela y Lucía reunían algunos antecedentes personales que fueron juzgados negativamente. Lorenza y Francisca, por ejemplo, eran mujeres de "carácter fuerte". Las descripciones que de ellas hicieron las otras declarantes, las presentan agresivas, maldicientes y poco sumisas frente a la autoridad. "Se pelearon a puñetes" cuando fueron obligadas a curar a la china en presencia del alcalde y sólo cuando todo estaba perdido para ellas Francisca se rindió. No así Lorenza, que permaneció "con el corazón empedernido", sin entregar los "encantos" a los sacerdotes llamados para persuadirla. A Gabriela se le achacaba haber dejado a su marido, Chucico, "sonso, andando por las calles públicamente bailando y cantando y haciendo otros disparates". Era una historia vieja, en la que el difunto encomendero había creído a pies juntillas, al punto de obligar a la pobre mujer a curar a su esposo. Gabriela debió reconocer que en el pueblo "se levantó la voz de que ésta lo había hecho", y que por eso fue obligada a deshacer el daño. Su fracaso le valió ser azotada por su amo a la vista de todos; una de las declarantes llegó a ver en la ineficacia del castigo la prueba de la inocencia de Gabriela. En cuanto a Lucía, delatada por Lorenza y Francisca y defendida por las otras declarantes, poco se sabe a lo largo del proceso. Ella consideró que su inclusión entre las salamanqueras era una venganza de Lorenza, resentida "a causa de estar esta declarante cuidando en su enfermedad a María Antonia". Quizás el suministro de medicinas como "los porotillos de Boca negra", que según había oído decir "eran buenos para los hechizos", confirmó la aprensión de los jueces y selló su condena.

Por lo tanto, a las acusaciones de Lorenza se sumaban otros elementos que aumentaban la "solidez" de las sospechas de los pobladores y de los jueces. Con todo, Lorenza era la más desacreditada de las cuatro mujeres. No por nada solamente ella y Francisca fueron interrogadas bajo tormento mientras que las otras recibieron una pena relativamente leve, dirigida a mantener la disciplina social. Nadie las defendió, porque con todas sus vecinas tenían cuentas pendientes. Si por "varios enconos que tuvieron" María Antonia terminó por perder la salud y parir arañas y sapos, ¿qué les esperaba a los otros miembros de la comunidad? Por temor o por viejos rencores, el hecho es que la comunidad terminó por apropiarse de la denuncia del alcalde Martínez.[21]

¿Qué tipo de enemistades enfrentaban a Lorenza con sus vecinos? En el proceso, más de una vez se la acusa de robos, incluso el daño infligido a María Antonia se habría originado por hurtarle Lorenza unas cintas. El hurto, además, estaba estrechamente asociado a la hechicería, dado que muchos dispositivos mágicos se confeccionaban utilizando efectos personales de la víctima. Y a los ojos de todos, una madre ladrona no podía sino educar a sus hijos en esta escuela. La prolija denuncia del alcalde indígena complicaba en el robo de una oveja al hijo de Lorenza, a quien amenazó "diciendo que lo había de azotar pero que nunca ejecutó". Por último, Lorenza cargaba con una de las máculas más trilladas de la mala reputación femenina: la liviandad. Fue Gabriela quien, en defensa de las sobrinas del alcalde, sostuvo que "doña Lorenza mató

La alfarería era una actividad de antigua data en la mesopotamia santiagueña, al punto que los indicadores cerámicos fueron los elementos de diagnóstico más importantes para hablar de una "cultura chaco-santiagueña" antes de la llegada de los españoles. La importancia de esta actividad doméstica se mantuvo a través del tiempo: todas las mujeres involucradas en el proceso de 1761 se declararon alfareras, además de tejedoras e hilanderas.
Emilio R.Wagner y Duncan L. Wagner, *La civilización chaco-santiagueña y sus correlaciones con las del viejo y nuevo mundo*, Buenos Aires, Cía. Impresora Argentina, 1934.

a Margarita [...] *por haberse estado con su Marido*, que eso la oyó decir a María Paes, madre de doña Margarita".[22] La sospecha completaba el indeseable perfil de la hechicera: sin sujeción alguna, Lorenza gozaba también de una peligrosa libertad sexual.

"Mujeres de buena vida"   Juliana, Olaya y María Josefa no corrieron la misma suerte que sus presuntas cómplices de la salamanca. Ellas tenían buena reputación en el pueblo y ninguna de las declarantes se atrevió a negarlo. A su vez, Juliana y Olaya afirmaron su respetabilidad y buena fama aludiendo a dos valores: la sujeción y la "correcta observancia" de la religión católica. Un tercer valor, la "buena crianza" de los hijos, definido por la negativa al tratarse el caso de Lorenza y que reaparece en la segunda parte del proceso, surge, en la declaración de la única casada, del conjunto de testimonios que analizaremos en este apartado.[23]

La sujeción era el primero y más importante de esos valores e iba mucho más allá de la obediencia al marido. Su contenido era más amplio: ¿acaso no eran las principales sospechosas mujeres "sueltas"? La subordinación de éstas, por el contrario, neutralizaba la potencial peligrosidad que suponía su condición femenina, por una parte, y la pertenencia a la poco confiable "nación india", por la otra.

Justamente en este sentido, la veinteañera María Josefa, hija de Francisca, y sólo comprometida por la declaración de Lorenza, se ocupó de marcar de inmediato sus diferencias en relación con sus compañeras de desgracia. Cuando se le preguntó por su ocupación, dijo mantenerse *"con su marido* en tejer, coser y hilar",[24] vale decir que, a diferencia de su madre, *no estaba sola*. Pero además, María Josefa no vivía en el pueblo de indios, sino en una estancia cercana, donde era controlada bien de cerca por don Roque López, el propietario español. Sostuvo que concurría a Tuama sólo para visitar a su madre y "por el amor a sus hijos [...] para que aprendiesen la doctrina cristiana".

A Juliana y Olaya se las acusaba de haber matado a una india del pueblo, Margarita, movilizadas por los celos. Las habladurías sindicaban a las hermanas como amantes del esposo de Margarita. Sin embargo, también esa denuncia cayó en saco roto. Como sobrina del alcalde, principal aliado de la justicia española, Juliana no tenía que esforzarse demasiado para demostrar su inocencia. Además, todas las declarantes coincidieron en que Lorenza, y luego Francisca, la habían incriminado junto a su hermana Olaya para vengarse de la denuncia. Por lo tanto, era fácil suponer que el testimonio de Lorenza fuera producto del "rencor que le tuvo a su tío", quien desfogara "su rabia en esta declarante y su hermana".[25]

Juliana aportó diversas pruebas para defender su condición de "mujer de buena vida", que las otras declarantes coincidieron en destacar. Por empezar, además de su oficio "de tejer ponchos y lienzo", la muchacha había adquirido la habilidad española de "hacer puntos de encaje". Pero el lazo más sólido que la unía al mundo hispano era sin dudas su devoción religiosa, y se ocupó de destacarlo en tres oportunidades a lo largo de una declaración de apenas dos fojas. Es que la muchacha, como antes lo había hecho María Josefa, se empeñaba en demostrar que el mundo indígena al que pertenecía le resultaba ajeno. Decía, por ejemplo, no conocer a ninguna de las mujeres de Tuama involucradas en el proceso, algo sorprendente teniendo en cuenta que vivía junto a su familia "inmediatos a la Iglesia", vale decir en el mismo corazón del pueblo de indios.[26] Y si tenía "poca comunicación con los de su pueblo" era porque sus padres "no le permiten se acompañe con persona alguna, ni aun para el rezo". La cercanía a los españoles –física en el caso de María Josefa; cultural, en el de Juliana– constituía el eje de la defensa que ambas hicieron de sí mismas.

Del conjunto de estas declaraciones emerge también el tercer valor que enunciamos, la buena maternidad. Juliana se había presentado como una hija sumisa y obediente –"jamás sale de su casa sola aunque sea a la doctrina porque va en compañía de su Padre o de su Madre"–;[27] María Josefa, como una mujer preocupada por el adoctrinamiento religioso de sus hijos. Como contracara, Lorenza sumaba, a los ya numerosos cargos en su contra, la irresponsabilidad como madre. Es sugestivo que, en parte para defenderse y en parte sabiendo qué era lo que querían oír sus jueces, Lorenza se excusara de haber huido sospechosamente del rancho del alcalde "porque sus hijos estaban llorando" y debía atenderlos. Y éste, a su vez, se nos aparece reprendiéndola desde el primer momento porque "la mala crianza que le había dado a su hijo era causa para que hurtase".[28] Los jueces capitulares insistieron con el argumento incluso después de la muerte de Lorenza, cuando sostuvieron que "ni sus hijos hallándose presentes no le hicieron el menor aprecio antes si decían que por varias ocasiones la aconsejaban por donde iba a dormir pues cada noche se perdía e iba al monte".[29]

Juliana, Olaya y María Josefa tenían, entonces, las virtudes de las que Lorenza, Francisca, Lucía y Gabriela carecían. Eran jóvenes, estaban controladas férreamente por el marido o los padres y la práctica de concurrir asiduamente a la iglesia –o de velar por la fe de sus hijos– las consagraba como buenas cristianas. Todas ellas, sin embargo, compartían una débil integración a la comunidad de pertenencia. Fue un común denominador que condenó a unas por marginales y salvó a las otras por ajenas a una tradición cultural despreciada.

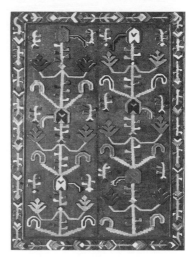

En la actualidad la producción de textiles rústicos sigue las mismas técnicas que en el período colonial. Como ya lo señalara Bernarndo Canal Feijoo, en los motivos elegidos para los sobrecamas se aprecia todavía la influencia de la decoración indígena. Bernardo Canal Feijoo, *Ensayo sobre la expresión popular artística en Santiago*, Buenos Aires, Cía. Impresora Argentina, 1937.

La mirada "española"

La segunda parte del proceso gira en torno a la figura de Marcos Azuela y, a diferencia de la primera, involucra a una mayoría de testigos considerados españoles. Marcos Azuela, zambo de indio, rondaba los 80 años y estaba casado con Mencia, india del Salado. Nuestro hombre había pasado buena parte de su vida migrando de un sitio a otro, *agregándose* con su familia a las estancias de circunstanciales protectores. En 1761, la anciana pareja compartía el hogar con su hijo y sus dos nietas, Margarita y María Casilda, de 14 y 16 años. El núcleo familiar se hallaba agregado a una estancia sobre el río Dulce en virtud de una relación de dependencia que implicaba un vínculo relativamente estable pero de ningún modo irrevocable. El anciano no descartaba la posibilidad de trasladarse próximamente "a esta ciudad arrimado a un personaje que le agradase", como ya lo había hecho en el pasado.

Marcos y Mencia habían tenido tres hijas más –que se habían "emancipado" a partir del matrimonio–, además una hija natural de Mencia y entenada de Marcos llamada Juana, que habría de tomar parte en esta historia.

Cinco de los miembros de la familia de Azuela, él incluido, declararon en el proceso de 1761. A su vez, ocho testigos, españoles todos, nos dejaron su opinión sobre ellos. Ésta era casi unánime: Azuela y sus hijas tenían acendrada fama de hechiceros y tal reputación les había validó en varias oportunidades el destierro de las jurisdicciones de Santiago y Catamarca. Por el contrario, resulta significativo que Marcos gozara entre las declarantes indígenas (exceptuando a Lorenza) de la positiva reputación de médico.[30]

Los hechos de Tuama apartaron aun más la mirada española de la primera versión. Para los jueces y los vecinos, el zambo era "maestro" de hechiceras y directo discípulo del demonio. Era una reinterpretación de los dichos de Lorenza, que, junto a las otras mujeres de la salamanca, quedaba ahora subordinada a un hombre.[31] Y su fama siguió creciendo, al punto que el Promotor Fiscal terminaría por considerarlo el poseedor del "libro de la salamanca", que obviamente no fue mencionado jamás en la confesión de la desdichada Lorenza. Pero como ya dijimos, además de su presente salamanquero, un pasado delictivo comprometía a Azuela, acusado de dañar a sus protectores y provocarles la muerte. Esa fama comprometía también a las mujeres de su familia, incluidas las entenadas de uno de los difuntos hijos de Azuela, que las autoridades no consiguieron localizar.

La nueva ronda de testigos consiguió complicar la situación procesal de los Azuela. Estaba integrada por algunas de las "personas principales" de Santiago;[32] sin embargo, la credulidad de los vecinos poco se diferenciaba de la de los indios de Tuama. Cierto es que esta vez las supuestas víctimas eran blancas y no indias, y –sobre todo–, que los hechiceros habían atentado contra sus patrones, ajustándose al esquema predominante en la mayor parte de los procesos contra hechiceros de nuestra región.[33]

¿Qué respondieron Azuela y sus parientes a los interrogatorios de los jueces?

El anciano Marcos declaró que su oficio era "hacer platos y peines para tejer" y que era además capaz de "curar a los que les da el viento". Esto último lo había aprendido de un cacique del Salado "viendo curar a otros en el paraje de Yuquiliguala". Sus prácticas terapéuticas eran sumamente variadas y conjugaban masajes, plegarias, ungüentos elaborados con hierbas, nidos de aves y "sebo de la lámpara de la Virgen". Algunos de estos ingredientes le fueron llevados a su pedido a la cárcel, donde procuró sin éxito curar a María Antonia. Finalmente murió en prisión, "atravesado por un rayo", prueba palmaria de su culpabilidad y a la vez de su poder.

Desde el período prehispano la mayor parte de la población de Santiago del Estero se concentró en la mesopotamia delimitada por los ríos Dulce y Salado. Los desbordes de los mismos hacían posible la agricultura aluvional en una región característica por su aridez. Carta del Gran Chaco (detalle) del P. Joaquín Camaño, en P. Guillermo Furlong, *Cartografía jesuítica del río de la Plata. Buenos Aires*, Facultad de Filosofía y Letras, Publicaciones del Instituto de Investigaciones Históricas, 1936.

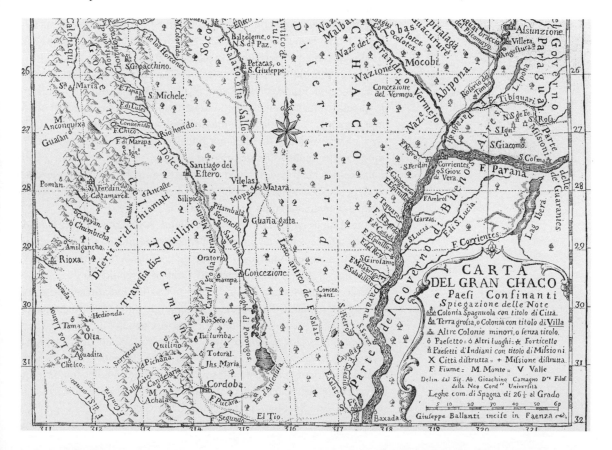

Mientras que Mencia y su hija natural Juana Xerez sufrieron finalmente la condena, las nietas escaparon al castigo. Hagamos ahora un recorrido por las declaraciones de estas mujeres, volviendo al problema de
la respetabilidad femenina:

Mencia, la esposa de Azuela, era "natural del río Salado, del pueblo
de Mopa" y se desempeñaba como tejedora e hilandera. Sostuvo que
nunca había pisado el pueblo de Tuama porque, a diferencia de su marido –que, "como hombre andaba en todas partes"–, ella "no sabía salir
de su casa a ninguna parte".[34] Es significativo que esta relación entre el
honor femenino, la sujeción y el "sedentarismo" fuera reiterada por María Azuela y por Juana Xerez. La primera afirmaba haberse apartado de
sus padres en el momento de su casamiento, "siendo muchacha" (en
1761 contaba 45 años). Desde entonces "nunca ha salido seis leguas fuera de los términos de Tilingo", porque "su marido es un Indio muy ma-
lo y no gusta hable con su Padre y Madre".[35] En cuanto a Juana Xerez,
alegó haber pasado sin trámites de la sujeción del encomendero a la de
su marido. Marcos, su padrastro, era casi un desconocido para ella porque "nunca ha vivido con ellos, por haber estado sirviendo en esta Ciudad a su amo Don Pedro Xerez". A partir de su matrimonio, Juana se había trasladado a la "sierra de Alivigasta donde reside con su marido".

Como antes lo habían hecho las involucradas por Lorenza invocando la sujeción, las mujeres relacionadas con Azuela resaltaron el hecho
de quedarse siempre en el mismo lugar como algo inherente a su condición femenina, asociada a la vida doméstica.[36] El razonamiento era lógico: en una sociedad dividida por líneas de casta, la movilidad espacial
–que tenía connotaciones de movilidad social– era perturbadora y acen-
tuaba su potencial peligrosidad.[37] A ello se sumaba la sangre mezclada
de Azuela, negra e india, que debía resultarles a los jueces casi tan incó-
moda e inquietante como sus mudanzas.

Las últimas en declarar fueron las nietas, Margarita y María Casilda.
Habían sido acusadas de arrojarle a María Antonia una tejita y de herir-
le un pie, aunque no tardaron los jueces en considerarlo un accidente y
desestimar el delito. Las muchachas estaban aprendiendo de su abuela
el oficio de hilanderas y tejedoras. María Casilda lo expresó tiernamen-
te –"sabe tejer, hilar y que recién está aprendiendo a coser menudito"–,
aunque ambas reconocieron que todavía sus abuelos las mantenían. A
continuación, se les preguntó sobre sus tías: sus declaraciones, precisas
y puntillosas, nos permiten entrever una apretada madeja de relaciones
familiares, firmemente sostenidas más allá de que aquellas mujeres, que
la justicia se obstinaba en acusar, estuvieran dispersas en la sierra cata-
marqueña y de Santiago o en la campaña de Salta...

Margarita y María Casilda fueron absueltas y alejadas de su abuela.

La utilización del tormento para obtener confesiones no era infrecuente en la América colonial. En 1761 se le aplicó a Lorenza el llamado "sueño español", que consistía en colgar a la rea de una viga por los brazos, colocarle pesas en los pies y quemárselos con un ladrillo caliente. Felipe Guaman Poma de Ayala, El primer nueva crónica i buen gobierno.

El Promotor Fiscal propuso enviarlas "a cada una de sí en Casa donde las eduquen enseñen en los misterios de nuestra Santa Fe Católica, den buen ejemplo, las mantengan y vistan".[38] María Casilda fue además la beneficiaria de la corta herencia que le fuera requisada a su abuela: desde Tilingo, además de un pequeño rebaño de cabras y ovejas, le fueron traídas "seis libras de hilo de varios colores, una cuña, dos peines de tejer, una Pala de lo mesmo, y un Loro hablador y otras menudencias".[39]

La historia de género ha procurado rescatar de la invisibilidad a las mujeres del pasado.[40] Cuando además se trata de mujeres pobres, analfabetas, solas, habitantes de una remota región, el problema de la invi-

Conclusiones

sibilidad se magnifica. Lorenza, Francisca, Gabriela, Juliana, no escribieron diarios personales ni mantuvieron correspondencia; cuando se casaron, fue sin dote alguna, y apenas una parte de las minúsculas transacciones, que ellas u otras como ellas realizaban a diario para vivir, dejaron alguna huella en las listas de deudores de algún comerciante. A pesar del obligado protagonismo que les impone a las mujeres una tierra de emigración, con escasa frecuencia sus voces llegan hasta nosotros.

Por todo esto, el proceso que analizamos es muy valioso. Aunque compelidas por las autoridades coloniales, todas estas mujeres nos dejaron fragmentos que permiten reconstruir sumariamente su universo de valores. Esa particular cosmovisión era el fruto de dos siglos de dominación española y por lo tanto de la adaptación de las comunidades indígenas al mundo colonial, también en materia de actitudes atinentes a la sexualidad, la familia o el matrimonio. Todas ellas trataron de adecuar sus discursos a lo que de ellas se quería oír. Y poco sabemos de lo que Canal Feijoo llamó "el fondo de la historia", esa cultura indígena que sin embargo aflora en la mitología, la decoración, la textilería y la misma perduración del quichua. A esta urdimbre se adhirieron los valores hispanos, sólo que éstos nos resultan familiares y por lo tanto más fácilmente reconocibles.[41] No ignoramos estas piedras en el camino, aunque no siempre podamos sortearlas.

Una larga tradición europea asoció las actividades hechiceriles y brujeriles a la condición femenina.[42] Ese modelo se trasladó luego a América, aun cuando entre los antiguos especialistas religiosos, asociados después de la Conquista con los brujos y hechiceros, hubiera hombres y mujeres.[43] Sin embargo, en Tuama, como en otros procesos del

El quimil es una cactácea que crece en suelos salitrosos y arenosos. Las espinas de quimil aparecen mencionadas varias veces en el proceso, siempre ligadas a la factura de los hechizos. La planta se sigue empleando en la medicina popular como infusión para curar la tos. Fotografía de la autora.

siglo XVIII que llevamos reunidos, fueron mujeres solas las identifica-
das como hechiceras, en un escenario en el cual, no casualmente, abundaban. Quizá los supuestos poderes de Lorenza y Francisca residían precisamente en su "excesiva" libertad, en la ausencia de la sujeción que las
otras mujeres alegaron en su defensa. Tal vez la centralidad de las mujeres en su múltiple papel de jefa de familia y sostén económico pudo
haber acentuado a los ojos de los vecinos su potencial amenaza. Estas
hipótesis son necesarias para integrar el contexto en el análisis de un
proceso criminal como el de 1761. Y sin embargo, aunque sin dudar en
las capacidades mágicas de las reas, los jueces reinterpretaron la confesión de Lorenza y no tardaron en poner a la cabeza de la diabólica asociación de la salamanca a un hombre, Marcos Azuela. Así, y dado que
sólo él como maestro de hechiceras podía curar a la china, los testigos y
los jueces españoles volvían a poner las jerarquías en su lugar. La mezcla racial, la movilidad, la revocabilidad de los lazos de dependencia,
factores todos de perturbación en el contexto de la sociedad de castas
preconizada por el orden colonial, condenaron finalmente a Azuela y a
su familia.

Notas

1   El proceso de 1761 (en adelante, *Proceso*) se conserva en la sección Tribunales del Archivo Provincial de Santiago del Estero bajo la signatura Tribunales, leg. 13, expdte. 1052. Adolfo González Rodríguez ha dado a conocer el contenido del proceso en un artículo reciente. Cfr., de este autor, "Juicio por hechicería en Santiago del Estero. El caso de las indias Lorenza y Pancha", *Temas Americanistas*, n° 14, Seminario de Historia de América, Sevilla, 1998, págs. 27-31.

2   En una primera y muy gruesa distinción, la hechicería es un delito individual, mientras que la brujería implica una acción colectiva. El paradigma europeo de brujería está además íntimamente asociado al estereotipo del *sabbat*. La bibliografía sobre estos temas es muy extensa, por lo que preferimos remitir al excelente estado de la cuestión de Fabián Campagne, "Introducción", en Fray Martín de Castañega, *Tratado de las supersticiones y hechicerías*, Universidad de Buenos Aires, Facultad de Filosofía y Letras, Buenos Aires, 1997.

3   La problemática de la hechicería colonial en el territorio hoy argentino tiene una escasa tradición historiográfica. Algunas excepciones son los trabajos de Antonio Pagés Larraya, *Delirium. Documentos para la etnohistoria de crímenes y tormentos de naturales en el Tucumán colonial*, Publicaciones del Seminario de Investigaciones sobre Antropología Psiquiátrica, Conicet, Buenos Aires, 1991, y el reciente libro de Carlos Garcés, *Brujas y adivinos en Tucumán (siglos XVII y XVIII)*, Universidad Nacional de Jujuy, San Salvador de Jujuy, 1997.

4   Thompson, E. P., "Folklore, antropología e historia social", *Entrepasados. Revista de Historia*, II:2, 1992, pág. 68.

5   Es una opinión difundida y evidente en el análisis de casos, especialmente en los que se derivaban al Santo Oficio de la Inquisición. Cfr., por ejemplo, Alberro, Solange, *Inquisición y sociedad en México. 1571-1700*, Fondo de Cultura Económica, México, 1988; Ruth Behar, "Brujería sexual, colonialismo y poderes femeninos: opiniones del Santo Oficio de la Inquisición en México", en Lavrin, Asunción, *Sexualidad y matrimonio en la América Hispánica. Siglos XVI-XVIII*, Grijalbo, México, 1991, págs. 197-226; Laura de Mello e Souza, *El diablo en la tierra de Santa Cruz*, Alianza América, Madrid, 1993.

6   La acusación de hechicería –o de idolatría– por parte de autoridades del pueblo de indios podía dar motivo a la intervención de la justicia española en las disputas políticas internas a la comunidad. Cfr. al respecto los ejemplos y la interpretación propuesta por Nicholas Griffith, *La cruz y la serpiente*, Universidad Católica, Lima, 1998, págs. 213-33.

7   Un artículo de Richard Boyer proporciona una útil síntesis de los aspectos normativos del patriarcado: "Las mujeres, la 'mala vida' y la política del matrimonio", en Lavrin, Asunción, ob. cit., págs. 271-308.

8   El curato de Tuama en particular era el más cercano a la ciudad de Santiago, por lo que no es extraño que, poco menos de treinta años después del proceso que nos ocupa, un censo de la jurisdicción registre un 43 por ciento de población perteneciente a las "castas".

9   El panorama etnohistórico de la región es bastante confuso. Las etnias mencionadas por los cronistas del siglo XVI son las de los tonocoté, juríes y sanavirones, diferenciadas básicamente por su lengua. Estas diferencias, al igual que los idiomas originarios, aparecen canceladas, al menos en la documentación escrita, a mediados del siglo XVIII.

10 *Proceso*, f. 46. En todas las citas de esta obra se ha modernizado la grafía.

11 Los aspectos que evocan el *sabbat* son el pacto colectivo con el demonio y la aparición de algunos elementos clásicos de la demonología europea como la promiscuidad sexual, la música infernal y la transvección en el viaje a la salamanca. De todos modos, cabe destacar que la figura del *sabbat* no arraigó demasiado en la península y difícilmente los jueces lo conocían en sus detalles y que, al mismo tiempo, el mito de la salamanca –más allá de las analogías– es claramente sincrético. Remitimos sobre el primer punto a Campagne, Fabián, "El *Tractado de la divinança* y el surgimiento del estereotipo demonizado de la bruja en la España tardo-medieval", *Mora. Revista del Instituto Interdisciplinario de Estudios de Género*, nº 5, Universidad de Buenos Aires, Facultad de Filosofía y Letras, Buenos Aires, octubre de 1999, págs. 53-74 y, sobre el segundo, a Farberman, Judith, "Las hechiceras de la salamanca. Pueblos de indios y cultura folclórica en las márgenes del imperio colonial español. Santiago del Estero (actual Noroeste Argentino), 1761", en *Bulletin Hispanique*, nº 102, 2000, Institut d'Études ibériques et ibéro-américaines, Université de Bordeaux III, en prensa.

12 *Proceso*, f. 217. Como puede apreciarse, se trata de una pena relativamente leve, no muy diferente de las que se aplicaban en la península en esta época y en épocas anteriores. Contrasta brutalmente con el tratamiento que recibieron Lorenza y Francisca.

13 Henningsen, Gustav, *L'avvocato delle streghe. Stregoneria basca e Inquisizione spagnola*, Garzanti, Milan, 1990, pág.21. (Traducción de JF.)

14 *Proceso*, f. 11.

15 *Proceso*, f. 89.

16 Todas estas técnicas terapéuticas aparecen cuidadosamente descritas en Bianchetti, María Cristina, *Cosmovision sobrenatural de la locura. Pautas populares de salud mental en la puna argentina*, Víctor Manuel Hanne, Salta, 1996.

17 La legislación criminalista española especificaba los homicidios ejecutados contra parientes, cfr. A. Levaggi, *Historia del derecho penal argentino*, Perrot, Buenos Aires, 1978, pág. 44.

18 ¿Qué parientes habían sido agredidos? Por empezar, la china María Antonia era sobrina de Francisca, a quien Lorenza le achacaba además las muertes de su propio esposo, hermana y cuñada, además de la de "Melchor, indio colla". Lorenza se adjudicó el maleficio de su tía Juana Colla, a quien "mató poniéndole una víbora en la barriga" y, al igual que las otras declarantes, se hizo eco del rumor que le endilgaba a Gabriela la demencia de Chucico, su marido.

19 *Proceso*, f. 86.

20 Es una tesis clásica que las supuestas brujas fueron el chivo expiatorio de las crisis europeas de los siglos XVI y XVII. Se las ubicaba "entre los elementos no conformistas y marginales [...]. En primer lugar, las mujeres, las más viejas, las más feas, las más pobres, las más agresivas, las que daban miedo. [...] Las viudas, a veces cargadas de hijos, a menudo en dificultades económicas, siempre con carencia afectiva, pues para ellas era inconcebible un nuevo matrimonio, constituían una presa fácil". Sallman, Jean Michel, "La bruja", en: Duby, G. y Perrot, M. (comp.), *Historia de las mujeres. Del Renacimiento a la Edad Moderna. Discurso y disidencias*, Taurus, Madrid, 1993. Volviendo al *Proceso*, recordemos que como contrapartida son absueltas y se admite la inocencia de muchachas adolescentes: Juliana, Olalla, María Casilda y Margarita tenían entre 14 y 16 años.

21 Lorenza llegó a discutir enérgicamente con Martínez, el alcalde indio. Éste la amenazó: si no curaba a María Antonia, "la había de coger y la había de quemar"; le amarró las manos y la condujo frente a la enferma. La misma escena se repite en un segundo intento de curación. En esta oportunidad, Lorenza dijo responder al alcalde "que se estaba tran creído de los dichos de la china [María Antonia] que también ella [acudiría] a dichos Jueces [de la ciudad]".

22 *Proceso*, f. 114. Subrayado JF.

23 Ésta es una diferencia relevante en relación con el sentido del honor femenino vigente entre las elites, que, más en la teoría que en la práctica, lo asociaba a las uniones legítimas y al "control sexual". Cfr. al respecto Seed, Patricia, *Amar, honrar y obedecer en el México colonial. Conflictos en torno a la elección matrimonial, 1574-1821*, Alianza, México, 1991, cap. 4.

24 Subrayado JF. Algo muy parecido habrían de responder más adelante las hijas de Mencia y Marcos.

25 *Proceso,* f. 118.

26 Favorecida, además, por la potencia espiritual que comunica la cercanía con el lugar sagrado.

27 La cuestión de la autoridad paterna –y los desafíos a la misma– ha sido analizada por Patricia Seed en ob. cit., cap. 8, y encuentra un desarrollo interesante en Boyer, Richard, ob. cit., págs. 271-2.

28 *Proceso*, f. 4.

29 *Proceso*, f. 83. Las salamancas se encontraban en el monte y las reuniones eran nocturnas. A esto parece aludir el juez.

30 Las mujeres "respetables", Juliana y María Josefa, dicen desconocer a Marcos Azuela.

31 El testigo don Feliz Ferrer, por ejemplo, afirmaba que había oído decir a Lorenza y a Francisca que "el daño que ellas traían hecho a María Antonia solamente Marcos Azuela era capaz de sanarla por ser el Maestro y que se lo habían dejado reservado a él". *Proceso,* f. 127.

32 Entre los testigos se encontraba el mismo alcalde ordinario del cabildo de Santiago del Estero.

33 Cfr. al respecto, los casos analizados por Carlos Garcés en ob. cit.

34 *Proceso*, f. 201.

35 *Proceso,* f.168.

36 Sin embargo, no era verdad. Las mujeres de Azuela, como muchas campesinas santiagueñas, habían vivido migrando de un sitio a otro. El lugar de origen que cada una de ellas declara lo demuestra y nos habla de un periplo realizado en compañía de sus padres primero y de sus maridos, después.

37 Cfr. Farberman, Judith, "Los que se van y los que se quedan: migraciones y estructuras familiares en Santiago del Estero (Río de la Plata) a fines del período colonial", *Quinto Sol. Revista de Historia Regional*, n° 1, 1997, págs. 7-40.

38 *Proceso*, f. 182.

39   *Proceso*, f. 211.

40   Scott, Joan Wallach,"El problema de la invisibilidad", en Ramos Escandón, Carmen (comp.), *Género e historia: la historiografía sobre la mujer*, Universidad Autónoma Metropolitana, México, 1992, págs. 38-65.

41   Canal Feijoo, Bernardo, *Ensayo sobre la expresión popular artística en Santiago*, Cía. Impresora Argentina, Buenos Aires, 1937, pág. 33.

42   Entre otras muchas obras, cfr. Russell, Jeffrey B., *Historia de la brujería. Hechiceros, herejes y paganos*, Paidós, Buenos Aires, 1998, págs. 145-52.

43   Remitimos a los trabajos clásicos sobre la extirpación de idolatrías en el Perú de Pierre Duviols, *Cultura andina y represión. Procesos y visitas de idolatrías y hechicerías. Cajatambo, siglo XVII*, Centro de Estudios Rurales Andinos Bartolomé de las Casas, Cusco, 1988, y *La destrucción de las religiones andinas (durante la conquista y la colonia)*, Universidad Nacional Autónoma de México, México, 1977, y a la síntesis reciente de Nicholas Griffith, ob. cit. En Santiago, los más de cuarenta hechiceros que Ramírez de Velasco mandó quemar en 1586 eran hombres y ancianos. Cfr. "Carta al Rey (1586)", en Jaimes Freyre, Ricardo, *El Tucumán colonial*, Coni, Buenos Aires, 1915, pág. 108.

"Las madres indias también tienen corazón"

Juan Luis Hernández

Andresito en Corrientes

Mayo de 1818. En Corrientes, un golpe dirigido por Elías Galván y el coronel Francisco Vedoya depone al gobernador Juan Bautista Méndez, partidario de Artigas. El caudillo oriental reacciona rápidamente, ordenando que las milicias guaraníes marchen sobre la ciudad. Andrés Guacurarí y Artigas –Andresito, como era conocido y llamado por todos–, Comandante Militar de Misiones, se dirige desde los antiguos pueblos guaraníes hacia Corrientes, y luego de derrotar a Vedoya en el combate de Saladas, entra en la ciudad el 21 de agosto y es proclamado gobernador de la provincia. Durante siete meses, hasta el 23 de marzo de 1819, se extenderá su gobierno, que pondrá en evidencia los profundos conflictos sociales y raciales de la sociedad correntina.[1]

La ocupación de Corrientes por Andresito se inscribe en la encarnizada guerra que libraban en la Mesopotamia los partidarios de Buenos Aires y los de Artigas, que estalló cuando el jefe oriental rompió definitivamente con Buenos Aires a principios de 1814, tras retirarse del segundo sitio de Montevideo. Las hostilidades se iniciaron en el litoral, donde los lugartenientes de Artigas vencieron a las fuerzas porteñas en Entre Ríos, mientras que el comandante Blas Basualdo (un indio misionero) derrotaba al último gobernador de Misiones designado por Buenos Aires, Bernardo Pérez Planes, en el pueblo de La Cruz.

Como advirtiera Halperin,[2] el primer sostén –y, a la larga, el más firme y duradero– que Artigas encontró en la Mesopotamia fue el apoyo unánime de la población guaraní de las Misiones. A tal punto esto fue así, que recién en 1815 Artigas logró entrar en Montevideo, completando en esa fecha su control sobre la totalidad de la Banda Oriental, cuando ya desde marzo de 1814 toda la región misionera estaba bajo domi-

En sus actividades sociales y políticas, los indígenas otorgaron a la mujer una centralidad desconocida en la época de la sociedad blanca.
Mujeres guaraníes preparando alimentos. Grabado de Theodoro de Bry.

nio de sus hombres. No puede extrañar entonces que años después Artigas le confiase a Andresito la misión de reestablecer el gobierno de sus partidarios en Corrientes.

Manuel F. Mantilla, el historiador de la elite correntina, describe con horror el ingreso del ejército guaraní a la ciudad: "Era un conjunto aterrador y repugnante; una indiada poco menos que desnuda, sucia, fea y de aspecto feroz; unos llevaban harapos; otros, raídos chiripás tan sólo, y otros se cubrían con pedazos de cuero".[3]

Ciertamente, la vestimenta nunca fue lo más destacado de los milicianos guaraníes; pero los más diversos autores coinciden en que entraron en la ciudad en perfecto orden y sin cometer desmán alguno. Zinny, por caso, describe así el ingreso de las tropas de Andresito: "...entraron tranquilamente y con el mayor orden hasta la plaza, de donde fueron dirigidas a sus cuarteles y Andresito con sus oficiales –que eran fervientes católicos– asistieron a una misa en la iglesia de San Francisco".[4] Relatos de testigos presenciales resultan plenamente coincidentes: en todos se destaca la calma y el buen orden del ejército indígena, cuyos jefes, una vez que los soldados se alojaron en los cuarteles, asistieron a un solemne tedéum.

Dueño de la situación, Andresito adoptó las primeras medidas de gobierno: encarceló a los protagonistas del golpe que no habían huido, requisó las armas y municiones del Estado o de los particulares, dispuso la inmediata apertura de los comercios de la ciudad, el pago de las deudas que los comerciantes mantenían con el Estado, y la devolución de todos los indios misioneros que habían sido capturados en una incursión reciente de las tropas correntinas y distribuidos en la ciudad para el servicio doméstico. Adoptó, además, otra medida muy interesante: ordenó el cierre de todos los puertos correntinos a los buques que no perteneciesen a los Pueblos Libres Artiguistas. Pedro Campbell fue nombrado comandante de Marina, encargado de capturar y decomisar la carga de cualquier barco que recorriese el Paraná sin autorización. Este botín pasaba a engrosar la "Tienda del Ejército Guaraní", que centralizaba los bienes requisados y los ofrecía en venta a los vecinos de la ciudad, obteniendo así recursos destinados al mantenimiento del ejército. Andresito procedió a reorganizar el cabildo de Corrientes, eligió nuevos integrantes para reemplazar a los que habían huido y emprendió una marcha por las ciudades y pueblos de la provincia, donde impulsó medidas sociales fundamentales que lo distanciaron irremediablemente de la elite local: liberación de indios y de esclavos de las haciendas correntinas y confiscación de tierras para entregarlas a familiares y viudas de sus soldados, así como a indios y mulatos recientemente liberados –invocando el Reglamento sobre tierras dictado por Artigas en 1815.

La elite correntina condenó y resistió las medidas, pero lo que verdaderamente la irritó fueron los incidentes producidos con los guaraníes en la capital, sobre los cuales hay un testimonio sumamente valioso: el relato de las hermanas Jane y Anne Postlethwaite, escrito en 1819, y publicado por primera vez por Juan y Guillermo Robertson. Radicado en Corrientes, John Postlethwaite era un comerciante inglés que se dedicaba al tráfico de cueros. En 1816 instaló en la ciudad a su familia, compuesta por su mujer y tres hijas. Los apuntes de las hermanas Postlethwaite tienen el valor de ofrecer una perspectiva alejada de las partes enfrentadas en el conflicto, con el adicional de proyectar una mirada femenina sobre los turbulentos acontecimientos que vivía la provincia.

Ya en su marcha sobre la ciudad, Andresito atravesó estancias y quintas en las cuales numerosos indiecitos, apresados por los correntinos, eran mantenidos como esclavos, obligados a trabajar de sol a sol para sus dueños. El jefe guaraní los fue liberando a medida que los encontraba, pero no se contentó con ello: apresaba al mismo tiempo a los hijos de

Los correntinos sólo controlaban el triángulo Noroeste del territorio provincial (Corrientes-Saladas-Santa Lucía), mientras que los pueblos guaraníes bajo el mando de Andresito ocupaban una amplia región de la actual provincia de Misiones hasta el Iberá y el corredor del río Uruguay. Corrientes y los pueblos guaraníes que respondían a Andresito. Elaboración propia sobre diseño de Blanca Dauss.

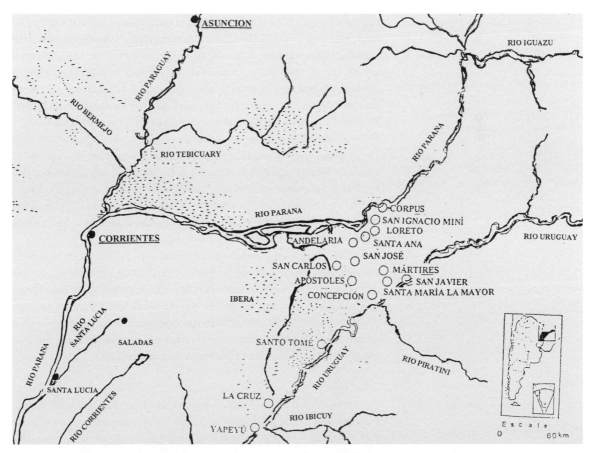

aquellos hombres a cuyo servicio habían estado los niños indígenas. Esos niños blancos fueron retenidos por Andresito alrededor de una semana, para angustia y desesperación de sus familias, que nada sabían del destino de sus hijos. En esas circunstancias, el jefe guaraní hizo comparecer ante él a las madres, quienes se debatían entre sollozos mientras Andresito les reprochaba duramente la crueldad con que habían tratado a los niños indígenas. Luego mandó traer a los niños cautivos y, dirigiéndose a sus madres, les dijo: "Pueden llevarse ahora a sus hijos, pero recuerden en adelante que las madres indias también tienen corazón".[5]

Los correntinos, aun los partidarios de la Federación, no podían dejar de expresar el menosprecio que sentían hacia los indios. Y fue así como se produjo un segundo episodio que dejó una huella imborrable en la memoria de las hermanas Postlethwaite. Sucedió que después de haber obtenido una contribución para tratar de vestir a sus soldados, Andresito resolvió organizar una fiesta a la que invitó a todos los vecinos principales de la ciudad. La fiesta consistía en unas representaciones de origen religioso, a las que los indígenas eran tradicionalmente muy afectos, y en las que practicaban coloridas danzas en cuya preparación se esmeraron largo tiempo. Cuando llegó el momento de la celebración, grande fue su sorpresa y desazón al advertir que la inasistencia del vecindario correntino era total. Andresito se sintió profundamente ofendido ante esta muestra de desprecio –en la que coincidieron los partidarios de Buenos Aires y los federales– y resolvió tomarse revancha.

A la mañana siguiente, los tambores tocaron muy temprano, y todas las familias respetables fueron convocadas a la plaza. Y mientras los hombres fueron obligados, bajo un sol abrasador, a trabajar cortando hierbas y limpiando el terreno, sus esposas e hijas fueron llevadas al cuartel, y obligadas a... bailar todo el día con los indios, "afrenta esta mucho más imperdonable que la labor manual impuesta a las personas del sexo masculino".[6]

Al abismo social y racial que separaba a los guaraníes de la elite correntina, se agregaba ahora un nuevo elemento de contraposición, porque resultaba evidente en estos dos episodios que los indígenas otorgaban a la mujer una centralidad en sus prácticas políticas y sociales que para la sociedad blanca era totalmente desconocida. La interpretación de estos hechos puede proporcionar elementos para reflexionar sobre el lugar de la mujer guaraní en la historia de este pueblo.

Género y poder   Antes de la llegada de los europeos, la organización social, política y económica de los guaraníes se basaba en el parentesco y la reciprocidad. La unidad socioeconómica de base era el *teii,* un linaje que com-

Las viviendas indígenas estaban dispuestas unas detrás de otras en filas –llamadas "galpones" en las crónicas de la época– alrededor de la plaza. Las filas estaban organizadas por cacicazgo, y la primera vivienda era la del cacique y su familia.
Galería de las casas de los indios, según una acuarela de Léonnie Matthis.

prendía a todos los hombres que se consideraban descendientes de un antepasado común. Los miembros de un mismo *teii* vivían con sus mujeres e hijos en una *maloca* (casas colectivas multifamiliares que podían llegar a albergar hasta doscientas personas). El *teii* solía formar parte de una estructura más amplia, el *tekoá* o aldea, en la cual podían confluir tres o cuatro *malocas*. Los guaraníes no podían elegir cónyuge dentro del mismo *teii*, por lo cual los linajes se vinculaban entre sí por medio del intercambio pacífico de mujeres. El casamiento entre indígenas de distintos linajes pero de la misma aldea era esencial para la cohesión interna del grupo: cuando un hombre recibía una mujer como esposa, tenía la obligación de compensar al linaje del cual ésta provenía, prestando servicios al padre y/o a los hermanos de su mujer.[7]

La actividad económica se realizaba principalmente en el marco del linaje. Los guaraníes practicaban la agricultura de roza, único método posible de cultivo en las regiones tropicales, abundantemente descripto en las primeras crónicas europeas.[8] En un rincón selvático previamente elegido, se practicaba en forma comunitaria el pesado trabajo de desmonte, para posteriormente repartir las parcelas entre las familias indígenas. Estas unidades de cultivo debían redistribuirse en forma periódica, dadas las características de la agricultura y las frecuentes migraciones propias de los guaraníes. Los trabajos y el intercambio de bienes y servicios entre los miembros de un *teii* estaban regidos por el principio de reciprocidad.[9] A su vez, en el interior de los linajes, mujeres y hombres tenían asignadas distintas actividades económicas. Así, las mujeres se dedicaban a la agricultura –en particular, a sembrar y cosechar maíz, mandioca y algodón–, mientras que la tarea principal de los hombres era la caza y la pesca. Es decir que los varones proveían al grupo familiar las

Una vez concluido el desmonte de un área selvática, y fertilizada la tierra con las primeras lluvias, las mujeres se dedicaban a sembrar maíz y mandioca. Al cabo de unos meses levantaban la cosecha, y luego tostaban y molían granos y tubérculos para elaborar harinas.

Mujeres guaraníes realizando tareas agrícolas. Ilustración de autor anónimo.

proteínas, mientras las mujeres aportaban los hidratos de carbono, los componentes necesarios para equilibrar la dieta alimenticia indígena.[10]

Los *teii* estaban dirigidos por jefes –*mburuvichá*– que se destacaban por su coraje, elocuencia y generosidad. Estos jefes gozaban de ciertos privilegios: podían tener varias mujeres, se les cultivaban los campos, obtenían otros servicios importantes de los demás integrantes del grupo. En contrapartida, debían asumir diversas obligaciones: repartir equitativamente las parcelas de cultivo entre las familias del grupo, mantener la paz interna, dirigir las actividades económicas colectivas, manejar las "relaciones exteriores" del *teii* y, lo más importante de todo, conducir el grupo en las actividades bélicas. Además, el jefe debía ser generoso y hacer regalos constantemente a los miembros de su *teii*. No era un cargo hereditario, ni podían los jefes ejercer mayores niveles de coerción: la jefatura se obtenía a partir de las cualidades exhibidas por quienes aspiraban al liderazgo, es decir, por el más capacitado para cumplir las funciones señaladas.[11]

La guerra tenía gran importancia para los guaraníes: era el medio por

el cual los hombres obtenían mujeres y otros bienes de los demás grupos, también era el vehículo para obtener cautivos, que eran devorados
(antropofagia ritual) por los miembros del *tekoá* en un convite o banquete, en los ritos de iniciación de los jóvenes y en otras conmemoraciones importantes de la aldea. Haciendo circular unos y otros se creaban
vínculos con otros hombres que quedaban endeudados con el guerrero,
quien de esta manera generaba circuitos redistributivos en los cuales basaba su autoridad. La guerra, entonces, constituía para los varones guaraníes la vía más directa de acceso al prestigio en el interior del linaje,
base de su autoridad.

Las jerarquías políticas, construidas a partir del prestigio de los jefes, estaban imbricadas con el sistema de género,[12] en el interior del parentesco y de las alianzas tejidas entre distintos linajes. Por medio de la
guerra, la poligamia y la redistribución de mujeres y bienes, los hombres
valientes, generosos y elocuentes cimentaban su autoridad e imponían el
predominio masculino en el interior del grupo indígena.

Las mujeres, por su parte, si bien ocupaban un lugar subalterno, de

Con raíces de mandioca cocidas,
fermentadas, mezcladas con hierbas y
agua, las mujeres preparaban bebidas
que eran almacenadas en grandes
vasijas.
Mujeres guaraníes preparando bebidas.
Ilustración de autor anónimo.

sempeñaban un rol trascendente. Económicamente constituían el bien más importante de cada comunidad, por su carácter de reproductoras de la fuerza de trabajo, y como productoras del componente agrícola de la dieta indígena. Socialmente, la mujer era la base de toda la política de alianzas entre los distintos grupos indígenas. La poligamia de los jefes cumplía en este sentido una función esencial: les permitía el ejercicio de esa generosidad redistributiva esencial para generar los vínculos en los cuales se asentaba la política indígena. La ausencia de la propiedad individual de la tierra y la inexistencia de costumbres de transmisión hereditaria, otorgaron a la guerra un papel crucial en la sociedad guaraní, al forjar las características del sistema de género delimitando la primacía masculina pero sin eliminar un cierto equilibrio en la vida social de la comunidad que las mujeres supieron alcanzar.

Este equilibrio comenzó a romperse ni bien llegaron los españoles al Paraguay. Los jefes indígenas entregaron numerosas mujeres a los europeos, se mostraron dispuestos a prestarles servicios y elementos de manutención, intentando de esta manera sellar una alianza defensivo-ofensiva mutuamente ventajosa.[13] Pero mientras los indígenas aspiraban a la satisfacción de necesidades en el marco de las relaciones de reciprocidad para ellos tradicionales, a los españoles sólo les interesaba tener mu-

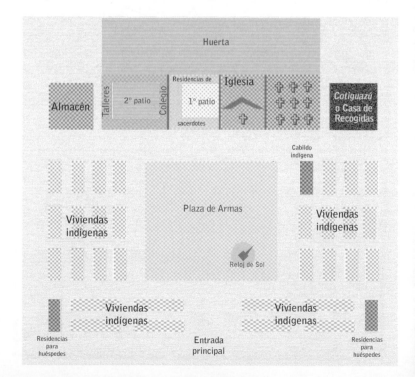

Con leves alteraciones, la planta urbana de todos los pueblos guaraníes guardaba similitud, y se mantuvo sin mayores cambios en el período posjesuítico. Se puede apreciar la ubicación del cotiguazú detrás de la línea de los "edificios principales", separado de las viviendas indígenas. Croquis de una reducción. Elaboración propia a partir del plano de San Ignacio Miní, levantado por el agrimensor Queirel en 1898.

chas mujeres porque ello significaba acumular fuerza de trabajo y bienes, y se desinteresaban por completo de los problemas y necesidades de los indios. La situación se agravó a partir de 1555, cuando Irala efectúa el primer reparto de indios, dando nacimiento a la encomienda en el Paraguay. Desde esa fecha, y hasta fines del siglo XVI, se producen cuatro grandes levantamientos indígenas y decenas de campañas de pacificación organizadas por los españoles desde Asunción.[14]

Una nueva estrategia de asentamiento indígena se inicia con el emplazamiento de las reducciones. Iniciadas por los franciscanos hacia 1580, y desde 1610 por los jesuitas, constituían –desde el punto de vista de las autoridades españolas– un sistema de fijación y control de la población indígena. Pero las reducciones jesuíticas tuvieron características muy específicas, en las cuales radicó gran parte de su éxito, tantas veces celebrado. Las instaladas en las márgenes del Paraná y del Paraguay nacieron a partir de acuerdos precisos entre los sacerdotes jesuitas y los jefes guaraníes, que pusieron como condición para "reducirse" no servir a ningún encomendero y sólo pagar un tributo moderado al rey. Pero además, en las reducciones guaraníes se plasmaron aspectos esenciales de la antigua vida: las relaciones de reciprocidad y redistribución fueron resignificadas, ya que aunque la producción quedó bajo control de los sacerdotes jesuitas, una parte sustancial de los bienes era redistribuida a la comunidad; la unidad socioeconómica básica siguieron siendo los cacicazgos, y sus jefes cumplieron un rol seguramente más importante en la organización de las faenas comunales y en la vida cotidiana de las reducciones que lo que los jesuitas admitieron en sus crónicas.[15]

La organización económico-social de las reducciones se basó en el sistema del *abambaé* y el *tupambaé*. A cada familia indígena se le asignaba para su mantenimiento una porción de tierra, cuyas sementeras se destinaban al consumo de esa familia. Esas tierras constituían el *abambaé*, las de propiedad común se llamaban *tupambaé* o hacienda de Dios. Se cultivaban en ellas productos de subsistencia –maíz, mandioca, legumbres–, utilizados para alimentar al sector no productivo de la reducción –enfermos, viejos, mujeres solas, empleados, sacerdotes–, pero lo fundamental era la producción de los yerbales y el cultivo del algodón, que se utilizaba para confeccionar la vestimenta de hombres y mujeres y para producir lienzos. Este último producto y la yerba eran los principales bienes que comercializaban las reducciones.

La producción de lienzos requería –una vez cosechado el algodón– dos operaciones fundamentales: el hilado y el tejido; el primero correspondía a las mujeres; el segundo, a los hombres. Pero mientras el de maestro tejedor era uno de los oficios más importantes y prestigiosos, que aseguraba ventajas económicas a quienes lo ejercían, las indias de-

Procedente de las misiones jesuíticas, este reloj de Sol se conserva en La Cruz. Marcaba el paso de las horas y, junto al tañir de las campanas, servía para organizar temporalmente las actividades diarias en los pueblos, rigurosamente pautadas. En ellas, hombres y mujeres participaban por separado.
Fotografía del autor.

bían trabajar duramente, cumpliendo con las tareas comunales y, además, hilando el algodón necesario para la vestimenta de su familia. Cada mujer indígena recibía dos veces por semana media libra de algodón en bruto, y dos días después debía entregar la tercera parte en hilo. Si no cumplían, o el tejedor descubría un faltante, se aplicaban los respectivos castigos. "A cada india se le da media libra de algodón el sábado para que traiga el miércoles la tercera parte en hilo, porque de las tres partes dos pesa la semilla. El miércoles se le da otra media libra para que lo traiga el sábado. Vienen todas al corredor externo de la casa del Padre, y allí sus viejos alcaldes pesan el ovillo de cada una y le ponen un pedacito de caña con el nombre de la india [...] y van poniendo en el suelo los ovillos en hilera de diez en diez, hasta hacer un cuadro igual al ciento, y más allá otro ciento, hasta concluir con todos, y luego pesan el conjunto."[16]

La exclusión de la mujer y la segregación en la vida cotidiana fueron las características centrales del sistema de género. En las reducciones, las actividades estaban rigurosamente pautadas a lo largo del día, distribuidas mediante el toque de campanas. Hombres y mujeres participaban en forma separada. Los muchachos y muchachas, separados de sus padres desde corta edad, eran constantemente controlados por alcaldes y ayas, autorizados a castigar a quienes se apartaban de lo establecido. Al llegar los jóvenes a cierta edad, se organizaban los casamientos, que se realizaban en forma conjunta; en la conformación de las parejas participaban los parientes más cercanos y los curas. Concluida la ceremonia, el cura entregaba a cada uno un hacha y un cuchillo, simbólica forma de anunciarles que desde ese momento, siendo adultos, debían empezar a trabajar y hacer sementeras. En cada reducción existía una Casa de Recogidas, llamada *coty-guazú* ("habitación grande"), que en un principio cumplía una función de protección, porque allí se alojaban las mujeres viudas, ancianas, enfermas o abandonadas por sus maridos. Pero con el tiempo, el *coty-guazú* se transformó en lugar de reclusión y castigo, a punto tal que, según Cardiel, en ese recinto los castigos a las mujeres eran aplicados por otras mujeres.[17]

Con la expulsión de los jesuitas en 1768, las doctrinas fueron secularizadas y puestas bajo el control de administradores civiles y autoridades políticas designadas por el Estado colonial. El sistema de castigos se incrementó notoriamente en los pueblos, ya que la multitud indígena no tenía ningún incentivo para la actividad económica: los nuevos administradores impusieron una lógica mercantilista, por la cual la mayor parte de la producción se comercializaba en Buenos Aires, o bien se traficaba con mercaderes de las regiones vecinas a los pueblos. El resultado era que los bienes redistribuidos a los indios desde los almacenes y graneros comunales eran cada vez menos y de inferior calidad. En esas condiciones, sólo el castigo y las amenazas constantes y sistemáticas permitían mantener en pie el esfuerzo productivo.

Los casamientos se habían convertido casi en un trámite. Hombres y mujeres contraían matrimonio muy jóvenes, en muchos casos no por propia voluntad o sentimientos mutuos, sino por arreglos casi siempre hechos por el cura o terceros ajenos a la pareja. Más que la libre elección de las partes, lo que primaba era el control social, en un doble sentido: al formalizarse un nuevo matrimonio se abría otra chacra familiar, y al casarse tan jóvenes, se los apartaba –por lo menos eso creían o decían creer las autoridades– de la vida disipada y la "incontinencia" propia de la juventud. Concebido como imperativo económico e instrumento de control social, el matrimonio distaba mucho de ser una unión libre entre el hombre y la mujer, pero esto no impedía que cuando entraba en crisis los mismos funcionarios que justificaban el sistema buscaran culpas en la lascivia, la incontinencia y el desamor de las mujeres indígenas. Un episodio risueño pero significativo fue la intención –totalmente infructuosa– de Bucareli y otros funcionarios coloniales de desterrar el *tipoy*, tradicional vestimenta femenina de algodón, por considerarlo escandaloso e indecente. También muy interesantes son las quejas de Doblas en sus *Memorias*, donde decía que las mujeres eran "...de andar todas descalzas y casi desnudas...", lo cual no le impedía al muy preocupado funcionario constatar que "...se admira lo pequeño y bien formado de sus pies y manos, y buena disposición de sus cuerpos".[18]

En este período, se agravó la situación de la mujer en cuanto a los castigos, que ahora les eran infligidos en igualdad de condiciones que a los hombres. Hay constancias de tumultos, planteamientos y quejas en diversos pueblos como consecuencia de castigos "excesivos" y abusos contra mujeres casadas y embarazadas.[19] Por otra parte, desapareció el *coty-guazú*, y las mujeres solas, que ahora eran muchas como consecuencia de la fuga sistemática de los varones de los pueblos, eran reincorporadas a su cacicazgo de origen, entre otras cosas para aprovecharlas como mano de obra en el hilado del algodón. Esta actividad se había desarrollado mucho –en particular la denominada "hilanza a medias", en la cual un comerciante local aportaba la materia prima y los indios la hilaban, quedando mitad para el pueblo y mitad para el mercader–, a punto tal que en muchos pueblos se daban tres tareas por semana en lugar de dos como en la época jesuítica.

Un lugar común en las crónicas de la época es el mal trato que el hombre guaraní reservaba a su mujer, y al papel subalterno que ésta ocupaba en su mundo. Sin embargo, las mujeres participaron activamente en la organización de las fugas de los varones, que incrementarían el desequilibrio poblacional; y hay testimonios de mujeres protagonistas y/o

En las reducciones, bautismos y casamientos se realizaban en forma colectiva. Las uniones matrimoniales eran arregladas por los parientes más cercanos con el consentimiento de los curas. A partir de la boda, los contrayentes eran considerados adultos y tenían la obligación de trabajar para la comunidad y de cultivar sus propias sementeras.
Pila bautismal conservada en el Museo Sanmartiniano de Yapeyú. Fotografía del autor.

causantes de disturbios, tumultos, quejas y planteamientos a las autoridades, como respuesta a los castigos y vejámenes recibidos. A su vez, su rol en la vida económica se incrementó: el hilado del algodón y la atención de las chacras familiares pasaron a sus manos.

El artiguismo en Misiones

Con anterioridad a la llegada de Andresito al territorio misionero, los comandantes artiguistas se habían impuesto a los hombres de Buenos Aires. Esta notable y temprana expansión del artiguismo se produjo en un terreno especialmente propicio, dadas las aspiraciones de mejoras sociales de la multitud indígena, y una tradición miliciana hondamente arraigada en la historia guaraní.

En relación con lo primero, debe decirse que la secularización de las doctrinas, concretada en 1768, mantuvo la propiedad comunal de las principales tierras de cultivo y estancias, asignando parcelas para cultivos de subsistencia a las familias guaraníes. A la vez, se modificó el gobierno de las comunidades, con la introducción de administradores civiles para la atención de los asuntos temporales. En este régimen, la Administración General de Misiones –organismo administrativo que concentraba la producción de la región en Buenos Aires– y los comerciantes locales, correntinos, paraguayos y santafesinos, se apropiaban del excedente de las comunidades, mientros los indios que producían con su esfuerzo las riquezas no recibían a cambio ni siquiera lo necesario para la propia subsistencia. El sistema entró en crisis en la última década del siglo XVIII, como consecuencia de la fuga masiva de los guaraníes ante la injusta situación a que se encontraban sometidos.[20]

En este contexto, el virrey Avilés inicia en 1799 un proceso de reformas, por medio de un programa gradual de liberación de las cargas de comunidad de las familias indígenas que reuniesen ciertas condiciones de instrucción, capacidad económica y otras cualidades. Las reformas, iniciadas en febrero de 1800, dieron origen a una situación de agitación social en los pueblos, dado que la mayoría indígena no sólo no se beneficiaba sino que se perjudicaba al reducirse las tierras y los brazos para trabajarlas. Por otro lado, las liberaciones firmadas por el Virrey recayeron en corregidores, cabildantes, maestros de oficios, capataces y otros empleos importantes de los pueblos; esto produjo un recambio en las elites indígenas de cada comunidad. Aun cuando las medidas de Avilés fueron confirmadas por el Consejo de Indias, mediante la Real Cédula del 17 de mayo de 1803, que dispuso que todas las encomiendas del Paraguay pasaran a la corona y que se efectuase de inmediato el reparto de tierras y ganado a los indios, la comunidad de bienes siguió subsistiendo unos años más –en realidad, el régimen de propiedad de la tierra no era lo que preocupaba a los guaraníes, sino la forma en que se lo usaba para saquear las comunidades–.[21] Las aspiraciones indígenas se reavivaron con la Revolución: el Reglamento dictado en diciembre de 1810 por el general Belgrano durante su campaña al Paraguay, que proclamaba la igualdad civil y política y numerosos derechos sociales largamente conculcados, fue ampliamente difundido en idioma guaraní en la mayoría de los pueblos.[22]

Con respecto a la tradición de las milicias indígenas, arranca con la participación militar guaraní en las campañas realizadas contra los portugueses durante la época colonial, principalmente en torno a las luchas por la posesión de la Colonia del Sacramento. La caída en manos portuguesas de los siete pueblos situados en la margen oriental del río Uruguay –las "Misiones Orientales"–, por medio de un rápido golpe de mano en 1801, puso de relieve en forma patética la incapacidad del alto mando militar español y lo desguarnecida que estaba la frontera, e implicó un proceso de creciente militarización de la región: los sucesivos gobernadores –Liniers, Velazco, Rocamora– impulsaron la constitución de milicias guaraníes, que fueron incrementando su número y mejorando su adiestramiento y armamento.

En este marco, el artiguismo se expandió veloz y masivamente. Tenía a favor su carácter contestatario y fuertemente igualitarista, y el hecho de que propiciaba la incorporación a sus filas de los sectores más bajos de la población rural, incluidos negros, marginales e indígenas de las más diversas etnias. Como lo planteó claramente Artigas en una carta dirigida a Andresito el 27 de agosto de 1815, tras recuperar los pue-

Los cabildos indígenas colaboraron en la administración de las reducciones, y tras la expulsión de los jesuitas, cumplieron idénticas funciones en los pueblos secularizados. Estaban integrados por personal de confianza de los sacerdotes y autoridades. Las mujeres guaraníes no integraron estos cabildos, y sólo excepcionalmente llegaron a ejercer algún empleo importante.
Caciques en reunión de Cabildo, de Léonnie Matthis.

blos de Candelaria hasta ese momento ocupados por los paraguayos: "...en esos pueblos del departamento Candelaria se guardará el mismo orden que en los demás, desterrando de ellos a todos los europeos y a los administradores que hubieren, para que los naturales se gobiernen por si, en sus pueblos" [*sic*].[23] Y el propio Andresito, en su intimación de rendición al comandante portugués atrincherado con sus tropas en San Borja (25 de setiembre de 1816), proclamaba: "...como a V. S. debe ser notorio, ni se le ocultará que estos territorios son de los naturales misioneros a quienes corresponde el derecho de gobernarlos, siendo tan libres como las demás naciones".[24]

Nada tenía que ver el lenguaje y la propuesta del artiguismo con la retórica y los proyectos reformistas de funcionarios e ilustrados borbónicos de épocas anteriores. El artiguismo supo conjugar viejas tradiciones y legítimas aspiraciones del pueblo guaraní con un proyecto político y social más amplio, opuesto a Buenos Aires y a los dominadores tradicionales portugueses y españoles, que lo convirtieron en una propuesta muy atractiva para los indígenas en medio de las convulsiones revolucionarias de principios del siglo XIX.

Conclusiones

Las diferencias de género entre los guaraníes se construyeron fundamentalmente a partir del parentesco (circulación de mujeres) y el prestigio, no sobre las tareas asignadas a cada uno en el área económica, que guardaban una peculiar simetría: si los hombres cazaban y aportaban proteínas, las mujeres tenían el acceso a la tierra, cultivaban y cosechaban y aportaban hidratos de carbono. Esto no se modificó en el período colonial: la mujer hilaba, el hombre tejía; si el hombre guaraní ataba su vida a la mita yerbatera, la mujer lo hacía al telar, y de él y de ella salía la vestimenta de hombres, mujeres, ancianos, ancianas, niños y niñas de los pueblos. Por otra parte, la mujer guaraní fue considerada desde siempre el origen y la continuidad de la vida.

En una sociedad con marcadas desigualdades, la base de la autoridad era el prestigio. En lo alto de la escala estaba la guerra, en la cual los varones guaraníes adultos obtenían el prestigio y el botín necesario –mujeres y cautivos– para cimentarlo. Y las mujeres transformadas en sus esposas producían nuevos bienes que alimentaban las relaciones sociales construidas trabajosamente para reforzar esa autoridad. De ahí la importancia de la resignificación del *ethos* guerrero guaraní como cuestión importante en el proceso de formación de las reducciones, y el reconocimiento de ciertas funciones a los jefes étnicos contrabalanceadas con las confiadas a los sujetos más afines a los objetivos misionales. En el período posterior, los esfuerzos de los funcionarios más perspicaces

se orientaron a reforzar este equilibrio, pero sin encontrar la argamasa adecuada para apuntalar el tambaleante edificio.

El artiguismo convulsionó fuertemente una sociedad que para ese entonces ya estaba visiblemente desestructurada, y que en forma masiva respondió a sus consignas. La perspectiva del género nos ayuda a entender el choque con la sociedad blanca, el carácter fuertemente revulsivo de la acción de Andresito en Corrientes, y la reacción de la elite de la ciudad ante los episodios relatados con sumo detalle por Jane y Anne Postlethwaite. El limpiar y el barrer eran tareas de segundo orden frente a la política y a la guerra, y a esas tareas el jefe guaraní condenó al patriciado correntino. Y en una época donde la política era territorio exclusivamente masculino, interpeló políticamente a las mujeres/madres, como legítimas garantes de la liberación de sus hijos, reclamándoles a ellas –y no a los hombres/padres– un trato igualitario para los niños indígenas.

La ocupación de Corrientes representó un acontecimiento único, en el cual un ejército indígena se apoderó por largos meses de una ciudad de cuatro mil habitantes, dominada por una de las elites más conservadoras del interior del país. En su transcurso, Andresito fusiló a miembros del patriciado, confiscó tierras y liberó prisioneros esclavizados; pero lo que no le perdonaron jamás fue que reivindicara a la mujer correntina como interlocutor válido, que la considerara un sujeto a ser interpelado. De ahí el odio (aumentado por el lente del racismo) y el desprecio con que estos episodios son narrados posteriormente, así recogidos por la historiografía correntina. Sólo un cruce desde la perspectiva del género, con los componentes étnicos, sociales y políticos, nos hace inteligible este rechazo, que tiene mucho que ver con el no-lugar de Andrés Guacurarí en la historia argentina.

En el histórico Cabildo Abierto de Candelaria (julio de 1810) los representantes de los pueblos guaraníes reconocieron a la Junta de Gobierno formada en Buenos Aires. Tras la retirada de Belgrano del Paraguay, Candelaria, junto con los pueblos de Santa Ana, Loreto, San Ignacio Miní y Corpus, quedaron en poder de los paraguayos, que los retuvieron hasta 1815, cuando fueron recuperados por Andresito. Las tropas paraguayas que años después ocuparon la región destruyeron los cinco pueblos y dispersaron a su población.
Ruinas de Candelaria. Archivo del autor.

Notas

1 Andrés Guacurarí y Artigas era un indio misionero oriundo del pueblo de San Borja, quien tomó contacto con Artigas en su juventud y fue adoptado por éste. En 1815, el jefe oriental lo designó Comandante General de las Misiones.

2 Halperin Donghi, Tulio, *Revolución y guerra,* Siglo XXI, México, 1979.

3 Mantilla, Manuel Florencio, *Crónica histórica de la provincia de Corrientes,*ISAG, Buenos Aires, 1972, pág. 213.

4 Zinny, Antonio, *Historia de los gobernadores de las provincias argentinas*, tomo II, s/e, Buenos Aires, 1910, pág. 419.

5 Postlethwaite, Jane y Anne, "La invasión de Andresito Artigas a Corrientes en 1818", relato escrito en 1819, y publicado por Juan y Guillermo Robertson en *Cartas de Sudamérica*. Utilizamos la traducción de José Luis Busaniche, reproducida en el *Boletín de la Comisión Nacional de Museos y Monumentos Históricos*, año IX, n° 9, 1948.

6 Ibídem.

7 Necker, Louis, "La reacción de los guaraníes frente a la conquista española del Paraguay: movimientos de resistencia indígena (siglo XVI)", en *Suplemento Antropológico*, vol. XVIII, Asunción, 1983, págs. 7-29

8 La *agricultura de roza* consiste básicamente en talar los árboles, primero los más pequeños y luego los más grandes; cuando los troncos y las ramas están secos, se les prende fuego, abrasándose no sólo lo que está cortado sino también las raíces. Con las primeras lluvias, la tierra queda fertilizada con las cenizas, y comienza entonces la siembra del maíz, la mandioca y diversas legumbres. Al cabo de pocos años, la tierra quedaba agotada, por lo cual era necesario trasladarse y desmontar una nueva parcela de selva.

9 Sahlins, Marshall, *Economía de la Edad de Piedra*, Akal, Barcelona, 1983.

10 Roulet, Florencia, *La resistencia de los guaraníes del Paraguay a la conquista española (1537-1556)*, Editorial Universitaria, Universidad Nacional de Misiones, Posadas, 1993, pág. 72.

11 Necker, Louis, ob. cit., pág. 10.

12 Rubin, Gayle, "El tráfico de mujeres: notas sobre la 'economía política' del sexo", en Marysa Navarro y Catharine R. Stimpson (comp.), *¿Qué son los estudios de mujeres?*, Fondo de Cultura Económica, Buenos Aires, 1998; y Silverblatt, Irene, *Luna, sol y brujas: género y clases en los Andes prehispánicos y coloniales,* Centro de Estudios Regionales Andinos "Bartolomé de las Casas", Cusco, 1990.

13 Para los indígenas, entregar una hija en casamiento a un miembro de otro grupo significaba obtener el derecho a la ayuda del yerno en todas las tareas necesarias para la subsistencia, y en los conflictos bélicos. El parentesco cumplía un rol social, político y económico esencial en la sociedad guaraní, pero no fue interpretado de esta manera por los primeros conquistadores. Por esos años, el Paraguay era conocido como "el paraíso de Mahoma", expresión que denota la incomprensión de los europeos al momento de su primera instalación en el Paraguay.

14 Necker, Louis, ob. cit., pág. 21.

15 Garavaglia, Juan Carlos, "Las misiones jesuíticas: utopía y realidad", en *Economía, sociedad y regiones*, Ediciones de la Flor, Buenos Aires, 1987, págs. 119-21.

16 Cardiel, José, *Breve relación de las Misiones del Paraguay. 1771*, Theoria, Buenos Aires, ISAG, 1972, pág. 53.

17 "En cada pueblo hay dos cárceles: para hombres y mujeres. La de los hombres suele estar en una esquina de la plaza, frente a la iglesia. La de las mujeres, en la casa de las recogidas [...] alli se ponen, con grillo o sin ellos, las mujeres delincuentes [...] No hay más castigo que cárcel, cepo y azotes [...] A las mujeres se les azota en las espaldas, en la casa de las recogidas, por mano de otra mujer, que ordinariamente es superiora suya [...] los azotes nunca pasan de 25. Si el delito es grave, se repiten los 25 algunas veces en diversos días." (Cardiel, José, ob. cit., pág. 128.)

18 Doblas, Gonzalo de, "Memoria histórica, geográfica, política y económica sobre la provincia de Misiones de indios guaraníes (1784)", en De Ángelis, Pedro; *Colección de obras y documentos relativos a la historia antigua y moderna de las Provincias del Río de la Plata*, vol. III, Buenos Aires, 1836, pág. 130.

19 En nuestro trabajo "Tumultos y motines. La conflictividad social en los pueblos guaraníes de la región misionera (1768-1799)", en prensa, analizamos dos tumultos producidos en los pueblos de Apóstoles y San Lorenzo, en 1787, en respuesta a los duros castigos infligidos a mujeres indígenas por orden de corregidores y administradores.

20 Hernández, Juan Luis, "La fuga como estrategia de resistencia en los pueblos guaraníes tras la expulsión de los jesuitas, 1768-1799", en *Taller,* nº 11, 66-87, Buenos Aires, 1999.

21 Hernández, Juan Luis, "¿Comunidad o libertad? Las reformas del virrey Avilés y el régimen de propiedad de la tierra en los pueblos guaraníes de Misiones (1799-1803)", en *Actas del Congreso Internacional "Jesuitas – 400 años en Córdoba"*, tomo 1, págs. 209-228, Córdoba, 1999.

22 Mitre, Bartolomé, *Historia de Belgrano y de la Independencia Argentina*, Anaconda, Buenos Aires, 1950.

23 Cabral, Salvador, *Andresito Artigas en la emancipación americana,* Buenos Aires, s/e, 1980, págs. 203-204.

24 Ibídem, pág. 113.

Las afroargentinas (1750-1880)

Marta Goldberg

Figuras de curvas amplias se deslizan en rápidos y vertiginosos giros. El color profundo de la piel da cierto sabor macabro a las siluetas mal alumbradas por la luz de cirio de los candiles y de la "vela de baño" chorreando sebo perfumado.
J. M. RAMOS MEJÍA

En la actualidad es muy raro ver negros en las ciudades argentinas. En Buenos Aires, la mayoría se enorgullece de su aspecto europeo y, posiblemente, si se les pregunta qué pasó con las negras, contestarán: acá nunca las hubo. Sin embargo, en las fiestas patrias escolares nunca faltan las niñas con la cara tiznada de corcho quemado, que representan a negras y negritas en los patios de las casas o en las calles del Buenos Aires de 1810. En los relatos escolares, esas "negritas simpáticas y pintorescas" retribuían con amor y fidelidad el buen trato que les daban sus amos, hasta que Rosas las usó para espiarlos. Año tras año, nuevos escolares recrean esas imágenes, pero... ¿qué pasó con la memoria histórica argentina? ¿Qué pasó con esas negras? ¿Cómo y cuándo dejaron de ser esclavas? ¿Cuántas eran y qué hacían? ¿Qué pensaban sus contemporáneos de ellas?

Los negros del Río de la Plata son prácticamente "invisibles" para la historiografía argentina. Aun cuando se reconozca su importancia numérica, no se los integra en los estudios de la vida cotidiana. El color "negro" y la condición de esclavitud son elementos para la incomunicación

La "invisibilidad" negra

Los bandos coloniales prohibieron reiteradamente los candombes por la "deshonestidad" y "desvergüenza" de los movimientos de los negros. "Candombe", de Pedro Figari.

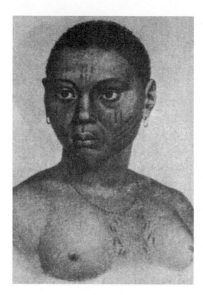

por los prejuicios raciales de una sociedad que segrega y generaliza a partir de cualquier tipo de comportamiento que pueda sustentar y justificar las estructuras de dominación.

Hasta 1960, contábamos con publicaciones sobre la trata de esclavos[1] sobre todo, africanos, pero acerca de los afroargentinos sólo había obras literarias y costumbristas. Posteriormente, aparecieron los escasos estudios históricos que rescataron al negro esclavo o libre, pero considerando a hombres y mujeres como un solo grupo. En los últimos años, los estudios de género comenzaron a ocupar un espacio significativo en la historiografía argentina, pero no investigaron sobre las afroargentinas. Género y raza se han rescatado por separado.

En los siglos XVIII y XIX, las mujeres negras sólo aparecen en los archivos cuando rompen la cotidianidad y amenazan violentar el orden socialmente establecido. Ese "transgredir" aparece en mujeres involucradas en causas judiciales donde las podemos clasificar en dos categorías: sujetos activos (denunciantes o denunciadas) y objetos que sólo tienen valor de uso, y de cambio. Como cualquier otro objeto, eran tasadas, vendidas, rematadas, hipotecadas, embargadas, alquiladas, donadas, heredadas. Como personas, lo que parece paradójico, eran comúnmente un objeto sexual; con la circunstancia agravante, como intentaremos demostrar, de que siempre que eran violadas, abusadas y castigadas, se las consideraba culpables por su supuesta "naturaleza obscena".

Nuestro objetivo es hacer visibles, rescatar del olvido a las primeras "desaparecidas" de la historia oficial argentina –ubicadas en el último peldaño de la pirámide social por su sexo, su raza y su condición jurídica–, que junto a los varones negros constituían un tercio de la población de Buenos Aires en 1810, y más de la mitad en las distintas ciudades del Noroeste en 1778.

Al introducir a los esclavos africanos, los descubridores y conquistadores introdujeronn también los prejuicios sobre la población negra. Juzgándolos con pautas eurocéntricas, consideraban que los negros eran salvajes, animales, brutales, obscenos, desvergonzados, y extendían estas características a sus religiones, ceremonias, bailes y actitudes. La relación sexual afroamericana se describía generalmente como producto del salvajismo, de la violencia, de los bajos instintos, de la lujuria desenfrenada de los negros que "atacaban" a las indias. Para evitar esto, para casarlos y *fijarlos a la tierra,* trajeron las esclavas negras. El casar a los esclavos fue una política seguida por los jesuitas, pero con poca frecuencia por mercedarios y dominicos, y menos aún por los particulares. Los betlemitas solían comprar alguna esclava para premiar a un esclavo eficiente. Este apareamiento de una hembra con un macho, como se hace con los animales, era consagrado por la Iglesia católica como matrimonio. Con variadas argucias, los amos solían impedir el matrimonio de sus esclavas, pero, también frecuentemente, ellos y sus hijos y parientes las usaban sexualmente, lo que dio origen a una numerosa población mulata. No disponemos de "crónicas floridas" que embellezcan las relaciones entre blancos y negras esclavas, como las que relatan el encuentro de los españoles con las indias. Quizá porque no eran novedosas: en

Llegada y prejuicios

Eran "cazadas" en diferentes lugares de África. Llegaron de las "naciones" Congo, Angola, Luanda, entre otras. Dibujos de Maurice Rugendas.

la península ibérica había habido encuentros sexuales entre blancos y negras. Además, ¿por qué comentar el uso de algo que se poseía en propiedad? Los europeos tenían un doble estándar para juzgar las capacidades y conductas de las mujeres en relación con los varones según se tratase de blancos o negros. Consideraban que las mujeres negras eran tan fuertes y capaces de trabajar como los varones y hasta suponían que sufrían menos los dolores del parto y las enfermedades que las blancas. Algunos historiadores daban por sentado que las mujeres africanas se beneficiaban cuando se relacionaban sexualmente con sus amos blancos o con los parientes blancos de sus amos, porque estas relaciones les habrían permitido obtener un mejor trato tanto para sí como para los hijos que nacían de esos encuentros. Con frecuencia se prometía la libertad a las esclavas a cambio de sus favores amorosos, y también era habitual el incumplimiento de tales promesas. Abundan los testimonios de que esto ocurría y también de cuánto se despreciaba al fruto de esas relaciones. La sociedad colonial sancionaba doblemente al mulato: por ser producto de una mezcla y por su bastardía, ya que rara vez era reconocido por el padre. Ya desde su origen, la palabra "mulato" es peyorativa: proviene de "mula", porque se refería precisamente a lo que ellos consideraban un híbrido... Dice Ramos Mejía: "En la crónica secreta de esta sociedad más de [...] uno ha escandalizado su tiempo con tales amoríos.El tenaz encrespamiento del cabello, el grueso labio, un poco lívido bajo una nariz recogida y de amplios ventanales que se veía en la faz de más de un letrado y en las generaciones que sucedieron a la tiranía, revelaba para la analítica malignidad de la crítica social, el abolengo [...] que los había precedido".[2] La condición de las mujeres negras en la ciudad de Buenos Aires acarrea un prejuicio que se materializa en la cosificación y la animalización. El intercambio monetario y la hipersexualidad con la que se las caracterizaba fueron las marcas de su desarrollo en el territorio americano. Fueron traídas para casamientos y apareamientos forzados, de modo que la sexualidad ocupa el centro de la escena.

El mestizaje que da origen a las mulatas reinstala el problema de la

Como una mercancía, los negros eran transportados en posición fetal, por toneladas.
Corte del navío negrero *La Vigilante*. Archivo de la editorial.

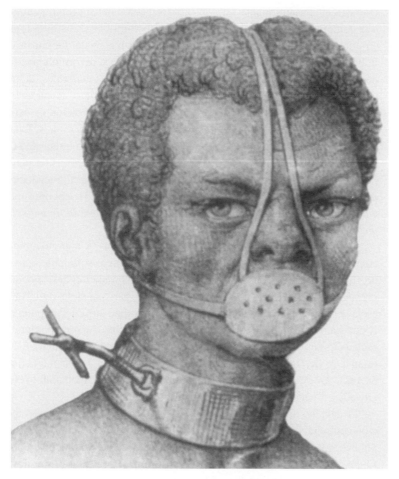

Los maltratos infligidos a los esclavos eran casi siempre brutales. Así se sancionaba a las negras calumniadoras.
"Castigo de esclavos", de Jaques Arago.

sexualidad, a la vez que lo cubre de vergüenza. En las palabras de Ramos Mejía se evidencia la doble peligrosidad que el hombre blanco atribuía a estas mujeres, cuyo origen está marcado por el pecado, algo indecible que las expulsa al olvido historiográfico, a la vez que establece una mistificación de la sexualidad exacerbada.

La marginación de las negras comienza en el plano legal desde la "cosificación" y la esclavización. También tenían una serie de derechos, que irían en aumento y las colocaban en una situación peculiar desde el punto de vista jurídico; eran cosa y a la vez persona, es decir, objeto y también sujeto de derecho.[3] Tenían derecho al bautismo y al adoctrinamiento católico, al nombre, al matrimonio, a vivir fuera de la casa del

Legalidad y marginación: el lugar en las instituciones

amo con el consentimiento de éste, a la formación de su propio peculio, a la compra de su propia libertad o la de sus familiares, y a la defensa en juicio, que conseguían en forma gratuita por medio del Defensor de Pobres. Pero la realidad social muestra un verdadero divorcio entre las normas jurídicas y la aplicación de la ley. En términos generales, la justicia colonial, en lo que a protección de esclavos se refiere, se caracterizó siempre por su ineficacia. En el ámbito de la interpretación de estos derechos es donde aparecen más claramente las contradicciones. Clara Echenique había castigado cruelmente a su esclava. Azotada, atada a una escalera, y encerrada por tres días con grillos y en ayunas, la parda Francisca fue llevada al hospital con serias heridas. Pese a la apelación de su Defensor, fue devuelta a su ama.[4] Todavía, en 1831, encontramos a una liberta a la que su ama "no sólo la castiga sino que *la tiene hecha pedazos*".[5]

Otro derecho que tenían era el "derecho al pudor", y tanto el atentar contra éste como el prostituir una esclava eran motivo suficiente –cuando el hecho era denunciado y comprobado– para la sanción del amo, que consistía, por lo común, en la obligación de otorgar "papel de venta" a la esclava. Según las Partidas: "Cuando, siendo mujer, su señor la pone en la putería públicamente o de otro modo la prostituyese, el amo perderá la esclava".[6] Petit Muñoz encontró tres casos en la Banda Oriental, que podrían considerarse "atentados al pudor". Entre éstos, el de una negra que, en 1808, ante el evidente acoso sexual de su amo, un blanco soltero, fue enviada a Buenos Aires, para que tratasen de venderla.[7]

El derecho al pudor funcionaba en los hechos no como una protección contra el ataque sexual, sino para impedir que este abuso se hiciera público. Así, las mulatas no gozaban de libertad sexual, ni mucho menos. El derecho al pudor no era más que una forma de controlar el mestizaje y preservar el orden familiar. Y la mistificación de la sexualidad de las mulatas favorecía ese tipo de abusos. Violar, abusar sexualmente o prostituir una mujer negra o mulata esclava era castigado por la ley, pero el castigo no se aplicaba. La sociedad colonial, rígida y decididamente hipócrita, consideraba que estas mujeres *permitían* a los blancos dar rienda suelta a su propia lujuria y perversión, con la ventaja de ubicarlas y "culparlas", pues por sus movimientos, bailes y ritos, eran las "desvergonzadas" y "faltas de pudor". El mestizaje amenaza el afán europeizante que se encuentra detrás de la convocatoria a los inmigrantes. Si el aspecto de una persona indicaba un "componente negro" en su origen, delataba *el pecado que implicaba una relación prohibida* por esa sociedad.

Todavía en 1860, para ingresar en la Universidad de Córdoba se exigía el "certificado de pureza de sangre", indispensable en la etapa colonial para ser maestro en muchos oficios y para ingresar en órdenes religiosas y conventos. En ciertos casos, fue posible "blanquearse" cuando se "mejoraba" económicamente. Pero aun este "blanqueamiento social" era a veces resistido. Durante la segunda mitad del siglo XVIII, las monjas capuchinas se amotinaran debido a que había entrado en el convento una religiosa que se suponía era "de sangre impura".[8] De esta forma, el mayor peligro para la sociedad residía en la posibilidad de que ese origen mulato pasara inadvertido, de allí la institucionalización a través del certificado, que garantizaba la marginación del mulato y preservaba el orden social. Tener "sangre impura" no sólo era un impedimento para ingresar en ciertos oficios y estudios, sino que también vedaba el uso de determinadas joyas y vestidos. En 1771, una mulata amancebada con un español se atrevió a ir a la Catedral de Córdoba con zarcillos de oro y ropa de seda. Ante esta "profanación de galas", las damas principales le arrancaron las joyas y sedas y le propinaron una paliza.[9] La marginación se produce no sólo en el nivel de las instituciones, sino también en todos los lugares que pudieran integrar a las mulatas en el cuerpo social.

La cosificación de la población negra se materializó no sólo en el ámbito jurídico, sino también en la esclavización, a partir del tipo de trabajos que debían realizar. Aquí nuevamente se instala una contradicción. Estas mujeres debían realizar trabajos que claramente atentaban contra su salud, a la vez que eran humillantes, poniendo de relieve su condición de no-personas. Sin embargo, el trabajo femenino esclavo era

¿Qué hacían? Trabajo y formas de subsistencia

Los "muleques" (negras y negros menores de diez años) cumplían todo tipo de funciones en los hogares porteños.
"Señora porteña en traje de iglesia" y "Señora porteña por la mañana", de Hipólito Bacle.

principalmente doméstico, destacándose el cuidado de los chicos. De esta forma, la mistificación de la "negra lujuriosa" colisiona con la imagen de estas mujeres ocupándose de los quehaceres domésticos y cuidando niños ajenos.

Hasta muy avanzado el siglo XIX, las lavanderas eran negras.[10] También lo eran la gran mayoría de las amas de cría, las cocineras, las sirvientas y las planchadoras. En el Buenos Aires del siglo XVII, también tenían *oficios curiosos*, que fueron así comentados por Lafuente Machain: "ciertas negrillas, durante sus primeros años, distraían a sus amos y eran algo así como lo que por la misma época eran en Europa *los monos y los loros de las grandes damas de la Corte de Francia*. Servían además para calmar sus 'vapores', proporcionando un derivativo para sus nervios. Muchas señoras tenían la 'negrita del coscorrón', o la que al raparle la cabeza, le dejaban un mechón largo para poder tirar de ahí cuando estaban nerviosas, o a aquella a la que hacían servir el mate de rodillas, ni faltaba el ama que llamara junto a sí a una esclava para darle un pellizco en función de reprimenda" [el destacado es nuestro].[11]

En el padrón de 1810 figuran: una partera casada con un portugués y un ama de llaves que regenteaba siete esclavas, ambas negras libres.[12] Las causas judiciales motivadas por redhibitorias, solicitudes de libertad o castigos muestran la índole y la diferente categoría de los trabajos realizados por negras libertas o esclavas.[13] Entre las destinadas al servicio doméstico, la gama de actividades es tan amplia que va desde las que "sólo saben acarrear agua del río" o la que "criada en el campo de Córdoba se ejercita sólo en labores rurales", hasta las que desempeñan tareas consideradas en forma especial. Un defensor, en una tasación para la manumisión, opinaba precisamente que "el precio de las esclavas [varía] en torno a sus habilidades y no de lo pesado o llevadero de sus operaciones [...] con todo, vemos diariamente que es mayor el precio de una mucama que asiste a su ama al tocador que el de una cocinera expuesta constantemente a la violencia del fuego".[14] Aparecen "amas de cría", que además de estas tareas trabajaban en el campo o educaban y enseñaban a leer a los niños. Otras cosían ropa para sus amos o para afuera y se dedicaban a numerosas tareas para mantenerlos.[15] Las negras libertas o libres, en general, se desempeñan en el mismo tipo de tareas que cuando eran esclavas: costura, lavado y planchado y, particularmente, servicio doméstico, durmiendo o no en la casa donde trabajaban, con un salario mensual al que, a veces, se agregaba comida, asistencia médica y vestimenta. Las esclavas solían conseguir créditos para comprar su libertad y se comprometían a pagarlo con su servicio personal al acreedor, para lo cual éste las conchababa por una determinada suma con un "salario" supuesto, ya que ellas no lo percibían, porque era a cuenta de la deuda. Se trataba entonces de "un mero cambio de amo", porque este arreglo funcionaba como una "esclavitud por deudas" que las esclavas tardaban muchos años en pagar.

Según relatos de los enemigos de Rosas, las negras cumplieron diversas funciones en "su aparato represivo" y adquirieron gran poder. Eran espías en las casas particulares y en los ejércitos, formaban parte de sus fuerzas de choque y acompañaban a las tropas como "cuarteleras". Ramos Mejía relata: "Cuando la marea subía demasiado, Rosas ponía la mano y, según el propio lenguaje de la Policía, 'sacaba de la pata' a las más bochincheras, fletaba un par de bergantines o una tropa de carretas y las distribuía en Bahía Blanca, Fuerte Argentino o Federación para servicio de la soldadesca, que recibía con bestiales actitudes aquella 'marchanta' federal de sirvientes y compañeras.

"Los ejércitos eran seguidos por un verdadero pueblo de mujeres. El más experto espía en el orden militar como en el otro, fueron estas mujeres negras y mulatas que metiéndose en las filas de los ejércitos enemigos y bajo el imperio de las necesidades físicas que afluían a su carne, seducían a la tropa y provocaban la deserción o se apoderaban de todos los secretos que podían pispear en las intimidades de sus rápidas excursiones".[16]

En la caracterización de Ramos Mejía, el alto grado de peligrosidad política aparece vinculado con la hipersexualidad, esta vez en la relación establecida entre Rosas y las mulatas argentinas. Se renueva la comparación entre las negras y los animales, a partir de la exacerbación del instinto y la sexualidad: "Las mujeres de la plebe amaban a Rosas en una forma más animal y calurosa [...] porque su apego y admiración tenía exuberancias de celo y sus breves encuentros populares, proporciones de acoplamiento. La negra, por su temperamento y su inferioridad mental, se acercaba más al insecto en sus amores colectivos y *sui generis*. Vivía sólo para el calor en sus diferentes formas de admiración física, de lealtad personal, de adhesión casi carnal. [...] [El baile de las negras] es realmente diabólico. Es el más lascivo que conoce la coreografía de las razas primitivas. Su localización, sin dejar de ser dorsal como la flamenca, desciende hasta hacerse postero-pelviana. Sus movimientos son característicamente ambladores. El juego de caderas se generaliza a contracciones abdominales que lo aproximan a la danza del vientre y la representación total es un simulacro erótico. Parecían sibilas de algún antiguo culto lúbrico y sangriento".[17]

Según Sarmiento, las negras en los cuarteles servían para todo: mucamas bailarinas, vivanderas y hasta soldados: si era necesario, se vestían de hombre e integraban las tropas. Su adhesión –sostiene Sarmiento–

El producto de la venta de sus "cocinados" debían entregarlo a sus amos.
"La vendedora de tortas", de Hipólito Bacle.

constituía para Rosas un poder formidable: "La influencia de las negras en las mujeres de la familia del amo federal que las manejaban y les distribuían el servicio político era enorme", y el mismo autor cuenta que un joven sanjuanino consiguió, gracias a la intercesión de una negra que había sido esclava de su familia, un pasaporte para salir de Buenos Aires.[18]

¿Cuántas eran? Procreación
y mortalidad infantil

Para saber qué fue de la población negra de la Argentina, sin duda hay que investigar cuántas esclavas se trajeron a esta zona, lo cual es muy difícil de determinar.[19] Los distintos censos de la ciudad de Buenos Aires muestran que a partir de mediados del siglo XVIII la cantidad de mujeres esclavas superaba ampliamente a la de los varones de esa misma clase. En 1827 –cuando nuevamente se utilizan esclavos en la guerra contra Brasil– sólo se registran 58 varones por cada 100 mujeres. Esto favoreció el mestizaje y el blanqueamiento de la población afroargentina.[20] En la campaña, por el contrario, el número de varones era mucho mayor que el de mujeres.[21]

A la vez, la disminución de la población esclava encuentra su explicación en la relación entre las tasas de natalidad y de mortalidad. En el grupo de color la tasa de mortalidad general y, especialmente, la de mortalidad infantil, era muy alta y muy superior a las correspondientes a la población blanca. Las cifras son corroboradas por otras fuentes, como Woodbine Parish, primer cónsul británico en Buenos Aires (1824-1832), que menciona el "mal de los siete días", del que morían muchos de los niños de clases bajas. En Buenos Aires, la mortalidad superaba la natalidad. En la segunda mitad del siglo XVIII, los libros de la estancia betlemita de Fontezuela "revelan el predominio de la compra como fuente de nuevos esclavos; sólo dos, nacidos en el establecimiento, logran sobrevivir. Esa incapacidad de perpetuar la mano de obra esclava –que está lejos de ser un rasgo excepcional en el marco rioplatense e hispanoamericano– se vincula en parte con el desequilibrio entre los sexos, con fuerte predominio masculino (se registran sólo ocho nacimientos a lo largo de más de medio siglo) y en parte con insuficiencias sanitarias (en seis de esos ocho casos junto con los gastos vinculados con el parto se registran los de sepultura del recién nacido). Sin duda la orden propietaria no rehuía sus deberes en cuanto a la regularización de las uniones y solemnización de los decesos [...]; aun así, no parece haber buscado con excesivo celo agrupar en familias a la población esclava".[22]

En el padrón de la campaña de 1744, la familia esclava es prácticamente inexistente. En algunas unidades censales, hay esclavos varones casados pero no hay mujeres; y en otras, hay mujeres pero hay no varones. La gran mayoría de los esclavos bautizados son hijos de madre soltera. La ilegitimidad era lo normal. Los propietarios se resistían a permitir que sus esclavos se casasen; para hacerlo, éstos debían recurrir al Defensor y, en general, más que el permiso para casarse conseguían el papel de venta.[23] En la venta de una esclava en 1822, su valor era menor dado que estaba preñada, porque, se argumentaba, el riesgo de muerte por parto o puerperio es tan alto que la preñez es una tacha en lugar de un beneficio.[24]

La esclavitud era matrilineal y, posiblemente, las esclavas negras recurrieron aquí, como en otras latitudes, a "la rebelión" contra la procreación, porque querían sustraer a sus hijos del triste destino que les esperaba. Las afroamericanas practicaron con ese fin el aborto, el infanticidio y estrategias, como las de las esclavas de Buenos Aires que, a fines del siglo XVIII, dejaban a sus hijos en el "torno" de la Casa de Expósitos con el objeto de liberarlos de la esclavitud. Pero la estrategia no dio los resultados esperados: se decidió que los niños de color debían "quedar con pensión de perpetua servidumbre al beneficio de la Casa".[25]

La población negra fue también minada por enfermedades de distinto tipo, vinculadas a problemas pulmonares como tisis o tuberculosis, o al parto, la cistitis y problemas de estómago, hígado o vientre. Aparecen también problemas derivados de los castigos que sufrían. En el pleito seguido, en 1785, por la esclava Francisca contra Clara de Echenique, citado anteriormente, el cirujano declara, poco después, que aquélla se "halla ya totalmente buena y sana del severo castigo que aparece la dio su Ama".[26] Los males generados en el exceso de trabajo y el consiguiente desgaste figuran cuando se discute el precio de manumisión de una esclava. Indudablemente, los precios de las viejas y de las enfermas son indicadores precisos de ese desgaste.[27] Antonio Mariano Moreno, defendiendo a una esclava tísica que pedía la libertad, señalaba: "...a veces un amo no acaba con la vida de su esclavo con un golpe de puñal como un asesino, pero ataca y mina sordamente todos los resortes y principios de su vida y hace correr gota a gota su sangre. Los días de cada viviente penden por un orden natural del uso moderado o inmoderado de sus fuerzas y facultades físicas y no podrá tener larga vida el que es obligado a ejercitarse en trabajos fuertes superiores a sus fuerzas y estando enfermos los obligan a trabajos fuertes de que era incapaz".[28]

Las enfermedades más temidas eran las contagiosas, pues al malestar y los padecimientos propios de la dolencia se agregaba la marginación de la enferma, que se encontraba en una situación precaria, y muchas veces mal atendida, lo que favorecía el contagio.[29] Las negras se atendían en los hospitales, pero frecuentemente consultaban a curanderos. Lo mismo ocurría al tratarse de enfermedades supuestamente mentales o de desórdenes

Enfermedad y curaciones: médicos y curanderos

En los primeros siete días de vida morían muchos de sus niños. Era frecuente que los dejaran sobre cueros fríos mientras lavaban en la orilla del río.
"La lavandera", de Hipólito Bacle.

anímicos. En estos casos, la cura se confunde con el castigo o la corrección mediante el uso de la fuerza. Según José Ingenieros, las negras constituían la clientela de los hechiceros de cada "nación", también consulta-
dos en más de una oportunidad por señoras de alcurnia. Las locas furio-
sas, blancas, eran recluidas en los conventos, pero si eran negras o
mulatas, "rara vez lograban tal favor, pasando al calabozo de la policía,
donde recibían 'para su *amansamiento*': palos, duchas y ayunos".[30] Bajo
la apariencia de "curanderismo", también se encubrían o protegían funciones culturales afroargentinas. Al relatar un "baile de santo", Ingenieros dice que alguna de las negras presentes se ponía a bailar, agitándose
cada vez más, presas "de un ataque histero-epileptiforme, seguido de un
sopor cataleptoideo, que podía durar unos pocos minutos a varias horas",
y agrega que las mujeres negras o mulatas que en esas ceremonias entraban en trance, "tenían fama de ser las más lujuriosas amantes".[31]

Ser enamoradiza: ¿tacha o pasión humana?

Entre las "tachas" atribuidas a las esclavas no era infrecuente la de
"enamoradiza" o "huidora por enamoradiza", lo que se daba "con más
frecuencia entre las esclavas mulatas". Francisco Conget, en su litigio
con el pardo libre Víctor de Aguirre en 1745, niega que éste fuera hijo
de su tío Mateo de Aguirre, "pues es constante en esta ciudad que las
mulatas viven por lo general de trato ilícito con diferentes galanes".[32]
En 1784, ante las acciones iniciadas por el comprador de una esclava,
otro vendedor sostenía que ser "enamoradiza" no es una tacha porque
"...el amor es una pasión inerente [*sic*] a nuestra naturaleza, que com-
prende no sólo a los esclavos sino a todo viviente..."; para que hubiese
causa de redhibitoria –explicaba– debía tener la esclava la costumbre de
fugarse por amor, y que si "se hubiese procurado casarla como se le pro-
metió [...] ella jamás se hubiera huido".[33] Así, la hipersexualidad atribuida a la mujer negra ingresa nuevamente en escena y es institucionaliza-
lizada a partir de la justicia.

Sociedades de negros: el rol protagónico de las mujeres

En Buenos Aires, a partir de 1821 se constituyeron Sociedades o Naciones Africanas,[34] que alcanzaron singular relevancia durante la época
de Rosas. Allí se agrupaban los africanos según sus lugares de origen,
llamados "naciones". Uno de los fines principales de estas asociaciones
era ayudar a personas de la misma etnia a comprar su propia libertad.
Organizaban fiestas, bailes y procesiones a las que solían asistir el gobernador Rosas y su hija Manuelita.[35] Desde el punto de vista de la inclusión de género, las Sociedades Africanas constituyeron una verdadera excepción en relación con las otras asociaciones contemporáneas no

Bajo la aparente diversión, los bailes de los negros tenían funciones sacras. "El Cambacuá", de Pedro Figari.

africanas: las mujeres participaron en las Naciones Africanas, aunque a diferencia de los varones no tenían derechos políticos plenos. No hay datos sobre la cantidad de mujeres en las primeras décadas de existencia de estas Sociedades. A partir de 1840, perdieron momentáneamente muchos de sus hombres debido a que fueron reclutados para prestar servicios en la guerra civil. Esto permitió a las mujeres asumir el control, continuar reuniéndose, recaudar las cuotas, administrar los bienes y llegar a presidirlas, situación que se prolongó por más de una década. Cuando regresaron los hombres, tras la caída de Rosas en 1852, se reintegraron a las Sociedades e intentaron reinstalar los privilegios que tenían antes de la leva. Las mujeres no se resignaron a dejar la administración en manos de los hombres y se produjeron divisiones facciosas de acuerdo con el género.

Las mujeres llegaron a hacer alianzas con hombres ajenos a la sociedad. En la sociedad Maraví, por ejemplo, cuando los miembros masculinos regresaron de la guerra y encontraron a su Nación gobernada por una mujer e invadida por individuos de otras naciones, recurrieron a la policía, pero el comisario las ayudó a enfrentar la presión de los hombres –pese a que estatutariamente los derechos políticos eran un privilegio masculino– porque consideraba que las mujeres eran las salvadoras

Las mujeres reemplazaron a los hombres en las "naciones" cuando éstos fueron a la guerra, incluso ocuparon cargos de conducción. "La reina desagraviada reasume el mando", de Pedro Figari.

de la Nación. En el período que se inicia con la abolición de la esclavitud (1860), las asociaciones dejaron de ser mixtas. La exclusión femenina debió ser una forma de adaptarse a las formas asociativas blancas. Las afroporteñas crearon a partir de entonces sus propias asociaciones de índole festiva, organizaron sus "comparsas" en los Carnavales, distintas de las de los varones, con quienes compartían fiestas en paseos y salones, pero se reunían por separado para organizarse y ensayar.[36] Esto fue criticado aun dentro de la comunidad, que quería amoldarse a los cánones de la sociedad blanca.

Conclusiones

En principio se trajeron menos mujeres que varones africanos, pero a partir del último tercio del siglo XVIII las mujeres superaron a los hombres en número y en precio en el mercado porteño, posiblemente porque eran capaces de desempeñarse en una muy amplia gama de actividades en el ámbito doméstico o trabajando fuera y aportando sus jornales a la economía de sus amos. La tendencia a la baja cantidad de hombres se acentuó en el siglo XIX, debido a la ausencia o muerte de los varones, utilizados como soldados en las guerras por la independencia y en las que se sucedieron hasta el último tercio del siglo. Esto permitió que las mujeres pasaran a ocupar un rol protagónico en las Sociedades Africanas, que se resistieron a dejar cuando regresaron los varones. Es sorprendente y original que en 1855 hayan levantado el género como bandera al considerar que los hombres no habían sabido cuidar los bienes societarios, criticar directamente la legitimidad de su poder dentro de la sociedad y sostener que no bastaba con ser hombres para tener derecho a mandar, ya que debían aportar trabajo y servicios, y finalmente, ¿por qué habrían de mandar, si eran minoría? En la segunda mitad del siglo XIX crearon sociedades africanas femeninas específicamente dedicadas a actividades lúdicas. Esta sociabilidad festiva exclusivamente femenina fue única en la ciudad y podríamos decir que, comparativamente con las blancas, tuvieron indudablemente un mayor espacio en su grupo étnico.

La justicia era cara y discriminatoria y sólo algunas esclavas pudie-

Las negras, fieles compañeras, de la soldadesca, eran también lavanderas, bailarinas y, a veces, hasta soldados. "Cuarteleras", de Pedro Figari.

ron recurrir a ella. Sin embargo, los expedientes judiciales nos acercan al objetivo de conocer sus intereses y movimientos cotidianos. Durante los primeros gobiernos patrios, se aprecia el aumento de solicitudes de libertad, que quedaron más de una vez sólo en promesas y estrategias de retención.

El cruce de distintas fuentes demográficas, judiciales y literarias ha permitido mostrar con más claridad la vida de estas mujeres. Se puede apreciar, a través de todo lo expuesto, el prejuicio racial existente en esa sociedad que les atribuía, según los cánones de la época, una hipersexualidad materializada en supuestas "indecencias" y "desvergüenzas"

Los expedientes judiciales muestran la diversa índole y calidad del trabajo esclavo y cómo esto influía en su precio de venta.
"Pulpería en la ciudad", de Isola.

que las condenaban de antemano, lo que permite, quizá, comprender por qué han desaparecido del imaginario histórico-social.

Las mujeres africanas –junto con los varones de su raza– sufrieron el mayor genocidio que se conoce. Durante más de tres siglos fueron arrancadas de sus hogares, esclavizadas, deculturadas: perdieron su idioma, sus hábitos, su religión. Transportadas en posición fetal en barcos pestilentes, con muchas posibilidades de morir por las enfermedades que asolaban a estos "cargamentos", marcadas a fuego a su llegada, revendidas, abusadas sexualmente, se rebelaron por medio del desgano vital para procrear, abortando a sus hijos. Éstos, en una altísima proporción, morían al nacer o en los primeros días de vida y, si sobrevivían, eran arrancados a sus madres para venderlos. Pese a que sólo trajeron consigo huellas inmateriales de su africanía, pudieron recrear y adaptar su cultura en una sociedad que las consideraba prácticamente animales.

En los casos analizados se aprecia la profundidad de los sentimientos de maternidad. Éstos se manifiestan en forma permanente en relación con la tenencia y la educación de sus hijos, y los sacrificios a que se someten para reunir el dinero necesario para comprarles la libertad. Esta imagen contrasta con la de aquellas negras exaltadas y animalizadas del relato de Ramos Mejía, que repite el estereotipo europeo del continente africano. La caracterización exclusivamente sexual de negros y mulatos marginó a este grupo y lo presentó como el culpable de los males sociales. El caso de las mujeres difiere notablemente del de los varones, porque además de un objeto de dominio fueron un objeto de goce para el blanco. A la vez, su marginalidad les permitió una libertad de la que no gozaron las mujeres blancas de su época.

El estudio de los grupos subalternos, especialmente en este caso, donde coincide la condición de negras, mujeres y esclavas, permite tener una imagen más real del conjunto de esta sociedad, que por algo se denominaba a sí misma "de castas", y contribuye a dar voz a las que en su época no la tuvieron.

Notas

1   Molinari, Diego Luis, *La trata de negros. Datos para su estudio en el Río de la Plata*, Universidad de Buenos Aires, Buenos Aires, 1944; Studer, Elena de, *La trata de negros en el Río de la Plata durante el siglo XVIII*, Universidad de Buenos Aires, Buenos Aires, 1958.

2   Ramos Mejía, José María, *Rosas y su tiempo*, OCESA, tomo III, Buenos Aires, 1952, págs. 29-40.

3   Levaggi, Abelardo, "La condición jurídica del esclavo en la época hispánica", *Revista de Historia del Derecho I*, Buenos Aires, 1973.

4   Este caso también ha sido tratado por Levaggi, ob. cit.

5   Archivo General de la Nación de la República Argentina (AGN), *Policía*, 9-31-9-5. Según los testigos, doña Cipriana Barcala castigaba a la negrita Agustina (liberta) "con chicote o con una vara de medir y después, la encerraba en un cuarto y la tenía tres o cuatro días sin comer", "la ataba a la escalera y hasta con fuego la quema", "que no sabe rezar, ni aun persignarse", 2 de diciembre de 1831.

6   Ley IV, Título XXII, Partida IV.

7   Petit Muñoz, Eugenio; Narancio, Edmundo M.; Traibel Nelcis, José M., *La condición jurídica, social, económica y política de los negros durante el coloniaje en la Banda Oriental*, vol. I, 1ª parte, Biblioteca de Publicaciones Oficiales de la Facultad de Derecho y Ciencias Sociales de la Universidad de Montevideo, Montevideo, 1948, págs. 373-7.

8   AGN, Documentos de la Biblioteca Nacional, Reales Cédulas, leg. 184, nº 1304 y nº 1316.

9   Concolorcorvo, *El lazarillo de ciegos caminantes desde Buenos Aires hasta Lima, 1773*, Buenos Aires, 1942, Biblioteca de la Junta de Historia y Numismática Americana, vol. IV, Buenos Aires, 1908.

10   Parish, Woodbine; *Buenos Aires y las Provincias del Río de la Plata desde su descubrimiento y conquista por los españoles*, Buenos Aires, Hachette, 1958, págs. 181 y 195; y Sweeney, Judith, "Las lavanderas de Buenos Aires", ponencia presentada en las Primeras Jornadas sobre Mujer y Familia, CEDES (Buenos Aires, 1988).

11   Lafuente Machain, Ricardo, *Buenos Aires en el siglo XVII*, Buenos Aires, Emecé, 1944, págs. 158-61.

12   García Belsunce, César, y otros, *Buenos Aires, su gente*, Buenos Aires, 1976, tomo I.

13   Goldberg, Marta y Mallo, Silvia, "El trabajo de los negros en Buenos Aires, 1750-1850", ponencia presentada en el foro del programa "La Tercera Raíz", octubre de 1992, México; y Goldberg, Marta, "La población negra y mulata de Buenos Aires, 1810-1840", *Desarrollo Económico*, vol. XVI, nº 61, Buenos Aires, 1976.

14   AGN, 9-23-8-6, leg. 32, expdte. 1097. Agradecemos a Silvia Mallo el habernos autorizado a utilizar el material de archivo que da origen a los comentarios que siguen.

15   AGN, 9-23-7-6, leg. 25, expdte. 824, 1809; Archivo Histórico de la Provincia de Buenos Aires, Real Audiencia (AHPBA), 5-3-48-12, 1827.

16   Ibídem.

17 Ramos Mejía, José María, ob. cit.

18 Ibídem.

19 Es muy difícil determinar estas cifras: Goldberg, Marta, "La población..." , ob.cit.; Studer, Elena de, *La trata de negros...*, ob. cit.

20 Goldberg, Marta, "La población...", ob. cit., págs. 86-7.

21 Goldberg, Marta y Mallo, Silvia, "La población africana en Buenos Aires y su campaña. Formas de vida y subsistencia.1750-1850", *Temas de África y Asia*, N° 2, Facultad de Filosofía y Letras, Universidad de Buenos Aires, 1994.

22 Halperin Donghi, Tulio, "Una estancia en la campaña de Buenos Aires. Fontezuela, 1753-1809", en Florescano, Enrique (coord.), *Haciendas, latifundios y plantaciones en América Latina*, México, Siglo XXI, 1973.

23 Véase la nota 21.

24 Mallo, Silvia "La libertad en el discurso de amos y esclavos", *Revista de Historia de América*, n° 112, IPGH, México, 1991.

25 Moreno, José Luis, "La Casa de Niños Expósitos de Buenos Aires, conflictos institucionales, condiciones de vida y mortalidad de los infantes 1779-1823", en Moreno, José Luis (comp.), *La política social antes de la política social*, Buenos Aires, Trama editorial/Prometeo Libros, 2000, pág. 97.

26 AGN, 9-36-8-4, expdte.12.

27 Goldberg, Marta y Mallo, Silvia "Enfermedades y epidemias padecidas por los esclavos", *Todo es Historia*, Buenos Aires, abril de 2000.

28 Ibídem.

29 Ibídem.

30 Ingenieros, José, *La locura en la Argentina*, s/e, Buenos Aires, 1920, págs. 15-8 y 38.

31 Ibídem.

32 Saguier, Eduardo, "La naturaleza estipendiaria de la esclavitud urbana colonial. El caso de Buenos Aires en el siglo VIII", *Revista Paraguaya de Sociología*, año 26, n° 74, enero-abril de 1989, págs. 45-55.

33 Ibídem, págs. 49-51.

34 AGN, l0-31-11-5, Policía-Sociedades Africanas.

35 Cejas y Pieroni, "Un aporte al conocimiento del papel de la mujer en el ámbito de las naciones afroargentinas de Buenos Aires", *América Negra*, n° 8, Bogotá, diciembre de 1994.

36 AGN, l0-31-11-5, Policía-Sociedades Africanas; y Chamosa, Oscar, *Asociaciones Africanas de Buenos Aires*, tesis de licenciatura en Historia, Universidad Nacional de Luján, 1995.

Mujeres en la frontera

Laura Malosetti Costa

El cautiverio de la mujer es la misma historia humana.
EZEQUIEL MARTÍNEZ ESTRADA[1]

El cacique timbú Siripo deseó a la española Lucía Miranda, pero este "desordenado amor" era imposible: desencadenó la muerte y la destrucción de Sancti Spiritu. El español Caraballo deseó a Liropeya, india de la tribu de Ibitapuá, pero ésta amaba a Yanduballo, triángulo trágico que terminó con la muerte de los amantes. El joven guerrero natchez Chactas despertó el deseo de Atala, mestiza de francés y muscogulga, pero este amor imposible también tuvo un final desastroso. La princesa araucana Glaura fue salvada por Cariolán del deseo imposible de dos negros. El cacique pampa Loncoy deseó a la criolla María, esposa de su enemigo Brian, pero sólo logró la destrucción y la muerte. Tabaré el charrúa tenía los ojos azules como su madre, cautiva del cacique Caracé. Deseó a la española Blanca, pero murió tratando de arrebatarla del deseo (también imposible) del charrúa Yamandú.

Esta enumeración podría continuar a lo largo de varias páginas: tragedias desencadenadas por deseos y amores desordenados, violentos, imposibles, entre hombres y mujeres de distintas razas, que a lo largo de varios siglos alimentaron la imaginación y la sensibilidad de hombres y mujeres americanos y europeos. Historias que se fueron gestando en el marco de la guerra y la destrucción, pero que crecieron en el espacio del lento mestizaje que fue poblando América latina, desde el paraíso de Irala hasta el cariño de las chinas cuarteleras por los

La cautiva, fragmento de *La vuelta del malón*, de Ángel Della Valle, 1894.

soldados de línea y las cautivas que eligieron quedarse junto a los hijos mestizos.

En el Río de la Plata, aquellas historias estuvieron revestidas de un carácter auroral. Desde la primera crónica: *La Argentina*, de Rui Díaz de Guzmán, en el siglo XVI, Lucía Miranda saltó a las tablas con la primera obra de teatro nacional, escrita por Manuel José de Lavardén (1798).[2] La primera ópera autóctona en lengua castellana, *La Indígena,* traducía en palabras del uruguayo Heraclio Fajardo la tragedia de *Atala* de Chateaubriand.[3] Los textos fundantes de las literaturas nacionales en ambas orillas del Plata fueron textos de frontera, en los que ocuparon un lugar preeminente estas historias trágicas. La desgracia de una cautiva a manos de un indio desencadena finalmente la *Vuelta de Martín Fierro* (1879). *Tabaré* fue aclamado en el Uruguay como el poema nacional desde su primera publicación en 1887, del mismo mo-

El entierro de Atala, de Anne-Louis Girodet, 1808.

do que en la Argentina *La cautiva* de Echeverría lo era desde hacía cincuenta años.

Pero por fuera de esos grandes motivos trágicos, pertenecientes sin margen de duda al ámbito de la creación literaria, existe toda una zona ambigua, difusa, de tradiciones, relatos, crónicas, memorias, testimonios, leyendas en los que los límites entre la ficción y la "verdad verdadera" se borran y confunden. Hubo cautivas de carne y hueso y cautivas poéticas, teatrales, inventadas, deformadas y exageradas de tanto ir de boca en boca.

Las imágenes, tanto visuales como literarias, también son parte de la historia, tienen una existencia real e introducen modificaciones de diversa magnitud en el tejido social en el cual se insertan; las imágenes no son sólo testigos sino también a menudo protagonistas del drama.[4] Es probable que se encuentre en esos textos e imágenes el mayor despliegue de ideas y sentimientos en torno a las relaciones entre los sexos en nuestro ámbito durante el siglo XIX.

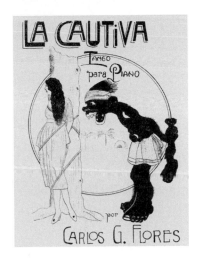

Portada de la partitura del tango *La cautiva*, Colección Museo de la Ciudad, Buenos Aires.

En la confrontación de dos culturas, en el ámbito inestable de la guerra de fronteras entre españoles, criollos e indígenas, las diferencias y las relaciones entre los sexos se problematizaron, se observaron, se compararon.

La cuestión de género tuvo un lugar insoslayable en las reflexiones y en las imágenes creadas alrededor de la larga guerra de fronteras con los indígenas, conflicto racial-económico-político-militar, que gravitó enormemente en la conformación de una identidad subjetiva en términos de nacionalidad. Como observa Cristina Iglesia,[5] las cautivas indias en poder de los blancos no tuvieron la misma suerte que las blancas en poder de los indios, pese a que fueron numéricamente mucho más significativas.

Las narraciones e imágenes de malones y cautivas se revistieron de un valor simbólico en tanto invertían la situación de conquista y robo: no era el hombre blanco quien despojaba al indio de sus tierras, su libertad y su vida, sino el indio quien robaba al blanco su más preciada pertenencia. Ponían, además, en escena la confrontación con otro –el indio– como mecanismo de afianzamiento de la idea de pertenencia a una nación (excluyendo y expulsando a ese otro).[6]

Por otra parte, no se puede dejar de considerar el aspecto erótico de las escenas de rapto, como apelación directa a los sentidos y también a los sentimientos del lector/espectador, mediante el subrayado de aspectos morbosos y trágicos. En cuanto a las relaciones de género, tales imágenes y relatos ponen en juego las concepciones y juicios acerca de la mujer, así como del indio y del militar como modelos varoniles antitéticos, como héroe y antihéroe en el drama de la frontera. En fin, podría

Luego de su regreso a Europa tras dieciséis años de recorrer América, el pintor Rugendas vendió al rey de Baviera una serie de dibujos numerados por él mismo, que narran el rapto, cautiverio y rescate de mujeres en la pampa argentina. Se trata de un relato paralelo y, en muchos puntos, coincidente con el poema La cautiva *de Esteban Echeverría.*

El despertar (ciclo "El Malón"), de Johann Moritz Rugendas, ca. 1838-9.

resumirse esta problemática como la cuestión *civilización-barbarie* llevada también al plano de la relación entre los sexos y al conflicto entre dos culturas y dos razas en pugna, siempre desde el punto de vista de los vencedores.

La cautiva aparece como una propiedad robada, es objeto de deseo por parte de unos y otros, pero también es prenda de amor. Este aspecto sentimental del asunto prevalece en muchos relatos: el amor y el desencuentro, los reencuentros milagrosos, la desdicha. También lo es la cuestión del mestizaje. Las cautivas cristianas generaron lo que en Chile se llamó "mestizaje al revés": las mujeres blancas que engendraron hijos de indios, que siguieron viviendo en las tolderías, representaban un verdadero problema y un peligro potencial, en tanto *mejoraban* la raza indígena y contribuían a la prolongación de la *barbarie* gracias a los bienes que podía aportarle a ésta la presencia de mujeres *civilizadas*.

Otra cuestión a destacar es la frecuente culpabilización de las cautivas, el rechazo ante su "deshonra" y la dificultad con que se percibía su reinserción en la sociedad criolla. Más de una vez aparece en los relatos de cautivas la idea de que las mujeres tenían una inclinación *natural* hacia la barbarie, que caían con facilidad en ella.

Sería inútil buscar fuentes imparciales o desinteresadas. El discurso sobre malones y cautivas siempre estuvo teñido de fuertes connotaciones ideológicas, las que se pusieron en imágenes y en palabras que a su vez operaron sobre la imaginación y la sensibilidad de otros hombres y mujeres.

Aunque en las fuentes testimoniales el asunto fue siempre tratado con extrema parquedad y discreción, el rapto y cautiverio de mujeres indias en América fue una práctica tan habitual que llegó a considerarse algo *natural*. Sin embargo, existió una temprana tradición literaria en la que las protagonistas fueron indias que sufrían el martirio y el cautiverio a manos de hombres blancos. No hubo, a lo largo del siglo XIX, una continuidad de esta imagen (rápidamente sustituida por la de la cautiva blanca), la cual, por otra parte, no tuvo un correlato visual hasta el siglo XX.[7]

Las primeras heroínas desdichadas, las primeras cautivas de la poesía hispanoamericana fueron indias. Es el caso, por ejemplo, de Glaura, la "Doncella de Arauco", en *La Araucana* de Alonso de Ercilla,[8] y el de Liropeya en el poema *La Argentina* del arcediano Martín del Barco Centenera.[9] Es el caso también de Tacuana, en el poema dramático *El Nuevo Mundo descubierto por Cristóbal Colón* escrito por Lope de Vega a comienzos del siglo XVII: raptada por el cacique de otra tribu. En los tres casos se trata de heroínas clásicas, convencionales, dotadas de una elocuencia asombrosa e imbuidas de la mentalidad y las virtudes que podían esperarse de una dama ilustrada europea.[10]

En el texto de Martín del Barco Centenera, el episodio de Liropeya (canto XII) resulta muy significativo: dos indios –Liropeya y Yanduballo–, amantes virtuosos, son traicionados y destruidos por un español lascivo y sin escrúpulos. Cuando éste, luego de haber matado a Yanduballo, pretende llevarse a Liropeya, ella se quita la vida con la espada del agresor. Antes de morir, le suplica que los entierre a los dos juntos, pero Caraballo los deja ahí tendidos y huye.

Resulta extraña la inclusión de una heroína de la estirpe de Lucrecia o de la Julieta de Shakespeare en este poema, donde abundan los discursos contra las mujeres. El concepto del autor acerca de la mujer es muy pobre, acorde, por otra parte, con el pensamiento europeo imperante entonces y en particular con su formación religiosa. En el canto XVI dedica varias estrofas a demostrar que la mujer es un instrumento de Satanás: "En el jardín de vida deleitoso / Satán tomó por medio nuestra Eva, [...] Por medio de mujer puede y alcanza: / De modo que de diez partes de males / Los nueve con mujer causa cabales".

Pero en el canto XVI hay un pasaje que parece explicar la presencia del episodio de Liropeya en el poema. Allí se refiere al amor que sentían los indios de la tribu de Ibitupuá por sus mujeres. Este apego que observa en ellos por las mujeres inspira a Del Barco Centenera una reflexión de índole militar que presenta notorias semejanzas con las que guiaron, en la década de 1870, los planes estratégicos del general Julio A. Roca y Álvaro Barros en la "campaña del desierto": "Lo que es más

Heroínas improbables

Correa Morales conoció a una vieja india de las que se repartieron en las estancias, brutalmente separadas de su tribu y de sus hijos luego de la campaña de Julio A. Roca. Su relato inspiró al escultor esta primera imagen de una cautiva "al revés". *La cautiva*, de Lucio Correa Morales, 1906. Escultura emplazada en Av. Figueroa Alcorta y Pueyrredón, Buenos Aires.

principal para cogerlo, / Y es cosa hacedera y muy posible, / Prenderles las mujeres, que prendidas / Darán en trueco de ellas dos mil vidas".

"Desencadenante de la historia pero también elemento decisivo de su desenlace, el valor de la mujer indígena es el centro de este primer episodio amoroso en tierras rioplatenses", escribe Cristina Iglesia.[11] Ese valor, de ahí en más, sólo será juzgado en términos de servidumbre: ella es quien asegura el sustento y la supervivencia al indio guerrero, es quien lo provee de hijos, es también su punto débil en tanto dificulta sus marchas cargada con todas sus pertenencias. Por ende, conviene al blanco atraparlas, cautivarlas y reducirlas a servidumbre. En el siglo XIX la mujer india ya no tendrá nombre propio: será parte de la "chusma" en los partes militares, y la "china" una vez integrada en la sociedad de sus captores.

Hubo todavía, en las primeras décadas del XIX, otra heroína india, Cora, en la tragedia *Molina,* escrita por un sobrino homónimo del general Belgrano y dedicada a Bernardino Rivadavia.[12] Cora, una de las Vírgenes del Sol del imperio incaico, había sido condenada a morir en la hoguera por haber transgredido las leyes de su pueblo al enamorarse de un español. Sin embargo, a último momento el Inca se apiadaba de los amantes y los perdonaba. No resulta aventurado pensar en una vinculación de esta obra con las ideas expuestas por Manuel Belgrano en 1816 ante el Congreso de Tucumán: la conveniencia de una "monarquía temperada" que restaurara la dinastía de los incas "tan inicuamente despojada del trono por una sangrienta revolución". Ideas influidas sin duda por la familiaridad de Belgrano con las ideas fisiócratas francesas y en particular los escritos de Quesnay.[13]

Cora tiene la particularidad de que no es *cautivada* por el español, es *fascinada* por él, se enamora. Ya en el siglo XIX la preferencia de las indias por los hombres blancos será un tema frecuente en relatos y crónicas de frontera, aunque ya como mero dato que contribuía a la afirmación de la superioridad del hombre blanco sobre el indio.

La primera cautiva blanca fue Lucía Miranda. A partir de la crónica de Rui Díaz de Guzmán,[14] el mito de Lucía Miranda se difundió en la crónica y luego en el teatro,[15] en épocas en las que en Buenos Aires prácticamente no circularon imágenes visuales. Se trata de una heroína que se define en su elocuencia, es única por su hermosura y única por sus actitudes de firmeza y fidelidad. Esa imagen neoclásica que la acerca al carácter de alegoría, será utilizada luego con fines revolucionarios.[16]

En cambio, las imágenes construidas y difundidas a partir de la primera mitad del siglo XIX, tanto en las letras como en la plástica, corresponden a una cautiva sin palabras, que se define en el acto de ser robada, de ser llevada en un caballo a todo correr por la pampa, "en brazos de un salvaje inmundo". Ya no será una heroína casta dueña del don de la palabra, sino una heroína romántica, muda y sufriente, dueña tan só-lo de un bello cuerpo que la llevará a la perdición. Aquello que perma-nece, sin embargo, desde aquella primera Lucía, es la imagen de la mu-jer cautiva como intermediaria, un cuerpo que es llevado a un viaje sin retorno, a la pérdida de su identidad, pues quedará signado (aunque re-grese) por la no pertenencia.

En las primeras décadas del siglo XIX se configura la imagen ro-mántica de la cautiva tanto en las letras como en las artes plásticas. Es un fenómeno, por otra parte, íntimamente ligado al despertar, en el pla-no político, de una preocupación –que se haría sistemática– de la oligar-quía criolla por solucionar el "problema del desierto", esto es, eliminar las fronteras internas expulsando o exterminando a los indígenas que las habitaban. Mencionemos las expediciones de Rauch en 1826, enviado por Rivadavia a exterminar a los indios de la pampa, y la de Rosas en 1833. Las heroínas neoclásicas dejan lugar a las "desdichadas mujeres", presas de los malones.

Por otra parte, la progresiva araucanización de la pampa había gene-ralizado, entre los indios de nuestro territorio, la costumbre de robar mu-

Heroínas románticas

El malón a la carrera a través de la pampa, llevando siempre una mujer semidesnuda, se repite a lo largo del siglo XIX como una imagen erótica de la barbarie.
Rapto de una blanca, de Juan Manuel Blanes, ca. 1875.

jeres, que ya era práctica habitual en la frontera chilena, al menos desde el siglo XVIII.[17] Rara vez las raptadas eran mujeres de la alta sociedad –éstas vivían en la seguridad del centro de Buenos Aires–. Por lo general, eran mujeres de campo, o vivían en pequeñas poblaciones rurales, expuestas a los malones. Hubo, sin embargo, sobre todo en Chile, algunas cautivas de clase alta –Elisa Bravo, Trinidad Salcedo–, inspiradoras de las primeras imágenes románticas.

El rapto de las mujeres aparece casi sin excepción en las escenas de malones que se despliegan a lo largo del siglo XIX. En el lenguaje poético, encontramos por primera vez esa imagen como un ingrediente erótico y provocativo en un extenso poema de Juan Cruz Varela: "En el regreso de la expedición contra los indios bárbaros, mandada por el Coronel D. Federico Rauch" (1827):[18] los alaridos del malón interrumpen el sueño de los esposos que yacen abrazados. El hombre muere en brazos de su mujer luego de "verla insultar por un salvaje inmundo".

Para un hombre, el hecho de que otro hombre rapte o violente a una mujer considerada propia, representa una afrenta de enorme magnitud y trascendencia que pone en juego su masculinidad. Podemos entonces suponer que ese tipo de escritos procuraron no sólo exacerbar el odio

Fueron pintores formados en los gustos y tradiciones del Romanticismo europeo quienes concibieron en Chile y la Argentina el potencial visual de las escenas de rapto de mujeres blancas. El cautiverio de Trinidad Salcedo y otras damas chilenas de clase alta llamó su atención sobre estos episodios.
Rapto de Trinidad Salcedo, de Federico L. Schubauer, ca. 1836.

por el indio y la conmiseración por las víctimas, sino también conmover, en el público masculino, los resortes íntimos de su virilidad.

Esta cuestión aparece, también en el poema *La cautiva* de Esteban Echeverría.[19] Una nueva mirada, romántica, aplicaba Echeverría por primera vez a la pampa. María, la protagonista del drama, también era una heroína romántica, trágica y conmovedora. Antepuesto al poema, un acápite de Byron elogiaba el generoso corazón de las mujeres, *"whatsoever their nation"* (cualquiera sea su nación). De hecho, en el poema María no es la única mujer generosa y valiente. También lo son, aunque aparezcan sólo muy fugazmente, las mujeres indias. En la segunda parte del poema, "El festín", su actitud se contrapone a la barbarie desenfrenada y hasta suicida de los indios borrachos: "Sus mujeres entretanto, / cuya vigilancia tierna / en las horas de peligro / siempre cautelosa vela, / acorren luego a calmar / el frenesí que los ciega, / ya con ruegos o palabras / de amor y eficacia llenas; / ya interponiendo su cuerpo / entre las armas sangrientas".

Pero son las cautivas blancas las desdichadas que mueven a piedad. María no es como el resto de ellas, asume actitudes viriles, activas, que finalmente desencadenan el desastre. Su aparición en medio de la noche, luego de la fiesta salvaje que Echeverría compara con un *sabbath*, demoníaco, es impresionante. Primero es sólo una "forma humana", una sombra que se mueve. Sigue a ello una descripción terrible de cómo degüella a su raptor. Recién entonces el poeta informa que esa "sombra" es una mujer: "una mujer; en la diestra / un puñal sangriento muestra. / Sus largos cabellos flotan / desgreñados, y denotan / de su ánimo el batallar".

María aparece en el poema como una heroína enloquecida de amor y deseo de venganza. Libera a su esposo, pero éste se niega a seguirla pues no soporta la idea de que ella haya sido violada, es decir, contaminada, "mancillada" por la "barbarie" del indio: "María soy infelice / ya no eres digna de mí", dice en su agonía. Sólo acepta seguirla cuando ella le declara que mantiene su "pureza" pues ha acuchillado al indio que pretendía violarla. Cuestión central también en el mito de Lucía Miranda, quien tampoco aceptaba entregarse a los deseos del indio. Sin duda, la idea de la violación de sus mujeres por parte de "salvajes inmundos" resultaba insoportable para los varones blancos.

La ficción, la crónica o la historia se entremezclan, se superponen y se confunden en ese vasto panorama que puede denominarse *literatura de frontera*, textos producidos al calor de la inmediatez del largo conflicto que tuvo lugar en las llanuras denominadas "desierto" a lo largo

Un naufragio en el Sur de Chile en 1849 hizo circular versiones en torno al supuesto cautiverio por araucanos de una dama de la alta sociedad, Elisa Bravo. En 1859, Raymond Quinsac Monvoisin pintó dos telas inspiradas en el suceso. En la primera, Elisa Bravo en el naufragio, ella es asediada por los indios a orillas del mar, mientras intenta salvar a sus hijos. En la segunda, Elisa Bravo en el cautiverio, aparece con el pecho descubierto y un gesto de melancolía y desesperanza. Tiene en el regazo dos pequeños hijos mestizos que parecen rechazarla. Elisa Bravo en el naufragio, de Monvoisin-Trichon, 1860. Litografía realizada a partir del óleo homónimo.

Mujeres de frontera

La violencia de los contrastes –la indefensión de la víctima y su blancura junto a la agresividad de sus atacantes de piel oscura– caracterizó las imágenes románticas del rapto.
El rapto de la cautiva, de Johann Moritz Rugendas, 1845.

del siglo XIX. La frontera no es un límite y tampoco es solamente el lugar del conflicto. Aparece como el espacio de la indefinición, donde se desarrolla una vida peculiar, signada por las contaminaciones, las mezclas, las transformaciones. Allí pueden ocurrir desgracias y pérdidas irreparables. También encuentros milagrosos, rescates increíbles. En fin, es un mundo con leyes propias, donde se confrontan y están en contacto permanente los dos mundos en pugna. Se podría citar una gran diversidad de textos en los que se despliegan relatos e imágenes de esa vida de frontera: desde las memorias de Baigorria o del comandante Prado hasta la *Excursión a los indios ranqueles*, de Lucio V. Mansilla; desde los artículos de Alfredo Ebelot para la *Revue des Deux Mondes* hasta el *Martín Fierro*, de José Hernández.[20] En todos ellos abundan los relatos y consideraciones acerca de las mujeres cautivas. De esa diversidad pueden extraerse algunas cuestiones generales que aparecen casi sin excepción de manera explícita o implícita:

En primer lugar, la cuestión de la "contaminación": la culpabilización o la dificultad para volver a aceptar a la mujer que ha vivido en cautiverio. La *cristiana* que había permanecido largos años entre los indios y que había tenido hijos mestizos estaba, en definitiva, condenada sin escapatoria. Una vez cruzada la frontera, no pertenecía ni a un mundo ni al otro. En esos textos, la cautiva ya no es una heroína casta que ha logrado mantener su "pureza" (Lucía Miranda, María), es ahora un personaje de frontera, una mujer sin identidad (sin nombre) condenada por su transgresión, no importa que ésta haya sido involuntaria y forzada.

En segundo lugar, el temor al "mestizaje al revés", es decir, a los beneficios que la presencia de las mujeres blancas en las tolderías podían producir a los indios.

En tercer lugar, la importancia de la blancura, la juventud y la belleza en la valoración de esas mujeres. El canto XIV del *Santos Vega* de Hilario Ascasubi,[21] comienza con una *gauchada* (una narración chistosa) con la que el gaucho Tolosa interrumpe el relato central. El cuento es un motivo típico de la picaresca: en la oscuridad un indio roba a una mujer que encontró escondida en los pastos y le pide mil besos, deleitándose por anticipado al creer que ha robado a una belleza: "hasta que allá al ser de día / se dio güelta... y ¡Virgen mía! / con una vieja se halló, / tan fiera que se espantó / pues, sin volverla a mirar, / el Indio por disparar / hasta la *chuza* largó".

Todos ríen con ganas al escuchar este cuento, donde se ven burladas las expectativas eróticas del indio por un personaje que no es ni siquiera digno de él. Pero Ascasubi no es el único, otros autores insisten en esto de burlarse cuando la mujer raptada por los indios es vieja o fea. En su *Diario de viaje por la América del Sud,*[22] el pintor Juan León Pallière comenta: "La patrona de la posta donde nos detenemos tiene reputación de mala bruja; no me parece usurpada y corresponde a su físico. Hablamos de los indios. Hace sólo cinco años que no aparecen, y con tal motivo le pregunto cómo la trataron. Ella me contempla con aire de furia. Nada

La cautiva redimida aparece rodeada de un aura blanca que sugiere visualmente que ella no había sido "mancillada" por los indios. Esta preocupación aparece con insistencia en los documentos escritos.
El regreso de la cautiva, de Johann Moritz Rugendas, 1848.

más encantador que verla de pie, declamando como una rabiosa; y era impagable oírla decir que la mujer era un ser tímido [...]".

Pese a la inmediatez del drama de la frontera y sus connotaciones políticas, la imagen de la cautiva conservó su potencial erótico a lo largo del siglo XIX. Tal potencial erótico se evidencia sobre todo en las imágenes visuales, entre las cuales se cuentan varios cuadros del pintor uruguayo Juan Manuel Blanes. Pero quizás el ejemplo más elocuente de esa persistencia sea el de un gran cuadro al óleo: *La vuelta del malón,* pintado por Ángel Della Valle en 1892, el año del cuarto centenario de la llegada de Colón a América. Cuando se expuso por primera vez, en junio de ese año, en la vidriera de un pequeño negocio de ferretería y pinturería de la calle Florida, la gente se agolpó en la calle para mirarlo. Mucho se escribió sobre este cuadro cada vez que fue expuesto. La escena –presentada por primera vez en grandes dimensiones– reunía todos los tópicos del discurso acerca de los *males* que representaban los indígenas de la pampa en el Buenos Aires del siglo XIX: los indios huían en la fría luz de un amanecer pampeano después de una noche de tormenta. El malón se equiparaba a las fuerzas de la naturaleza: su paso por el pueblo equivalía al paso de la tormenta. Habían saqueado una iglesia, algunos de ellos portaban como trofeos los objetos litúrgicos profanados: eran demonios. Arriaban ganado robado: eran ladrones. Algunos llevaban cabezas cortadas como recuerdo: eran crueles. De rostros oscuros, sus bocas abiertas lanzaban alaridos: eran salvajes. Uno de ellos llevaba una mujer blanca, desmayada, semidesnuda, en la cruz de su caballo. Se inclinaba sobre ella, la cuidaba con su abrazo: la deseaba.

Julio Botet escribió un largo artículo sobre este cuadro para la revista *Buenos Aires Ilustrado*, en el que explicaba –a partir de una conversación con el pintor– que el cuadro reproducía un malón real del cacique Cayutril, cuyo relato había escuchado en el campo.[23] Sin embargo, el cuadro denota ser el fruto de un largo proceso de elaboración, en el cual el fragmento del guerrero y la cautiva parece el más *literario*. Della Valle parece haber agregado cierto espesor dramático a los personajes de una escena que inspiraba terror. La fragilidad de la cautiva en medio de la vocinglería de esos demoníacos profanadores de iglesias, se ve subrayada precisamente por su actitud de entrega y el gesto protector de su raptor. Lejos de quitar dramatismo a la escena, este elemento parece acercarla a la experiencia sensible de sus observadores, que ahora quizá podían llegar a identificarse imaginariamente en ella. Algunos comentarios periodísticos sostienen esta idea. Probablemente el más interesante sea el que, en 1894, el cuadro le inspiró a Roberto J. Payró, quien a partir de la imagen produjo un nuevo relato, largo, pormenorizado y sen-

sual, del encuentro del indio con la mujer robada en medio del malón:
"En la penumbra, sentada en la cama, rígida de terror, con las pupilas di-
latadas por el espanto, una mujer, una niña, lo miraba sin que de su garganta anudada pudiera brotar el grito de desesperación que le hinchaba
el pecho... ¿Qué valían al lado de ése los demás tesoros? La inocente
desnudez de la doncella, a medias velada por la crencha de azabache de
sus cabellos, la purísima juventud de aquel cuerpo, cuyo cutis tenía
blanduras de terciopelo, la misma expresión de horror de aquel rostro de
niña que apenas ha llegado a la pubertad, todo hizo pasar una nube negra por los ojos del indio, que no titubeó un segundo. La tomó en sus
brazos, arrancándola del lecho con las tibias sábanas a pesar de sus de-
sesperados esfuerzos, a pesar de sus gritos angustiados, pues el exceso
de terror había desanudado su garganta. Y se la llevó, sintiendo sobre su
pecho grasiento el calor de aquel cuerpo de seda, y el redoble de aquel
corazón presa de las más terribles congojas, que golpeaba, golpeaba desesperado, como si quisiera saltar fuera de su cárcel, huir de aquella in-
famia y de aquella vergüenza...".[24]

En esta *ekphrasis* (o narración del cuadro) de Payró se encuentra el
relato en prosa más vívido y explícitamente erótico de una escena de
rapto que encontramos hasta entonces en las letras. La fuerza evocativa

El cuadro La vuelta del malón *fue
expuesto en la Exposición Colombina
de Chicago en 1893, donde fue
premiado con una medalla. A su
regreso en Buenos Aires, se expuso
nuevamente en 1894 en la Segunda
Exposición del Ateneo.*
La vuela del malón, de Ángel Della
Valle, 1892.

de imágenes como ésta parece haber abierto la vía para la expresión de sentimientos fuertemente controlados por la moral social imperante, permitiendo ciertas transgresiones de los "umbrales de vergüenza" en los textos.[25]

En busca de las cautivas
"de carne y hueso"

Más allá (o más acá) de las imágenes literarias y visuales creadas en torno a la cuestión del cautiverio de mujeres blancas, imbuidas de más o menos evidentes intenciones artísticas, simbólicas e ideológicas, es posible identificar, en el marco de la guerra de fronteras en el "desierto", otro tipo de textos y de discursos, que parecen más apegados a la "realidad real" de aquellas mujeres en la frontera: los partes militares y las crónicas e informes de malones. Sin embargo, las diferencias entre ambos tipos de discurso no resultan tan claras. Veamos, por ejemplo, el de Juan Manuel Beruti el 7 de diciembre de 1820: "Tuvimos la fatal noticia de haber los indios pampas asaltado una madrugada las campañas de los Lobos, Chascomús, Rojas, y pueblo del Salto, en donde después de haber robado los ganados y cuanto encontraron, hicieron las mayores iniquidades, matando hombres, mujeres y niños, que les eran inútiles, y llevándose como lo hicieron las mujeres jóvenes cautivas, en donde las tienen para ser pasto de sus brutales apetitos, particularmente en el pueblo del Salto, que después de haber robado cuanto encontraron, y dejado el pueblo asolado sin hombre alguno, porque todos huyeron, y los que quedaron fueron muertos, habiendo sido el número de éstos diecisiete, únicos que pudieron hallar, se dirigieron a la iglesia, adonde se habían refugiado y creían verse seguras; pero no les fue de defensa, y con despecho brutal echan a balazos las puertas, entran y sin misericordias, toman las mujeres con la más bárbara crueldad, y a golpes, sablazos, y tomadas por el pelo las montaban en ancas de sus caballos y las llevaron cautivas, dejando arrojadas muchas criaturas que quitaron a las madres siendo su crueldad tal, que las que lloraban las hacían callar a latigazos, por cuya causa, susto y dolor hubo mujer que en la iglesia quedó muerta, qué escena tan triste, y digna de llorarse con lágrimas de sangre; habiendo quedado los maridos sin esposas, los padres sin hijas y los hermanos sin hermanas, por haber sido cautivas de unas y otras más de trescientas".[26]

Se conservan muchos otros relatos, en términos muy similares a éste, de grandes malones, como el que llegó a San Luis en 1847, Tres Arroyos en 1870, o el que llevó Calfucurá a 9 de Julio el 5 de marzo de 1872.[27]

En cuanto a las condiciones del cautiverio entre los indios, fueron publicados algunos testimonios de hombres que, habiendo sido cauti-

vos, lograron escapar o ser redimidos. Es el caso de Santiago Avendaño, que estuvo catorce años prisionero de Painé, y cuya crónica fue publicada en la *Revista de Buenos Aires* en 1867.[28] Avendaño había sido
cautivado de niño y había sido tratado afectuosamente por Painé. En el
detallado relato de su fuga, ocurrida en 1849, constantemente se traslu-
cen sentimientos de remordimiento y temor a las iras de su otrora protector.[29] Al final, Avendaño relata su turbación al enfrentarse nuevamente con la "civilización", cuando llega a un rancho en los suburbios
de San Luis. Enseguida se observa a sí mismo y cómo va vestido, y se
ve ridículo, distinto: "Todo esto, por cierto, formaba un disparatado contraste que me hacía parecer más bien una china que un varón [...]". Este relato resulta significativo, pues permanentemente las fuentes testimoniales hablan de la dificultad que también las mujeres encontraban
para volver a la "civilización".

Una imagen bien distinta y mucho más cruel presenta A. Guinnard
de su cautiverio entre los patagones (1856-1859).[30] Relata el suplicio
que sufre una mujer distinguida, esposa de un alcalde, al intentar huir:
"Algún tiempo después, una cautiva, mujer de un alcalde, llena de coraje y resolución, trató de evadirse. Había franqueado ya, por la noche, un
gran espacio cuando fue alcanzada; como era joven y hermosa no se le
dio muerte, pero fue atada de pies y manos, golpeada después, hasta de-
jarla sin sentido, con dos correas de cuero, y entregada a la brutalidad de

*Exhibida en la Exposición Continental
realizada en Buenos Aires en 1882,
esta imagen fue muy comentada y
elogiada en los diarios porteños, y
seguramente conmovió a los miles de
visitantes que desfilaron entonces
ante ella.*
La cautiva, de Juan Manuel Blanes,
ca. 1880-1882.

una veintena de indios. Después la pobre, que enloqueció entonces, escapaba a veces de la tienda de su amo, después de haber roto todas sus armas y, armada de un trozo de lanza, golpeaba con encarnizamiento y sin distingos a todos los que encontraba al paso. Los indios, que la temían mucho en estos momentos de furor, la envenenaron para desembarazarse de ella".

Alcides D'Orbigny, en cambio, en su *Viaje a la América Meridional*[31] relata en varias oportunidades que las cautivas blancas en general sentían apego hacia sus captores o hacia los hijos concebidos con éstos y no deseaban volver a la sociedad "civilizada": "su apego a los frutos de una unión forzada, las habituó a la dureza y privaciones de la vida errante de sus dueños y perdieron, si no del todo el recuerdo de su país, por lo menos el deseo de regresar". El tono de este relato de D'Orbigny no es de censura, sino más bien de triste comprensión de una situación que sentía como muy desdichada (una y otra vez ofrece yeguas y objetos en canje para liberar a algunas mujeres, infructuosamente), pero el cautiverio no aparece en su relato como un infierno de torturas sino como un proceso lento de asimilación.

Aun en el escueto lenguaje de los partes militares producidos en los puestos de frontera, se encuentra esta reticencia de las cautivas a ser "rescatadas". Por ejemplo, en un parte del fuerte Arévalo en la frontera sur, puede leerse: "Azul, setiembre 28, 1858. El Comandante en Jefe de la Frontera del Sud [I. R.] al Ministro de Guerra y Marina, Dn. J. Matías Zapiola. Aureleana Beltrán, cautivada en Bahía Blanca hacen cuatro años [no pudo ser rescatada] por no haber querido salir de los indios, y que ha sido absolutamente imposible seducirla a que venga al lado de su familia".[32]

Muchas veces ocurrió que las cautivas no quisieran volver, pues los indios no permitían que sus hijos abandonaran las tolderías. Ellas preferían no abandonarlos a ellos. Aunque son muy pocos los testimonios sobre negociaciones de rescate de cautivas indias atrapadas por los criollos, al parecer también se dio esta situación a la inversa: en un parte del "Comandante en Jefe de la Frontera del Sud", Ignacio Rivas, al Ministro de Guerra y Marina, fechado en Azul el 1º de junio de 1858, éste transmite el reclamo del cacique Catriel, quien ha cumplido con entregar cautivas, lo que era parte de la paz pactada. Catriel reclama la devolución de "una hermana que existe en poder del Cnel. Díaz y cuatro hijos del Caciquillo Guaiquipan que los tiene el Mayor Castro y algunos más que tambien se hallan en el Bragado". Se le responde que "el Gobierno no tiene facultad para obligar al regreso de los cautivos a que se refiere el Cacique Catriel" y recomienda que Catriel designe delegados que vayan a ver a esos parientes para averiguar si "voluntariamente

La vergüenza, la "deshonra", el miedo al regreso a la sociedad de los blancos luego de años de cautiverio, aparecen como un tema recurrente en las historias de cautivas en la pampa.
La cautiva, de Juan Manuel Blanes, ca. 1880.

quieran regresar a los toldos de aquel que por consiguiente [lo hagan] bajo esta precisa condición de hacerlo voluntariamente [...]".[33]

Así, las mujeres, tanto criollas como indias, no siempre obedecieron lo que pactaban los hombres en sus tratados de paz y lo que negociaron en los canjes de cautivos. Unas y otras fueron objeto de despojo, fueron mercancías, rehenes, prisioneras, esclavas. Contra su voluntad cruzaban la frontera en un viaje sin retorno, pues una vez "mancilladas", contaminadas por una cultura que no era la propia, ya nunca volverían a ser las mismas. Dejaban de pertenecer a una sociedad para la cual pasarían a ser extrañas. Y del mismo modo se sentirían ellas: aun cuando se las pudiera aceptar nuevamente, no siempre estuvieron dispuestas a hacer el viaje de regreso. El costo habría sido demasiado alto.

Susan Socolow[34] ha realizado un análisis demográfico de la *Relación de cautivos redimidos* en la campaña de Juan Manuel de Rosas en 1833. Se trata de un documento bastante desapasionado, aparentemente despojado de intenciones persuasivas o fines propagandísticos, ya que su objetivo era aportar información para reubicar a esas personas rescatadas en la sociedad. Por eso se consignaron allí sistemáticamente todos los datos (incluso características físicas) de los cautivos, con el objeto de facilitar su reencuentro con las familias de origen, cosa que no en todos los casos ocurrió: muchas mujeres quedaron al cuidado de la Sociedad de Beneficencia de Buenos Aires al no haber familiares que las reconocieran.

En el conjunto de los cautivos rescatados, puede observarse un notable predominio femenino (61,36 por ciento). La edad media del grupo de mujeres (21 años) es considerablemente mayor que la de los varones (13 años). Estas cifras coinciden con las numerosas fuentes donde se relata que los indios solían matar a los hombres y se llevaban las mujeres y los niños.[35] Por otra parte, mientras que en el grupo de menores de 15 años no hay casi diferencias entre ambos sexos, es abrumador el predominio de las mujeres en los grupos etarios adultos. Esto probablemente obedezca a dos factores: se raptaban mujeres de diferentes edades, pero sólo varones muy jóvenes; y además las mujeres se adaptaban mejor o sobrevivían más tiempo en cautiverio. "La preferencia india por las cautivas –dice Socolow– se basaba probablemente en una combinación de razones sexuales, estratégicas y económicas. Las mujeres, debido a su función biológica, podían ayudar a las tribus indias a repoblarse. Las españolas, como sus contrapartes indias, eran miembros económicamente productivos de la sociedad nativa. Finalmente, eran más dóciles y fáciles de manejar físicamente."[36]

La somera descripción física de las cautivas redimidas ofrece un detalle interesante: entre ellas hay una alta proporción de blancas (69,2 por ciento) y de rubias o pelirrojas (62,4 por ciento). También figuran bastantes ojos azules. Al parecer, existía entre los captores (o bien –cabe esta posibilidad– entre los redentores) una preferencia física, por lo menos para determinar quién sobreviviría, dado que los colores predominantes en la población española de frontera eran la piel "trigueña" y los cabellos oscuros.

Finalmente, el estudio de Socolow consigna otro dato importante: las mujeres, quizás por ser más numerosas y haber sido capturadas a edades más avanzadas, conservaron la lengua y la identidad cultural de origen en proporción mucho mayor que el grupo de varones. Varias de ellas declararon que sabían hablar español pese a haber sido raptadas de pequeñas, porque lo aprendieron con otras cautivas.

Estos datos, sumados a las consideraciones que aparecen en los relatos, crónicas y partes de guerra, plantean una serie de cuestiones que ya aparecían, de uno u otro modo, en las imágenes de las cautivas que difundieron la poesía, el teatro, la novela y las artes plásticas.

La mayoría de los documentos disponibles sobre las cautivas son discursos producidos *por varones*. ¿Es posible un acercamiento más directo, más inmediato a las "de carne y hueso"? No es fácil hallar testimonios directos, siempre se interpone la voz del oficial o funcionario que toma su declaración. Bajo juramento de "decir la verdad", se las sometía a un interrogatorio relacionado con cuestiones de interés para la guerra: cuantos indios formaban el grupo que las cautivó, hacia dónde fueron, de dónde vienen, cuántos días duró su huida, cuántos cautivos más había, cuántos caballos tenían, si logró escuchar planes de ataque, etc. Por lo sintéticos y escuetos, muy poco parecen aportar a lo que nos ocupa, pero son el testimonio más directo del fenómeno en términos históricos. Como tantos otros postergados, las cautivas "no tuvieron voz" para la historia, aunque su imagen haya sido tan significativa y haya llegado a adquirir el valor de un símbolo.

Hay un documento, sin embargo, particularmente valioso. Entre las declaraciones de cautivos publicadas por Carlos Mayo figura una única mujer, María Paula Santana, llegada al fortín de frontera el 23 de febrero de 1781.[37] Ella relata que fue cautivada junto a sus dos hijas y que pudo escapar ayudada por una "china ladina": "[...] y a los cuatro o cin-

Asalto de indios, de Alberico Isola, 1845.

co días de luna nueva, se marcharon, quedando sólo la chinería y pocos indios cuidando la hacienda, que preguntada una china ladina, dónde iban, y la dijo que a correr yeguas, y que despúes se habían de volver a pintar y habían de venir a las tres lunas a dar en la Magdalena, que también la dijo habían pasado los Aucas para Buenos Aires.

"Que muchas de las cautivas que habían hecho las llevaban a cambiar por ropa y aguardiente a los establecimientos nuestros de la costa patagónica y que también llevaban ganado. [...]

"Allí en esta última parada tuvieron noticia de que volvía la indiada con hacienda y ganado; y la aconsejó la china ladina instándola se huyese para Buenos Aires porque si no en llegando los indios la venderían tierra adentro, y temerosa de emprender a pie sin auxilio ninguno sola un camino tan largo sin saberle; no se determinaba, y la dijo qué sería de ella si la encontraban los aucas que habían pasado para Buenos Aires, a que la respondió que tuviese ánimo, siguiese el camino que no encontraría indios porque los aucas llevaban otro rumbo, y habían de venir a dar en Areco y que dicho camino la traería hasta la villa de Luján, a los tres días de estar en esta última parada se determinó y emprendió su marcha a la noche a pie".

Esta comunicación y ayuda entre mujeres difiere mucho de la imagen transmitida por la literatura y las crónicas en términos de maltrato, celos y envidia de las mujeres indias hacia las blancas. Probablemente se trate de un caso excepcional, pero habla de redes de solidaridad entre mujeres de diferentes razas y de estrategias de resistencia a las estructuras de poder y sometimiento que, de un modo u otro, sufrieron todas ellas: indias, blancas, mestizas, negras, jóvenes o viejas, hermosas o feas.

Notas

1   Martínez Estrada, Ezequiel, "El tema de las cautivas y 'La cautiva'", *Anales de Buenos Aires*, año 1, n° 6, junio de 1946.

2   Lavardén, Manuel José de, *Siripo*. Se conserva sólo el segundo acto (dudoso) de esta pieza. Incluido en Puig, Juan de la C., *Antología de poetas argentinos*, Martín Biedma e Hijo, Buenos Aires, 1910.

3   La ópera *La Indígena* tenía música de Wenceslao Fumi. Fue estrenada en Buenos Aires el 5 de diciembre de 1862 (cfr. arts. en *El Nacional*, 6/12/1862 y 11/12/1862 y *El Siglo*, 5/12/1862). Pocos días después fue estrenada en Montevideo. Estela González permitió el acceso al material del archivo de Heraclio Fajardo.

4   Clark, Timothy, *Imagen del pueblo. Gustave Courbet y la revolucion de 1848*, G. Gili, Barcelona, 1981.

5   Cfr. Iglesia, Cristina y Schvartzman, Julio, *Cautivas y misioneros. Mitos blancos de la conquista*, Catálogos, Buenos Aires, 1987. "La cautiva blanca nace, en nuestra literatura, sobre la abrumadora realidad de la cautiva india", escribe Cristina Iglesia en la pág. 52.

6   Cfr. Penhos, Marta, "Indios del siglo XIX. Nominación y representación", en *Las artes en el debate del Quinto Centenario. IV Jornadas de Teoría e Historia de las Artes,* CAIA (Centro Argentino de Investigadores en Artes)-Facultad de Filosofía y Letras, Buenos Aires, 1992.

7   En 1906, el escultor Lucio Correa Morales realiza *La cautiva* (emplazada en los jardines del Museo Nacional de Bellas Artes), representando por primera vez a una cautiva india y sus hijos.

8   Ercilla, Alonso de, *La Araucana*. La primera parte fue publicada por el autor en Madrid en 1569. En 1578, publica juntas la primera y la segunda parte, y en 1589, la tercera. El texto completo y definitivo fue publicado en Madrid en 1597, tres años después de la muerte de su autor.

9   Martín del Barco Centenera, *La Argentina*. Poema histórico, escrito en Lisboa en 1601. Se halla incluido en el tomo III de la *Historia argentina del descubrimiento, población y conquista de las provincias del Río de la Plata*, de Rui Díaz de Guzmán, escrita en 1612. Edición consultada: Buenos Aires, Imprenta de la Revista, 1854.

10   Sin duda, estos textos tienen en común la tradición de enaltecimiento del enemigo como manera de engrandecer las victorias sobre éste.

11   Iglesia, Cristina, "Conquista y mito blanco", en Iglesia, C. y Schvartzman, J., ob. cit., pág. 29.

12   Belgrano, Manuel, *Molina*. Tragedia poética publicada en Buenos Aires, en la Imprenta de Niños Expósitos, en 1823. (Versión consultada: selección de estrofas incluida en Blomberg, Héctor Pedro [introducción, selección y notas], *Poetas que cantaron al indio en América. Antología*, Estrada, Buenos Aires, 1950.)

13   Cfr. Fernández López, Manuel, "La Revolución Francesa en el pensamiento y obra de Manuel Belgrano", en *Imagen y recepción de la Revolución Francesa en la Argentina. Jornadas Nacionales en el Bicentenario de la Revolucion Francesa (1789-1989)*, Comité Argentino para el Bicentenario de la Revolución Francesa, Grupo Editor Latinoamericano, Buenos Aires, 1989.

14   El episodio, de muy dudosa historicidad, es narrado por el mestizo Rui Díaz de Guzmán en el Canto VII de *La Argentina Manuscrita* (escrita en 1612 y publicada recién en 1835 por Pedro de Ángelis).

15   Para un panorama de las múltiples reinterpretaciones del mito, Cfr. Iglesia, Cristina, "Conquista y mito...", ob. cit.

16   Ambrosio Morante en 1813, en un aniversario de la Revolución de Mayo, habría escrito una pieza titulada *Siripo y Yara en los campos de la Matanza*. Este autor, cuya intensa labor como dramaturgo y político se halla relacionada con la gesta revolucionaria, habría invertido los términos del conflicto, en el cual los indios aparecían, no ya como asesinos y traidores sino más bien como víctimas de los españoles, a quienes terminan derrotando completamente. Cfr. Bosch, Mariano G., *Historia del teatro en Buenos Aires*, El Comercio, Buenos Aires, 1910.

17   Cfr., por ejemplo, Villalobos, Sergio *et al.*, *Relaciones fronterizas en la Araucania*, Universidad Católica, Santiago de Chile, 1982.

18   La edición consultada se halla en Varela, Juan Cruz, *Poesías*. Reedición completa en un volumen con un prólogo de Vicente D. Sierra. Talleres Gráficos L. J. Rosso, Buenos Aires, 1943, págs. 231-6.

19   Publicado por primera vez en 1837, el poema de Echeverría inspiró una larga serie de imágenes al pintor bávaro Johann Moritz Rugendas.

20   Cfr. Viñas, David, *Indios, Ejército y fronteras*, Siglo XXI, Buenos Aires, 1982.

21   Ascasubi, Hilario, *Santos Vega o Los mellizos de la Flor* (1ª ed. 1872), La Cultura Argentina, Buenos Aires, 1919.

22   Pallière, Juan León, *Diario de viaje por la América del Sud,* Peuser, Buenos Aires. 1945, pág. 122.

23   *Buenos Aires Ilustrado*, año 1, n° 4, agosto/setiembre de 1892, págs. 85-8.

24   *La Nación*, 3/11/1894, pág. 5. Si bien no llevaba firma, Julio E. Payró, el hijo del escritor, informa que el artículo fue escrito por su padre e ilustrado por Malharro. Cfr. Payró, Julio E., "La etapa finisecular (1874-1900)", en AA.VV., *Historia General del Arte en la Argentina*, tomo VI, Buenos Aires, Academia Nacional de Bellas Artes, 1988. págs. 151 y sigs.

25   Tomamos esta expresión de David Freedberg. Cfr. *El poder de las imágenes. Estudios sobre la historia y la teoría de la respuesta*, Cátedra, Madrid, 1992.

26   Beruti, Juan Manuel, "Memorias curiosas", en Senado de la Nación, *Biblioteca de Mayo. Colección de obras y documentos para la historia argentina,* Buenos Aires, 1960, vol. IV, pág. 3937.

27   Cfr. Schoo Lastra, Dionisio, *El indio del desierto. 1535-1879.* (1ª ed. 1927), Ed. Meridiano, Buenos Aires, 1957, págs. 187 y 198.

28   Avendaño, Santiago, "La fuga de un cautivo de los indios, narrada por él mismo", *La Revista de Buenos Aires*, tomo XIV, Imprenta de Mayo, Buenos Aires, 1867, págs. 357 y sigs. y 511 y sigs.

29   "Temí que el indio de quien dependía regresara a los toldos y no encontrándome, me buscase, me alcanzara y ¡ay! de mí entonces. El cariño paternal que me ha prodigado siempre, ¿no se habrá convertido en furor por este solo hecho?", Avendaño, Santiago, ob. cit., pág. 361.

30 Guinnard, A., *Tres años de cautiverio entre los patagones*, Espasa Calpe Argentina, Buenos Aires, 1941, pág. 99.

31 D'Orbigny, Alcides, *Viaje a la América Meridional. Realizado de 1826 a 1833 por Alcides D'Orbigny, Caballero de la Orden Real de la Legión de Honor* [...], Futuro, Buenos Aires, 1945.

32 Archivo General de la Nación, Sala X, 19-8-4. Agradezco a la licenciada Marta Penhos haber puesto generosamente a mi disposición la información relevada por ella sobre los partes militares de rescate de cautivos.

33 Ibídem.

34 Socolow, Susan M.,"Los cautivos españoles en las sociedades indígenas: el contacto cultural a través de la frontera argentina", *Anuario del IEHS*, II, Universidad Nacional del Centro, Tandil, 1987. Traducción: Graciela Malgesini.

35 Socolow sugiere, incluso, por comparación con otras fuentes, que la proporción de hombres en el grupo rescatado por Rosas era excepcionalmente alta. Socolow, Susan M., "Los cautivos españoles...", ob. cit., pág. 119.

36 Ibídem, pág. 121.

37 Mayo, Carlos (comp.), *Fuentes para la historia de la frontera. Declaraciones de cautivos*, Publicación de la cátedra de Historia de América I, Universidad de Mar del Plata, Facultad de Humanidades-Depto. de Historia, Mar del Plata, 1990, págs. 21-2.

Inferioridad jurídica y encierro doméstico

Dora Barrancos*

> *La mujer, a quien los sabios y filósofos*
> *tratan con tanto desprecio,*
> *queda relegada a un perpetuo*
> *estado de minoridad.*
> EMILIO FRUGONI

Resulta bien conocido que el largo siglo XIX significó un retroceso para las mujeres debido, entre otras importantes cuestiones, a la obturación de los derechos civiles, fenómeno que persistió en la Argentina –y no sólo en este país– aun mucho después de haber accedido a los derechos políticos. Los ordenamientos sancionados en las sociedades occidentales, en su mayoría inspirados en el Código francés de 1804 –más conocido como Código Napoleónico– constituyeron una ominosa inferiorización de la condición femenina que contrastó con momentos anteriores, más benévolos.[1] En el caso argentino, a la influencia directa del ordenamiento francés debe sumársele la obra del jurista español García Goyena y del brasileño Freitas.

La incontable experiencia de la sociedad burguesa coincidió en la minusvalía del sexo femenino, tal vez azuzada por dos grandes ideaciones fantasmales, contradictorias pero sinérgicas para la óptica patriarcal: la incertidumbre acerca de la ingobernabilidad de las mujeres y la certe-

La personalidad cambiante del doctor Carlos Durand se refleja en el dibujo que ilustra la obra de Gastón Tobal. La doliente mujer del extremo superior bien puede ser la madre de Durand. En la parte inferior, el diseño reposa en dos manos torturadas y, a la vez, ansiosas de libertad: tal vez, las manos de Amalia Pelliza Pueyrredón de Durand.
En Gastón Federico Tobal, *De un cercano pasado,* Buenos Aires, Rosso, 1952.

---

* Fernanda Gil Lozano, Orlando L. Sánchez, Magdalena Colosimo y Silvia Fernández Rabadán colaboraron en la búsqueda de fuentes documentales.

za de su inferioridad biológica. La atracción mutua de los términos se imponía y el resultado convenció a los varones sobre la necesidad de prevención: igualar a las mujeres frente al derecho era como pedir a la Naturaleza que se comportara por sus propias normas. Además, la Ciencia concurría a evidenciar las propiedades asimétricas del dimorfismo, comenzando por la más extraordinaria –o al menos la más productiva– de sus concepciones: el evolucionismo. Los sexos podían haber orillado la pérdida del rumbo normativo con estallidos como la Revolución Francesa –fenómenos caóticos que podían conmover toda sujeción–, pero la razón volvía por entero a su cauce y las leyes científicas explicaban la imperfección distributiva presentada por los sexos.

Así, si el sentimiento de modernidad constituyó un motor central del siglo XIX y si la arena pública se empeñó, con mayor o menor ímpetu, tanto en desarrollar las instituciones seculares como en impulsar interacciones objetivantes universales, los pavores que suscitaba la identidad femenina recrudecieron en la misma proporción en que se profundizaba el foso entre Cultura y Naturaleza. El cálculo de un orden que devolviera juicio a las relaciones entre las personas sexuadas –esto es, afirmara aun más el proverbial acatamiento femenino– se inscribe en los motivos medrosos de la condición humana masculina bajo la nueva cuadrícula burguesa, y el sometimiento jurídico de las mujeres contesta –y se anticipa– a la posibilidad de una alteración tal vez más radical que la que ya asomaba con las reivindicaciones del proletariado.

Como fuere, la normativa que aumentaba decididamente las capacidades de los varones y disminuía las de las mujeres fue mucho más lejos que las anteriores. Al considerar la evolución en la Argentina hasta la sanción del Código Civil en 1869, debe admitirse que las disposiciones de la *Novísima Recopilación* de 1805 iban en ese sentido, aunque no pocas concepciones se encuentran en las Leyes de Indias y en particular en la *Nueva Recopilación* de 1567, todas inspiradas en el derecho romano. Pero el Código de Dalmacio Vélez Sarsfield es culminante no sólo porque agravó la inferioridad femenina, sino por su potencia instituyente y por la capacidad de magisterio de su autor. Desde luego, el discurso universal dominante se incorporaba a la legislación local, que a su vez tributaba al propósito ordenador de las naciones; la Ley de Matrimonio Civil, incorporada al Código en 1882, fue la piedra angular de la secularización social.

Sin embargo, es necesario reconocer que hay un aspecto de la obra de nuestro codificador que lo singularizó en el concierto de los países latinoamericanos: el reconocimiento –favorable en todo caso a las mujeres– de los bienes gananciales.[2] Examinemos los artículos centrales que determinaban la subalternancia femenina. El artículo 55 declaraba la incapacidad relativa de la mujer casada y el artículo 57, inciso 4, la ponía bajo la representación necesaria del marido. Las mujeres casadas no podían ser sujetos de contratos sin la licencia del esposo, de tal modo que cabía a éste decidir sobre los trabajos y las profesiones, de la misma manera que estaba vedado a las casadas –la enorme mayoría de las mujeres de más de 13 años que no hubieran enviudado– administrar los bienes propios o disponer de ellos aunque fueran producto de su exclusivo trabajo. El marido se constituyó en el administrador legítimo de todos los bienes del matrimonio, propios o gananciales, aunque aquí la norma encontró un tope para algunas circunstancias. En efecto, el inciso 2 del artículo 1277 abría una rendija, ya que de pactarse expresamente alguna convención al momento del matrimonio, la casada podía administrar algún bien raíz suyo, anterior a aquél o adquirido por título propio después. Está aún por hacerse la historia del número de mujeres y las circunstancias por las que el reducido grupo de las propietarias se amparó en este inciso, ya que la enorme mayoría se casó bajo la norma general de transferir al varón las decisiones sobre trabajo y gerencia de bienes.

El Código Civil redactado por Dalmacio Vélez Sarsfield asimiló la condición jurídica de las mujeres casadas a la de una persona incapaz. Señora de principios del siglo XX. Archivo personal de la autora.

Las casadas no podían estar en juicio sin licencia especial del marido, y es imaginable el embrollo para llegar a ser demandantes judiciales en su contra, tal vez una epopeya para quienes carecían de padres, de hermanos o de hijos varones mayores, aunque dispusieran de una buena situación económica. No hay que esforzarse demasiado para calcular las dificultades de las mujeres de las clases menos pudientes condenadas a soportar, como una fatalidad, pésimas convivencias. Sin embargo, es muy probable que, tal como se ha constatado para mediados del XIX, fuera proporcionalmente mayor el número de demandas encabezadas por mujeres en los juicios relacionados con problemas familiares.[3] Ese elevado número de juicios encabezados por mujeres cuando se trata de causas domésticas, expresa bien las situaciones de violencia y opresión a que estaban sometidas, fenómenos que no eran otra cosa que consecuencias de la misma Ley.

Las mortificaciones de la esposa del doctor Carlos Durand

Hubo un caso por cierto excepcional, ya que representa un límite extremo de la condición femenina sometida al varón en plena prescripción del Código Civil, pero como todo borde ofrece la ventaja de escudriñar el alcance de la norma jurídica, al mismo tiempo que ilumina el acceso a ciertas representaciones relativas a las relaciones entre los sexos en un momento angular, el de la creación de la "Argentina moderna" desde fines del

La certeza sobre la inferioridad biológica de las mujeres determinó la necesidad de sujetarlas jurídicamente al poder de sus maridos: el Derecho vino en auxilio de la Razón.
Señora de fines del siglo XIX. Archivo personal de la autora.

siglo XIX. Su excepcionalidad no es distorsionante, es apenas paradigmática. La sujeción civil femenina esculpida por la norma –pero asimilada como "habitus"– se espeja muy bien en la moldura de este caso "anómalo", tanto como una larga tradición de la biología (y de la psicología hasta nuestros días) se refiere a la teratología para comprender la normalidad. Es en todo caso de lo recalcitrante o más agudo de donde emergen los repertorios comparativos capaces de aumentar la competencia analítica.

Ingresemos ya en la mortificada vida de Amalia Pelliza Pueyrredón de Durand, la esposa del doctor Carlos Durand. En las memorias escritas por quien desde niño conoció bien a la pareja, Gastón Federico Tobal,[4] hay un relato frondoso sobre este vínculo, que, contrastado con la documentación disponible, posee notable verosimilitud.

El doctor Carlos Durand fue un médico que consiguió reconocimiento en la sociedad porteña en la segunda mitad del XIX, pero si ha trascendido hasta nuestros días es porque uno de los hospitales de Buenos Aires lleva su nombre, una vez que casi todo su legado se destinó a la construcción de ese nosocomio, tal como lo indicó su voluntad testamentaria. Su padre era francés y también médico de profesión. Luego de cierta actuación en su país de origen, Jean André Durand arribó a Buenos Aires en 1820. Casado con María del Rosario Chavarría, una joven de familia patricia con raíces norteñas, se instaló en Córdoba, donde nació su primer hijo, Eduardo. Más tarde, la familia se mudó a Salta. Allí nacieron nuestro protagonista y su hermana Carolina, también involucrada en esta trama. "El joven Carlos", narra Tobal, "de inteligencia vivaz y seductora apostura –uno de los mozos más arrogantes de entonces–, siguió la carrera de su padre recibiéndose de médico en 1846. A poco conquistaba fama como partero y, alternando el ejercicio de la profesión con la política, en 1859 fue elegido diputado por la campaña de Buenos Aires".[5] La Cámara disponía de legisladores destacados –Carlos Tejedor, Marcelino Ugarte, Benito Nazar, Rufino y Francisco Elizalde, Juan Agustín García, Luis María Drago, para citar sólo algunos– contrastando, tal vez, con un opaco rendimiento de nuestro hombre: "los diarios de sesiones no registran importantes discursos del doctor Durand", dice Tobal, aunque finalmente reconoce que "no le faltaron méritos en materia de opinión sobre gastos públicos".

Lo que parece indudable es su enorme éxito como facultativo, ya que "era el médico partero de todo Buenos Aires encopetado". Se trataba casi seguramente de un "partido" famoso y con una considerable fortuna, pero decidido a mantenerse soltero. En 1869, cuando ya había cumplido 44 años y por cierto era considerado un hombre mayor, sorprendió a todos al casarse con Amalia Pelliza Pueyrredón.

Amalia tenía sólo 15 y, aunque ostentaba todas las marcas del patri-

Según la legislación, el marido tenía la facultad de decidir sobre el trabajo o la profesión de su esposa; del mismo modo, a él le correspondía la administración de todos los bienes matrimoniales.
Familia de finales del siglo XIX. Archivo personal de la autora.

Durante la segunda mitad del siglo XIX, el doctor Carlos Durand adquirió prestigio entre las damas de la elite porteña, de las cuales fue el médico partero predilecto.
Archivo General de la Nación, Departamento Fotografía.

ciado –era nieta del mismísimo general Pueyrredón–, su familia ya casi no disponía de bienes. Los Pelliza Pueyrredón en realidad estaban en bancarrota. Quien más se destacaba en la familia era su hermana Josefina, poetisa y novelista, al parecer muy bella, casada con Sagasta y que murió joven, asistida por su amiga Juana Gorriti. Seguramente Amalia no era tan hermosa como Josefina, pero no debieron faltarle encantos, comenzando por el de su juventud. ¿Se enamoró Amalia de Carlos o decidió convertirse en su esposa angustiada por la situación familiar? Es altamente improbable que sentimientos apasionados la condujeran al casamiento; debe sospecharse que la crucial situación de la familia la decidiera a unirse a un hombre que tenía tres atributos decisivos en materia de protección: era médico, era rico y tenía la edad de un padre.

Carlos llevó a Amalia a su residencia, una enorme casona que poseía el encanto de la continuidad de un gran huerto en la entonces denominada calle Parque (ahora Lavalle) casi esquina Suipacha. Convivían con la hermana, Carolina, pero también con numerosas criadas y empleadas que ayudaban a componer la fisonomía casi enteramente femenina de la mansión, apenas alterada por un sirviente, el "mulatillo". Tobal no puede soslayar el impacto estético que le producía la residencia, los detalles de mármol, los muebles y los finísimos objetos que albergaban. Sus recuerdos se posan sobre el bello aljibe de mármol del primer patio (como muchas casas de ese período, disponía de los dos patios: el primero daba salida a los sectores y aposentos de los dueños de casa, y el segundo obraba como distribuidor de las áreas de servicio); se demora en la evocación del huerto, "cercado de tapias coronadas por fragmentos de vidrios, lucían plantas de jazmines y diamelas, alternando los frutales con limoneros, dos grandes higueras, un viejo parral, y unas limas muy frondosas, cargados de frutos".[6]

Al poco tiempo de casados, Amalia enfermó gravemente y tal vez no estuvo lejos de la muerte. Se le diagnosticó viruela confluente y, aunque se salvó, la espantosa enfermedad "hizo estragos en la belleza de la joven". No puede sorprender que Tobal decidiera elegir esta coyuntura para datar el orden de las transformaciones de carácter del doctor Durand. En efecto, quien parecía haber mostrado hasta entonces un perfil afectuoso y hasta "humanitario" –según la opinión de Tobal–, y que luego se constituyera en un ser tacaño y celoso al punto de actuar con Amalia como un carcelero, sólo pudo acceder a esa conversión merced a un grave acontecimiento, concluye el relator. La propia enfermedad de la muchacha y la consiguiente aflicción de Durand –a lo que Tobal une la circunstancia de la muerte de su madre– habrían provocado ese cambio dramático de personalidad.

Tobal hacía frecuentes visitas a esa casa, acompañando a su madre, que era ahijada y paciente del doctor Durand. "Alto, recio, aunque enjuto de carnes, tenía la tez pálida, la nariz muy fina y los ojos vivos y profundos [...] Pulcro en su persona y atildado en el vestir, hablaba pausadamente, como si él mismo escuchara las medidas palabras que solía pronunciar. Cuando me encontraba cerca de él, no podía dominar el vago temor que me embargaba, quizá por las mentas oídas acerca de su avaricia y de sus rarezas."[7]

De la misma manera, resultaron imborrables las imágenes de las circunspectas recepciones: "Cuando llegábamos a la casa, encontrábamos indefectiblemente tras las persianas de la sala, ocultas en la media luz de la misma, a Amalia y Carolina". Vale la pena acceder a algunos detalles: "Así que golpeábamos el llamador venía el 'mulatillo' o bien alguna de las muchachas criadas en la casa, a quienes llamaban 'chilindrinas', y abierta la puerta, volvían a cerrarla con llave". Por un lado, obsérvese la presencia de las criadas. Tal como nos revela su testamento, el doctor Durand había rescatado a por lo menos tres niñas de la Casa de Niños Expósitos, les había impuesto su propio apellido pero las había confinado al sujeto marco del servicio doméstico. La casa se cerraba con llave, conducta rara en un Buenos Aires que, aun tratándose de casas ricas, parecía más cercano a la negligencia que a la puntillosa atención en materia de seguridad.

Lo cierto es que el doctor Durand, una vez casado, decidió establecer entera vigilancia sobre su mujer, al mismo tiempo que dispuso resguardarse de toda prodigalidad en materia de gastos. Sujeción de almas y contención de expensas. "Y en pos de ese propósito –dice Tobal– tomó a su cargo la provisión de las necesidades de la casa, buscándolas ya en los almacenes al por mayor, ya en los remates..." Eso no significó que no buscara, como siempre, telas finísimas para su vestuario, eso sí, "las hacía durar años y luego servir para Carolina y Amalia, merced a la habilidad de las muchachas del servicio". La sordidez del cuadro aumenta con estos detalles: "[...] En la mesa, sólo era lícito servirse lo que él entendía que debía comerse y no más, ni menos. Y aquellas pobres mujeres, bajo el imperio de su mirada y de su ejemplo, habían aprendido al fin a acertar en las exactas porciones permitidas, porque el dueño de casa, a quien por la jerarquía de la edad –ésta era otra de sus normas– servíase primero, profesaba la máxima de que debía comerse, sólo para vivir".[8]

El doctor Durand prohibió las salidas a Amalia, con excepciones rarísimas –una de ellas fueron las visitas a la familia Tobal–, desde luego siempre decididas por él. Esta prohibición alcanzó al conjunto femenino de la casa, hasta a la más antigua servidora de la familia, Raymunda; "el encierro en que vivía –narra Tobal– y en la impuesta mudez, ocupada en sus menesteres variables, había perdido casi el uso de la palabra". La situación alcanzó ribetes gravísimos: una de las criadas se permitió

A partir de su matrimonio, la vida de Amalia transcurrió en el encierro de la casona familiar. El encanto de los patios y de la huerta no alcanzó, sin embargo, a disimular el carácter de cárcel que adquirió la vivienda.
Una joven en su casa familiar, a principios del siglo XX. Archivo personal de la autora.

la licencia de burlar la prohibición de contactos con el exterior, pero fue vista por Durand mientras hablaba "por los fondos con un criado de la casa vecina". Implacable, Durand "mandó cortarle los cabellos al rape, y la infeliz muchacha, desesperada, se quitó la vida, arrojándose al aljibe del primer patio".

Amalia, mientras tanto, despojada de contactos con el exterior, se amparó en la secreta esperanza de que alguna vez podría liberarse. Dejemos la descripción por cuenta de Tobal: "Conservaba aún su belleza, a pesar de los horribles estragos de la viruela. [...] Su tez era muy blanca y naturalmente rosada y tenía unos ojos negros magníficos. Hablaba rápido, con una charla simpática aunque intrascendente; mas a pesar del encierro en que vivía, sin más horizonte que el de la ventana, su temperamento alegre comunicaba vida a las referencias triviales. Solía usar en invierno amplias pañoletas de lana, y con ellas se cubría airosamente, acompañando al caminar, con los flecos, el balanceo gracioso de su cuerpo, ágil a pesar de la grosura."[9] Carolina, la cuñada de Amalia, era, además de mucho mayor, todo un contraste. Severa y medida, seguramente llevaba las condiciones igualmente confinantes de su soltería no como un cilicio, sino como una auténtica devoción a la causa patriarcal encarnada por el hermano mayor.

Una tregua   Como es imaginable, el encierro de la muchacha estimulaba furtivos espionajes desde las ventanas. Según Tobal –y no hay por qué dudar de sus buenas fuentes–, fue importante en su vida el hecho de que al frente de su casa se instalara, en 1896, el joven matrimonio integrado por Mercedes Zapiola y Daniel Ortiz Basualdo. Constituían una pareja en varios sentidos afortunada y desde luego una muestra de las nuevas sensibilidades: cierta lujuria, revelada por la generosidad de los gastos, por el dispendio de atuendos y objetos y, especialmente, por esa manía de exhibir carros último modelo, la cupé Luis XVII, la victoria. Mercedes Zapiola, al casarse, había aceptado las condiciones vejatorias de nuestro Derecho Civil, pero como parte de una clase que ya se disponía a vivir tan bien como lo autorizaba su riqueza, abandonando la antigua frugalidad, podía encontrar en el cálculo de sus propios bienes y en el consumo ostentoso –que seguramente se ampliaría, dada su condición de esposa de un Ortiz Basualdo– alguna compensación inconsciente y proporcional a la pérdida de la gerencia de esos mismos bienes.

Estimulada por las imágenes, no por fragmentadas menos excitantes, de la encumbrada pareja, Amalia inició un ritual de comentarios, pedidos y tal vez de súplicas a fin de que el doctor Durand flexibilizara la norma del encierro. Tal vez afectado por una crisis de competencia con

Ortiz Basualdo y por el cálculo, más tenebroso, de que habría de escarmentar con el hartazgo, Durand finalmente autorizó salidas –al parecer diarias– a la tarde, de 14 a 20 y en estricta compañía de Carolina. "Amalia, asombrada, no podía creer en aquel milagro", cuenta Tobal. "Cuando llegó el principio del mes, apenas si notó que la yunta no era tan elegante como la de los vecinos, ni que uno de los caballos era tuerto y el otro rengueaba un tanto; pero cuando pasaron los deslumbramientos que le produjera recorrer todos los paseos de entonces, el corso de las palmeras de Palermo, la vuelta obligada por Florida, o el Parque Lezama, empezaron a salir un poco más tarde y a regresar algo más temprano."[10]

Pero en el tacaño cálculo del doctor Durand, resultaba a todas luces absurdo pagar al cochero, a quien se habían rentado servicios por un determinado tiempo, aquellas horas vacantes. Exigió que las dos mujeres cumplieran debidamente con el contrato convenido, de modo tal que nada constituyera un obstáculo para el paseo, "así lloviera o tronara". El mismo Tobal admite de manera inteligente que "esas salida forzadas se tornaron una imposición odiosa, y cuando llegó el fin de mes, suplicaron a Don Carlos que lo suspendiera por un tiempo, y las pobres, con gran alivio, volvieron a sentarse tras de las rejas de las ventanas".[11]

Un rencor más aquilatado debió apoderarse de Amalia, que seguramente decidió apostar con más fuerza al escape. La oportunidad vino cuando su marido enfermó; los achaques se agravaron y quedó postrado por un tiempo. Entre quienes lo atendieron –en los últimos años de su vida lo visitaron numerosos médicos– se contaba el doctor Nicolás Repetto, a la sazón muy joven pero ya inclinado al socialismo. La morbidez fue un alivio para Amalia, que se animó a nuevas conductas. "La puerta cancel dejó de cerrarse, encendió luces, llamó a su parentela, y un espíritu desconocido de rebelión al orden interior se repartió por toda la casa, con gran zozobra de la fiel Carolina", escribe Tobal.

Pero el doctor Carlos Durand se repuso, y con ello la férrea voluntad de conculcar las mínimas libertades de Amalia. Dispuso acabar con los estrechos márgenes que había ganado, de tal modo que la casa se constituyó en una auténtica prisión. La mujer sufrió de un estado de pánico; tenía terror de que el hombre atentara contra su vida y esto la dejaba insomne. Una vaga referencia informa que quien estuvo más cerca de ella fue una de las criadas, Lidia Pelliza, una parienta o tal vez una adoptada a quien Amalia le había impuesto su apellido.

La vida ostentosa que comenzaba a llevar la nueva elite aristocratizante de Buenos Aires impactó en el espíritu de Amalia. En la imagen, Mercedes Zapiola de Ortiz Basualdo, la admirada modelo de la joven señora de Durand.
Archivo General de la Nación, Departamento Fotografía.

Terminaba el primer año del nuevo siglo cuando Amalia tomó la decisión que desde hacía tanto golpeaba en su pecho más que en su cabeza: huir, huir para siempre del marido. No es posible identificar el itine-

La huida

rario de esa fuga, pero sí una primera consecuencia: se presentó a litigar el divorcio, que recayó en un juez en todo asimilado a la misoginia judicial del período. Para provocar una resolución favorable a su demanda –muy difícil dada la condición expectable del marido–, los abogados de la causa involucraron a la propia hermana del médico en los malos tratos a que había sido sometida Amalia y tal vez forzaron la insinuación de que, además de sufrir sevicias, ésta podría haber sido asesinada.[12] En lugar de poner en tela de juicio el doloroso sometimiento con abrumadores detalles del encierro doméstico, absolutamente comprobable, los abogados rondaron presumiblemente la idea de la insania para caracterizar la conducta de Durand y la complicidad de Carolina. La defensa, en suma, se apoyó en "hechos inverosímiles", en "torpes infundios" con relación a la hermana del médico. La causa perdió así eficacia y el juez Romero denegó la separación. Más tarde la Cámara confirmaba el fallo.

El despojo

Amalia se había fugado sin llevar consigo más que algunas pertenencias, y aunque ya tenía 47 años sobrecargados por la traumática experiencia del confinamiento, seguramente pudo respirar una bocanada de libertad. Todo indica que fue a vivir a la calle Bermejo al 300, y no podría decirse que en estado de mayor pobreza que en el que antes se encontraba.

A los 74 años, enfermo y decrépito, el doctor Carlos Durand decidió hacer su testamento, no fuera a morir sin efectuar la última venganza contra Amalia. El número y calidad de sus bienes raíces era impactante, a saber:[13] la residencia central en la ahora denominada calle Lavalle (el lugar del encierro) que ocupaba la numeración 915 y 919, adquirida en 1862; la casa recibida en herencia, en 1880, ubicada en Lavalle al 1074, a lo que se sumaba, en virtud de la misma herencia, otra propiedad, en la calle Talcahuano 314; las ocho viviendas que se distribuían hacia un lado y otro de la esquina formada por las calles Rivadavia y Libertad, compradas en 1885, propiedades sin lugar a dudas gananciales así como lo eran un terreno en el Canal San Fernando (su compra se realizó en 1878) y otro en el barrio de Caballito, que se había adquirido en 1871. Remataban este ostentoso número de bienes dos propiedades más: una casa muy importante en la calle Viamonte –ocupaba los números 1301-1319–, y una más importante residencia en el barrio de San José de Flores, en la esquina de Boyacá y Bacacay –Flores fue una de las áreas de quintas preferidas por las familias "decentes"–, entre cuyos detalles de construcción se destacaban balaustradas y escaleras de mármol, cuatro dormitorios en bajos y altos, y un interesante terreno en el que se disponía un cuidado jardín. Es muy poco probable que la estancia en esta casa fuera una experiencia repetida para Amalia.

Proveniente de una familia acaudalada, Mercedes Zapiola disfrutó de los beneficios económicos de su clase.
José Zapiola junto a miembros femeninos de su familia. Archivo General de la Nación, Departamento Fotografía.

En su testamento, el doctor Durand había omitido otros bienes, que vinieron a luz al producirse su fallecimiento. En efecto, tenía cédulas del Banco Hipotecario de la provincia de Buenos Aires cuyo valor se estimaba en 250.000 pesos, así como 500.000 pesos colocados a plazos en el Banco Español y Río de la Plata, y otro tanto en el Banco de Londres. No le faltaba la propiedad de un sepulcro en el Cementerio Norte.

De esta notable fortuna, Amalia fue absolutamente desheredada. El doctor Carlos Durand dispuso que la casa de Lavalle 1074 se vendiera y se dividiera lo obtenido en quintos, uno de los cuales favorecería a sus primas Petrona y Genoveva Eysaya, mientras los cuatro quintos restantes tendrían esta caprichosa adjudicación: el 50 por ciento se destinaba a una de las niñas huérfanas adoptadas con su apellido, Marcelina Ema, y el restante 50 por ciento se distribuiría en partes iguales entre otra niña de la misma edad, Elena, y la criada Celia Celestina, de 25 años.

Seguramente se trataba de una de las propiedades menos valiosas y no es posible renunciar al análisis de esta "inclusión" de mujeres que contrastaba con la entera exclusión de Amalia. La elección de mujeres en forma exclusiva se ajusta a una forma de escarmiento: "esas" mujeres son beneficiadas, mientras "ella" nada recibe. La elección de sus primas

A pesar de la holgura financiera, la mezquindad del doctor Durand se hizo manifiesta en el coche y los caballos que Amalia usaba para sus paseos, de calidad significativamente inferior a los utilizados por la elite bonaerense de fines del siglo XIX.
En la imagen, un padre de la aristocracia porteña acompaña, y vigila, a su hija durante el paseo.
Archivo General de la Nación, Departamento Fotografía.

ancianas era tal vez un acto afectuoso y de atención a parientas desafortunadas, pero las niñas constituyen un símbolo de lo que se espera de una mujer, y la única criada mayor beneficiada tal vez representa el reconocimiento a una sórdida complicidad. Porque ¿por medio de quién estaba Durand al tanto de los pensamientos de Amalia? ¿Quién alimentaba su certeza de que había un complot?

El resto de la herencia serviría para la creación de un hospital que debería llevar su nombre. Veamos en toda su extensión lo que escribió, para que no hubiera la más mínima hesitación respecto de su voluntad, en la cláusula octava del testamento, en 1901: "Instituyo como heredero a la institución 'Hospital doctor Carlos Durand', a la que precisamente defiero la herencia para su fundación declarando que es mi voluntad que en tales mis bienes no se dé la más mínima participación a mi esposa Señora Amalia Pelliza, a quien si fuere necesario desde ya deheredo, por cuanto considero inmoral e indecoroso tenga intervención en ellos: Primero: porque durante los cuatro últimos años que ha vivido en el domicilio conyugal y en cuyo tiempo he estado enfermo, ha mostrado su deseo de heredarme y evidenciándolo con manifestaciones exteriores, hechos por ella y la joven sirvienta de su confianza llamada Lidia Pelliza, manifestaciones de las cuales se apercibieron las demás personas que habitan en mi casa. Segundo: porque me ha inferido injurias gravísimas, se ha fugado pérfidamente del domicilio conyugal en complot seguramente con terceros interesados en explotar mi fortuna y faltando a todos los deberes conyugales. Tercero: porque me ha calumniado atribuyéndome hechos falsos que afectan mi honra y mi decoro personal y que implican delitos. Es mi voluntad que si fallezco antes de haber concluido el juicio de divorcio y demás procesos que puedan intentarme durante mis días en los tribunales del Crimen, mis sucesores y albaceas no transijan respecto a mis bienes y continúen aquellos en cuanto el derecho lo permita hasta reivindicar mi memoria y conseguir la pena y su aplicación a los culpables. Declaro en descargo de mi conciencia y explicación de mi conducta que poco tiempo después de contraído matrimonio, me retiré de la vida social que correspondía a mi posición, comprendiendo que ello no me era permitido dadas las ideas ligeras de mi mujer, que llevaron a sostener en conversaciones privadas que el adulterio de la mujer no constituía delito y su vehemente deseo de figuración, con prescindencia de sus deberes conyugales y que he llevado desde entonces una vida modesta en la cual nada le ha faltado sino el oropel y el brillo social".[14]

El texto habla por sí mismo: sentimientos del egoísmo patriarcal aparecen subsumidos en la convicción, velada pero traducible, de que un marido es dueño de su mujer, sentimientos que derivaban en la atribución de opiniones a una esposa cuyo sometimiento la condujera probablemente a la absolución de las adúlteras, sin que nada hiciera pensar que ella misma se autorizaba esa conducta. Poco antes había declarado que Amalia no había aportado ningún bien y desde luego en su fuero íntimo pretendía excluirla también del derecho a los gananciales.

En agosto de 1904 se produjo el deceso del doctor Carlos Durand. El albacea testamentario, Gabriel Tapia, emprendió de inmediato su tarea. Pero una de sus primeros pasos fue entrar en arreglos con Amalia, ya que resultaba inexcusable su derecho a los bienes gananciales. Su patrocinante, el doctor Salvador Carbó, peticionó el reconocimiento de ese derecho unos pocos días después de la muerte y actuaron como testigos a favor de su defendida, Ramón Bonajo y Domingo Freire.[15] Desde luego, las negociaciones de las partes llegaron a un acuerdo que a todas luces perjudicaba a Amalia, pero no acordar significaba un interminable litigio que la privaría del usufructo de por lo menos algo de lo que le correspondía. Amalia reconoció el testamento, aceptó que la fortuna de su marido fuera destinada a un hospital público y se avino a recibir apenas cuatrocientos mil pesos de la suma que se hallaba en los bancos.

No sorprende que el juez a cargo de la causa, Romero –el mismo que en primera instancia denegara a Amalia el divorcio– rechazara el acuer-

Un fallo injusto

Manuel Ortiz Basualdo rodeado de su familia, una de las más encumbradas de la Argentina de entonces. En el centro, el gran patriarca domina la escena. Archivo General de la Nación, Departamento Fotografía.

do: a su juicio, la esposa debía estar privada de cualquier derecho, incluso de los gananciales, si se interpretaba a fondo la voluntad del doctor Carlos Durand. Este dislate jurídico, apelado por Tapia, originó una resolución de la Cámara reconociendo lo convenido entre éste y aquélla.

Otros acreedores se presentaron, los médicos y la enfermera que lo habían atendido, el propietario del servicio funerario. Algo interesante sobre el carácter de Durand se desprende de los actuados en este último caso. Clara Soto litigó por el reconocimiento de las tareas de "ama de llaves" y de enfermera que había desempeñado desde noviembre de 1903. De acuerdo con sus cálculos, el fallecido le adeudaba algo más de tres mil pesos. Tapia no quería reconocer esa suma y argumentaba: "El doctor Durand no había querido pagar cien pesos menos a la persona que desempeñó antes que Da. Clara el puesto que ésta tuvo. Por esa causa aquéella salió y ésta entro [...] Nunca manifestó el sueldo que deseaba ganar, pero [...] sabía lo ocurrido, de modo que siempre he creído que sus pretensiones tenían que ser inferiores a las de aquélla y nunca superiores".[16] Testimoniaron de manera contundente a su favor los médicos que habían asistido al doctor Durand –Drago, Costa y Estévez– y al final le fueron reconocidos 2550 pesos.

Y después...

Surgen evidencias de que, después de la fuga de Amalia, la casa vivió un cataclismo. Es muy probable que la mayoría de las criadas la abandonaran, que se haya quedado sólo la favorecida por la herencia y que un matrimonio mayor se ocupara de la cocina, el huerto y, quién sabe, de las niñas huérfanas. ¿Y qué fue de ella, cincuentona y con una ínfima parte de la fortuna que le correspondía? Si confiamos en Tobal, debemos creer que se empeñó en gastar, en abusar de su postergado derecho a vestir y calzar como quería, y que, sobre todo, se dedicó a viajar como había soñado. Viajar a Europa repetidas veces era un elevadísimo signo de clase y parece que ello constituyó el mayor dispendio, hasta agotar los recursos.

Nos dice Tobal que Amalia Pelliza murió en la pobreza. La verdad es que estrechez y sometimiento no le habían faltado; perder lo último la hizo una afortunada. Seguramente, como siempre ocurre, las opiniones se dividieran a la hora de juzgarla, por la absolución o por la condena. Tobal se encuentra entre los que comprendieron su situación. Su simpatía suena reparatoria y tomó un papel activo descubriendo la "curiosa vida íntima de un benefactor". Es más, aunque no hay en el testamento una sola línea que corrobore sus dichos, tal vez movido por cierta simpatía hacia la condición femenina, encarnada por Amalia, llegó a escribir: "...Dispuso la fundación de un hospital –sin duda el norte y explicación de su extraña vida– de cuyo beneficio debían quedar excluidas las mujeres, y en especial su cónyuge, aunque lo requiriese en calidad de menesterosa". Tobal era consciente de la extrema misoginia del doctor Carlos Durand.

Desde fines del siglo XIX se alzaron cuestionamientos a la inferioridad jurídica de la mujer, al modelo de extorsión que le imponía la ley matrimonial. Aunque recortadas y dispersas, las voces femeninas reclamaban. No fueron escasos los hombres de derecho que, sin comulgar

Contra el sometimiento

Si bien la condición de Amalia Pelliza Pueyrredón de Durand adquirió características excepcionales, la inequidad de su situación y sus padecimientos encuentran raíces en la normativa jurídica de entonces, que concedió más libertades a las mujeres solteras que a las casadas.
Señorita de principios del siglo XX. Archivo personal de la autora.

por entero con visiones progresistas, advirtieron la escandalosa asimetría de los sexos. En 1898, "el más ilustrado de los comentadores del código civil –decía Enrique del Valle Iberlucea, autor de uno de los proyectos de reforma más importantes–, el doctor José Olegario Machado escribía, aunque trastabillando sobre la igualdad decisiva: 'Ya es tiempo que nuestra legislación, dándose cuenta del adelanto intelectual de la mujer, la liberte de la perpetua tutela que la ha sujetado, y que reduzca el poder marital a todo aquello que sea de absoluta necesidad para la dirección de los negocios de la comunidad'".[17] También afirmaba Machado: "La incapacidad civil de la mujer responde a la necesidad de una dirección única de la familia, de una cabeza dirigente y de un jefe que gobierna; no la concebimos todavía como una asociada con igualdad de acción en los asuntos de familia, ni en los de la vida civil, pero la instrucción y preparación que recibe, su juicio y reflexión madurarán con el andar del tiempo [...] y no está lejano el día en que sea asociada del hombre con iguales derechos".[18]

Juan Agustín García, uno de los jurisconsultos más lúcidos, dirigió los dardos contra el mismo Vélez Sarsfield, del que decía: "legisló para un matrimonio ideal, cultivado por las familias que vivían en los alrededores de San Telmo, San Francisco y Santo Domingo, grupo aristocrático y caldeado por las ideas sentimentales a la moda, con una noción falsa y estrecha del mundo y de la vida. No se pensó en la mezcla de razas, en los varios problemas domésticos que se presentan en una sociedad cosmopolita".[19] En la cátedra y en la prensa abogaba por el fin de la sujeción femenina, causa de "indecibles sufrimientos, verdaderos dramas llenos de dolores, que sólo sabemos los que por nuestro oficio intervenimos diariamente en estos asuntos. [...] La emancipación económica de la mujer se impone en todas las legislaciones basadas en el matrimonio cristiano; va implícita en su desarrollo lógico e histórico, en su tendencia fatal e irresistible; en las clases obreras, porque el jornal pertenece al que lo gana, porque en tesis general, la madre es más económica y previsora que el padre; en las clases ricas, para evitar explotaciones inicuas", escribía en *La Nación* en 1902, cuando estaba fresca la huida de Amalia Pelliza, y el proyecto emancipatorio del doctor Luis María Drago[20] naufragaba en el Congreso.

La emancipación   La gran batalla por la emancipación femenina se produjo entre las décadas 1910 y 1920, cuando mujeres como Alicia Moreau, Petrona Eyle, Esther Bachofen, Julieta Lanteri, Julia M. de Moreno, Belén Tezanos de Oliver –para citar tan sólo un grupo de diversa extracción ideológica y política– azuzaron a los representantes en el Congreso. El senador socialista doctor Enrique del Valle Iberlucea propuso la completa emancipación civil de las mujeres en 1918, ya que sancionaba también el divorcio. En junio de 1902, durante su conferencia en el Centro Socialista Femenino en momentos en que tomaba cuerpo el debate sobre el divorcio en el Congreso –gracias al proyecto infructuoso del diputado Olivera– Del Valle Iberlucea expresó: "Quienes participarán más de este beneficio, de esta garantía [...] serían ciertamente no los hombres, que pueden por otros medios realizar sus fines o propósitos, sino las mujeres que tuvieron la desgracia de contraer matrimonios infelices. Ellas, reducidas a soportar los malos tratamientos, el desprecio, las infamias de sus maridos; a vivir contrariando las leyes de la naturaleza so pena de soportar un yugo deprimente y repugnante... ¿Qué ley, respetuosa de las exigencias de la naturaleza, puede libertarlas de este yugo?". Aludía así a la monstruosa situación de miles de Amalias...

Una primera reforma parcial, que retiraba la tutela del marido para ejercicio de profesiones, trabajos, actividades económicas, administración de los bienes propios, y que habilitaba a la mujer para tutoriar, testimoniar y estar en juicio en causas que la afectaran, se produjo recién en 1926. Es de desear que Amalia se encontrara aún viva y disfrutara sin mortificaciones de "un cuarto propio" a la hora de su sanción.

Notas

1   Sobre la sujeción civil femenina, remito entre otros a Emilio Frugoni, *La mujer ante el derecho*, Indoamericana, Montevideo, 1940; María V. López Cordón *et al.*, *Ordenamiento jurídico y realidad social de las mujeres. Siglos XVI-XX*, UAM, Madrid, 1986; "La situación jurídica de la mujer en España durante el Antiguo Régimen y Régimen Liberal", en AA.VV., *Ordenamiento jurídico y realidad social de las mujeres*, IV Jornadas de Investigación Interdisciplinaria, UAM, Madrid, 1986; Paule de Lauriber, *Le Code de l'éternelle mineure*, Plon, París, 1922; Marta Morineau, "Situación jurídica de la mujer en el México del Siglo XIX" y María Carreras Maldonado, "La evolución de la mujer en el derecho civil mexicano", en AA.VV., *Situación jurídica de la mujer en México*, Fac. de Derecho, UNAM, México, 1975; Viviana Kugler, "Los alimentos entre cónyuges. Un estudio sobre los pleitos en la época de la Segunda Audiencia de Buenos Aires (1785-1812)", *Revista de Historia del Derecho*, nº 18, IIHD, 1990 (183-213); Marcella Aspell de Yanzi, *¿Qué mandas hacer de mí? Mujeres del siglo XVIII en Córdoba del Tucumán*, Mónica Figueroa, Córdoba, 1996.

2   Un texto del período es bien ilustrativo al respecto, el de Albert Amiaud, "Aperçu de l'état actuel des Législations Civiles de l'Europe, de l'Amérique, etc., etc. Avec indications des sources bibliographiques", París, F. Pichor-Sue,1884. Véase también A. Santos Justo, "O Código de Napoleão e o Direito Ibero-Americano", en *Boletim da Faculdade de Direito*, vol. LXXI, Coimbra, 1995.

3   Véase Ricardo Cicerchia, *Historia de la vida privada en la Argentina*, Buenos Aires, Troquel, 1998.

4   Gastón Federico Tobal, *De un cercano pasado*, Buenos Aires, Rosso, 1952.

5   Ibídem, pág. 57.

6   Ibídem, pág. 54.

7   Ibídem, pág. 55.

8   Ibídem, pág. 59.

9   Ibídem, pág. 63.

10   Ibídem, pág. 65.

11   Ibídem.

12   No ha sido posible hallar el expediente del proceso.

13   Expdte. 828 y agregados-1904, Archivo General de Tribunales y Archivo General de la Nación.

14   Testamento obrante en el Legajo 828, foja 1, fechado el 9 de enero de 1901.

15   Ibídem, foja 11.

16   Expdte. 4708, foja 8.

17   Cit. Enrique del Valle Iberlucea, "El divorcio y la emancipación civil de la mujer", Buenos Aires, Cit Cultura y Civismo, 1919, pág. 6.

18   José O. Machado, "Exposición y comentario al código civil argentino", tomo I, pág. 360, cit. E. Del Valle Iberlucea, ob. cit., pág. 32.

19 Ibídem, pág. 33.

20 La propia tesis doctoral de Drago se titula "El poder marital", Buenos Aires, Imprenta El Diario, 1882. Hubo varias tesis en ese sentido, pero una de las pioneras y más importantes se debe a J. J. Urdinarrain, "El matrimonio", Imprenta Especial para Obras de Pablo E. Coni, Buenos Aires, 1875.

Resistencias y luchas

Roxana Boixadós
Gabriela Braccio
Lily Sosa de Newton

Uno de los sentidos de esta historia es rescatar del olvido los discursos y las prácticas que, a través del tiempo y de manera abierta o encubierta, las mujeres fueron desarrollando como respuestas a los sistemas que las oprimían. En distintos contextos históricos y geográficos, la "natural" subordinación de las mujeres a los varones y a sus normas fue motivo de resistencias y luchas. La conquista de la escritura, el acceso a las ciencias, al arte y a la política no han sido producto de una serie de concesiones otorgadas por los Estados o por quienes detentaran el poder sino resultantes de las prácticas de insubordinación y resistencia que las mujeres llevaron a cabo. Estas prácticas implicaron la ruptura, en diferentes órdenes, de lazos de dependencia que hacían de las mujeres meros apéndices de los varones, sin más destino y voluntad que satisfacer sus necesidades y requerimientos. Frente a los distintos confinamientos –por parte de maridos, padres, confesores o el mismo Estado moderno–, muchas reaccionaron creativamente, estableciendo diferentes estrategias para oponerse a lo que se les presentaba como irreductible. Estas estrategias variaron con el tiempo y fueron diversas, según las clases y las etnias de pertenencia. Para las ricas o aquellas que podían aportar una dote, la opción conventual significó a veces la posibilidad de evitar un matrimonio no querido. Leer a escondidas, dedicarse a la literatura o sólo llevar un diario íntimo, participar de entidades filantrópicas, asociaciones sociales y políticas, desoír los consejos de las "autoridades", son algunos ejemplos de las prácticas resistentes de las mujeres en el pasado.

Las experiencias que componen esta sección son la viudez, la vida religiosa y el periodismo, experiencias radicalmente disímiles que comparten, a través del tiempo y la geografía, una común matriz interpretativa: la posición activa y desafiante de las mujeres frente a un sistema –genéricamente denominado patriarcal– que se muestra hostil a sus actitudes desobedientes y transgresoras.

Doña Juana Bazán, viuda del conquistador Baltasar de Ávila Ba-rrionuevo, es la protagonista del primer relato: el revuelo de la elite co-lonial riojana frente al amancebamiento de una de sus integrantes con un vulgar comerciante, usurero y extranjero. Una investigación de ca-rácter secreto, donde se entrecruzan testimonios de parientes, conoci-dos y vigías religiosos, nos muestra diversas lecturas de la situación. La ofensa al buen nombre y honor de la familia y la sanción moral frente al ejercicio abierto de la sexualidad femenina fuera del matrimonio se entrelazan con conflictos políticos y económicos que trascienden la sim-ple aventura "atípica" de una viuda descarriada.

Hacia el siglo XVIII, la mirada se detiene en un convento de Córdo-ba para examinar la desobediencia de las monjas y sus estrategias po-líticas frente a la autoridad del obispo de turno. Las viejas nociones de aislamiento y encierro de la vida conventual se revelan históricamente, mostrando que fueron producto de una serie de procesos de centraliza-ción y despojamiento de poderes en favor de la autoridad eclesiástica masculina. Frente a esta situación, las monjas construyen un entrama-do político en defensa de su autonomía y de sus privilegios.

El recorrido llega a su fin con la acción de las periodistas durante el siglo XIX. Experiencias variadas y numerosas que evidencian la pre-sencia constante de un grupo de mujeres dedicadas al oficio, y que en su mayoría han sido secundarizadas u olvidadas en los relatos tradicio-nales. No obstante la diversidad de temas y propósitos, la lucha de es-tas mujeres puede leerse a través de los lemas de sus publicaciones: "¡Libertad! No licencia. Igualdad entre ambos sexos", "Ni dios ni pa-trón ni marido". El siglo se muestra como un tiempo cargado de com-plejidad, donde, poco a poco y a pesar de las dificultades, las mujeres fueron apropiándose de un oficio concebido por y para varones.

Una viuda de "mala vida" en la colonia riojana

Roxana Boixadós

Al igual que sus semejantes en España, las mujeres de las elites coloniales tenían tres posibles destinos para cumplir durante su vida adulta: ser esposas y madres de familia, ingresar como monjas en conventos, o bien permanecer en condición de soltería. La elección de cualquiera de ellos no dependía enteramente de su propia voluntad, sino que en la mayoría de los casos pesaban fuertes condicionamientos familiares, económicos y sociales de carácter coyuntural. El matrimonio era el estado preferencial para las doncellas de las elites coloniales; por medio del casamiento las familias intentaban vincular a sus hijas a edades relativamente tempranas con miembros prósperos del mismo grupo social proveyéndolas, en la medida de sus posibilidades, de dotes en bienes o dinero para ayudar a las cargas del matrimonio. El casamiento constituyó en las elites en general el recurso básico para asegurar el mantenimiento, la continuidad y reproducción de la familia, del patrimonio y del prestigio social alcanzado por los grupos prominentes, todas condiciones de posibilidad que se afianzarían con el nacimiento de los hijos.

La soltería y el ingreso en las órdenes conventuales femeninas muchas veces han sido considerados como las opciones obligadas para aquellas que, por variadas razones y habiendo sobrepasado la edad óptima para contraer matrimonio, no lo hubieran hecho. Varios autores han destacado que la soltería era un estado muy poco frecuente para las mujeres de la elite en las sociedades de la temprana colonia.[1] La escasez de españolas las ubicaba en el centro de la demanda en el mercado matrimonial y, además, no era menos fundamental el rol que desempeñaban dentro de la naciente elite, como transmisoras de prestigio y de bienes.

Entre las familias de elite, el matrimonio vinculaba a los descendientes de los primeros conquistadores y a españoles de caudal o linaje conocido. La endogamia permitía que tanto el prestigio como los bienes patrimoniales circularan entre un grupo reducido de familias a lo largo de varias generaciones consolidando así su posición social. Florián Pauke, *Hacia allá y para acá. Una estadía entre los indios mocobíes, 1749-1767,* Tucumán-Buenos Aires, Universidad Nacional de Tucumán, 1942.

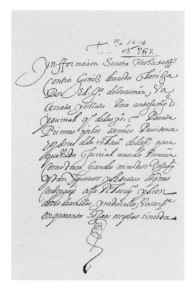

El documento principal sobre el que se basa este trabajo fue producido hacia 1613 en la ciudad de La Rioja y remitido poco después a la Real Audiencia de La Plata. Actualmente el original se encuentra en el Archivo Nacional de Bolivia, Sucre.
Portada de las actas del proceso.

Con respecto a las mujeres que se convertían en monjas profesas –cuyo número fue en aumento conforme se instalaban conventos en las ciudades más importantes de la colonia–, sabemos que no se trataba de una opción únicamente relacionada con una situación de pobreza, ya que para ingresar a las órdenes era necesario aportar una dote. Además, muchas jóvenes que tomaban los hábitos tenían vocaciones sinceras.

Todas estas mujeres tenían en común una ubicación reservada al ámbito privado (doméstico o conventual) y una condición de dependencia directa de una institución mayor bajo cuya tutela y protección se encontraban: la familia –esposo o padre– o la Iglesia. Dejando de lado la situación de las monjas, las relaciones de dependencia de una doncella soltera o una mujer casada respecto de su padre y de su esposo respectivamente, son bien explícitas en la legislación castellana vigente durante el período colonial. Las leyes de los tiempos medievales contemplaban los derechos de las mujeres en relación con la administración y posesión de bienes pero supeditados al permiso de la autoridad masculina.[2]

Una situación particular se plantea, en cambio, en relación con las viudas. Una vez casadas, las mujeres pasaban de la tutela del padre a la del esposo, adquiriendo los derechos y obligaciones correspondientes a su nueva condición. Al quedar viudas, la relación tutelar perdía referencia directa y sólo se restablecía una relación análoga cuando las viudas volvían a casarse. Durante el período de viudez, las mujeres se encontraban en una situación ambigua. Desde el punto de vista legal, la muerte del esposo daba inicio a la instancia de división de bienes patrimoniales entre todos los herederos; las viudas recuperaban la posesión y administración de sus bienes dotales, tenían acceso a la mitad de los bienes gananciales habidos durante el matrimonio y, a veces, quedaban a cargo de la tutela de los hijos menores, si los había. El acceso directo a los bienes, esta vez ya sin la mediación del esposo, otorgaba a las viudas cierta independencia económica, ya que se encontraban legalmente aptas para disponer de ellos; esto les confería un marco de acción más amplio. Pero el estado de viudez no devolvía a la mujer a la esfera tutelar de su padre sino que se la consideraba plenamente emancipada y no sujeta a su autoridad. Esto implicaba que –al menos en teoría– las viudas tenían ahora entera libertad para decidir si volverían a contraer matrimonio y con quién.

Aunque es cierto que las viudas adquirían un nuevo estatus social, caracterizado por una relativa autonomía en comparación con el de las mujeres casadas o solteras, también lo es que esa situación tenía, en la práctica, ciertas limitaciones. En primer lugar, y en general con respecto a los bienes patrimoniales de hombres y mujeres, sólo una parte de ellos podía ser utilizado libremente (el llamado quinto de "libre disposición" y el tercio de la "mejora", ya que la legislación protegía los derechos de herencia de los hijos legítimos. Así, las personas estaban siempre obligadas a dar cuenta sobre los orígenes, aumento o disminución de los bienes ante los herederos forzosos. Las viudas se encontraban comprendidas en esta situación, con el aditamento de que ellas –en su gran mayoría analfabetas[3] y poco familiarizadas con la administración de los bienes– debían pedir asesoramiento a algún hombre de su familia. Este recurso se hacía inevitable en los casos en los que las viudas quedaban a cargo de sus hijos menores como tutoras.

El carácter ambiguo al que aludimos para referirnos a la situación de las viudas va más allá de los aspectos legales y/o económicos. En una sociedad patriarcal, en la que la autoridad y poder de los hombres se desplegaba en todos los órdenes de la vida privada y pública, la condición de las viudas abría un espacio de tensión: se trataba de mujeres parcialmente emancipadas, semidependientes de las figuras masculinas, a la vez comprendidas y contenidas por lazos jurídicos y culturales más o menos flexibles. Precisamente este espacio de tensión se evidencia al analizar pleitos que involucraron a mujeres viudas; en ellos puede apreciarse hasta qué punto sus decisiones, conductas y actitudes fueron confrontadas con las reglas normativas de la sociedad y con las prácticas que, en manos de los hombres podían ser manipuladas. Veamos, por ejemplo, el caso de doña Juana Bazán, una viuda de la elite riojana colonial.[4]

¿Una viuda amancebada?

Hacia 1613, el gobernador del Tucumán don Luis de Quiñones Osorio decidió iniciar una *información secreta*, acompañado por el oficial de la Inquisición, para establecer la veracidad de las denuncias recibidas contra un tal Gómez de Acosta, un mercader portugués que vivía en La Rioja.[5] Había que determinar qué tipo de relaciones mantenía éste con doña Juana Bazán, dama principal de la sociedad, viuda del conquistador Baltasar de Ávila Barrionuevo. Juana era nieta de Juan Gregorio Bazán, uno de los más prestigiosos conquistadores y pobladores del Tucumán colonial, y gozaba, por esta razón, de renombre y honor. Madre de ocho hijos, desconocemos qué edad tenía hacia 1613, pero teniendo en cuenta que su hijo mayor contaba 18 años para esa fecha, podemos suponer que superaba los treinta años. Las escasas fuentes conservadas sobre la temprana colonia riojana nos permiten apenas reconstruir el contexto en el que vivió Juana. Al enviudar, sucedió a su marido en las encomiendas hasta la emancipación de su hijo; la encomienda les proporcionaba tanto un medio de vida a ella y sus hijos como la base de sustentación de su pertenencia a la elite. Juana vivía en una casa en las afueras de la ciudad con sus hijos y sus sirvientes (indios de encomienda, criados), apartada de la vista del resto de los vecinos.

Al comienzo de las actuaciones, el ministro del Santo Oficio planteó el estado de las cosas: Juana y Acosta "se comunican con gran nota y escándalo" desde hacía varios años, hecho que conoce "por las personas que en su casa asisten [la de doña Juana] y por la mujer del dicho Gómez de Acosta que se le ha quejado a este declarante que por la dicha doña Juana no hace su marido vida con ella". Estos acontecimientos eran de "pública voz y fama" y constituían para el sacerdote un grave delito; ambos habían incurrido en "pertinacia mala vida y mal ejemplo". En su denuncia, el ministro aclaró que por esta causa el visitador Alfaro había ordenado su destierro, pero que la orden no se había cumplido. En principio, su interpretación coincide con la del presbítero Alonso de Vera, quien presentó a Juana como una mujer "estimada por su virtud y honradez" antes de conocer a Acosta. También coinciden los sacerdotes en que tales "comunicaciones" eran un "grave perjuicio de la honra del dicho difunto y de su parentela".

Un sacerdote le confió al presbítero lo que había hablado con la viuda: "reprendiendo a la dicha doña Juana un religioso la susodicha con poco recato de su honor o del de sus hijos respondió que no se le daba nada, que qué podían decir que si lo hacía era con un hombre honrado". No sabemos si fueron éstas las palabras de Juana, pero es dudoso que se pudiera calificar a Acosta como un hombre honrado, no sólo porque era casado y mantenía trato prohibido con una viuda, sino por su condición de mercader y tratante, oficios poco estimados y no reconocidos tradicionalmente como afectados al concepto del honor.[6] El religioso insistió en que Juana había consentido en la mala vida y participado de libre voluntad; también ofreció detalles sobre el vínculo entre Juana y Acosta: "...y asimismo dijo este declarante que hoy en día le sirven toda la casa de muchachas y chinas al dicho Gómez de Acosta y le lavan la ropa y le abren los cuellos de molde que el susodicho se ha de poner...". El párrafo revela un trato familiar entre Juana y Acosta y deja entrever que convivían en la casa de Juana, siendo el mercader atendido como su esposo.

Pero el verdadero carácter de la relación se perfila en las declaraciones de Alonso de Ávila Barrionuevo, cuñado de Juana. Don Alonso relató que conocía a Juana desde su niñez, destacando "...que sabe este declarante porque lo oyó infinitas veces en tiempo que era vivo el dicho su hermano que la dicha doña Juana Bazán era corona y espejo de mujeres en honra y en mente y ha poco tiempo después de haber enviudado fue el dicho Gómez de Acosta alcalde en esta dicha ciudad y con el empeño de la vara tuvo entrada a la casa de la dicha doña Juana Bazán y aun-

En las ciudades se congregaba la mayor parte de la población española. La vida urbana giraba en torno a la plaza central, las iglesias y el cabildo, en un radio de pocas manzanas dispuestas en damero. A principios del siglo XVII, San Miguel de Tucumán era una de las ciudades más importantes de la gobernación, junto con Córdoba y Santiago del Estero, su cabecera política. La Rioja era poco más que una aldea de 250 vecinos. Felipe Guaman Poma de Ayala, El primer nueva crónica i buen gobierno.

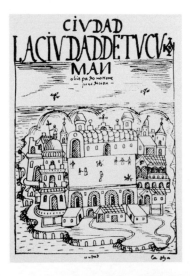

que la susodicha lo quiso remediar por muchos medios tuvo el dicho Gómez de Acosta tales astucias que tuvo amistad con la dicha doña Juana Bazán con grandes escándalos y nota de deshonras de sus deudos...". Según el cuñado, la voluntad de Juana había sido doblegada con las artes y mañas del portugués, quien con astucias la había convencido de mantener relaciones con él. A pesar de esto, no dudó en marcar que con su conducta había deshonrado a la familia entera. Don Alonso intentó persuadirla para que rectificase su conducta pero sólo se había granjeado el odio de los amantes. También declaró que Juana, después de haber enviudado, trató de casarse después con un vecino de Córdoba, pero al llegar a La Rioja "el dicho Gómez de Acosta dio muestras de su entrada a la dicha casa por lo cual no se efectuó el casamiento y ha quedado la dicha doña Juana tan deshonrada como pobre por haber el dicho Gómez de Acosta apoderádose de las haciendas suyas y de su hijo". Para don Alonso, el poder que estaba ejerciendo el portugués sobre su cuñada era casi demoníaco en el sentido de que estaba manipulando su voluntad. Por un lado, había logrado impedir su casamiento, pero lo que era más grave para una mujer de su condición era que, dada la deshonra en la que había caído, era bastante improbable que tuviera algún otro pretendiente. Por otro, Acosta estaría manejando sus bienes y los de sus hijos menores; al señalar don Alonso que su cuñada había quedado pobre, dejó entrever la sospecha de que Acosta la había despojado. En tal caso, el interés económico pudo llevar a Acosta a acercarse a una viuda con bienes de relativa importancia pero con nulas nociones sobre cómo administrarlos.

Otros testigos agregaron información sobre el frustrado enlace; aparentemente, ella tenía deudas y su prometido le había enviado 1500 pesos para cubrirlas. Cuando el trato se deshizo, el pretendiente no pudo recuperar el dinero; se cita que Acosta se había comprometido a reintegrar la suma pero que nunca lo había hecho. No podemos saber si esto fue así, pero si en efecto la cantidad se utilizó para cubrir las deudas de Juana, ahora ésta era deudora de aquél.

En adelante, el resto de las declaraciones convergen en señalar el grave delito en el que incurrían Acosta y Juana: el amancebamiento público. Éstas son algunas de las citas más ilustrativas: "...así se entra y sale en su casa de día y de noche como si fuese su propio marido"; "...halló [de noche] este testigo al dicho Gómez de Acosta y a la dicha doña Juana sentados a un brasero bien juntos el uno del otro"; "...y un cuñado de este testigo [don García de Mercado Reynoso] llamado Alonso Díaz Caballero le dijo a este testigo habrá ocho días que vio al dicho Gómez de Acosta en cuerpo, sin cuello, espada ni capa con sólo jubón y calzones y sin sombrero estar a la siesta en casa de la dicha doña Juana

Bajo el régimen de encomienda la población indígena estaba obligada a tributar –en especies o moneda– y a realizar diversas tareas para el sector hispanocriollo, incluyendo las agrícolas. En el Tucumán colonial, la encomienda se mantuvo vigente hasta finales del siglo XVIII y la tributación consistió en prestaciones de trabajo, por lo general, abusivas.
Felipe Guaman Poma de Ayala, *El primer nueva crónica i buen gobierno.*

paseándose en la sala principal de la dicha casa teniendo como la tiene propia en esta dicha ciudad el dicho Gómez de Acosta, lejos de allí y es casado en esta ciudad".

Comprobado el amancebamiento que ya llevaba cinco años, podemos preguntarnos qué motivos sostenían el vínculo. Los testigos insistieron en el interés que Acosta tenía por los bienes de Juana, pero ¿qué le sucedía a esta mujer? Debieron de existir poderosas razones para que una dama de su condición aceptase mantener relaciones prohibidas con un hombre casado, mercader y extranjero. Era mucho lo que arriesgaba: su propio honor y el de su familia, valores de altísima estima en la sociedad colonial. Según la referencia del sacerdote citado en primer término, el vínculo fue totalmente voluntario, construido y mantenido a pesar de las dificultades derivadas de la comisión de un delito. Las escenas domésticas descritas por los testigos parecen apoyar esta idea; tal vez los sentimientos y/o una fuerte atracción llevaron a esta pareja a enfrentar las sanciones sociales. Pero, por otra parte, el frustrado casamiento de Juana puede matizar esa interpretación: quizá por este medio Juana intentó desligarse de Acosta y restaurar su honor. Como sea, el portugués intervino para evitar el enlace y poder él continuar la relación sin impedimentos. Además, la cuestión de las deudas agrega otros matices: más que una viuda rica a la que el mercader intentaba esquilmar, puede tratarse de una viuda en problemas buscando amparo económico. Esta cuestión es central porque puede haber sido un factor concomitante o determinante de la conducta de la viuda y se apoya en las declaraciones de un testigo, amigo de la familia: "...a lo cual este testigo, tratando de que pusiese la susodicha remedio y evitase el escándalo, habrá un año, *le dijo la dicha doña Juana que la necesidad que pasaba de verse empeñada y pobre le obligaba a no mirar lo que perdía y tratar con el dicho Gómez de Acosta*" [destacado nuestro]. Y este testigo le pidió mirase las obligaciones que tenía y las de su marido que había perdido y procurase enmendarse, lo cual ha visto que no se ha hecho sino antes continuado en lo susodicho...".

Lo que los testimonios no aclaran es con quién o quiénes estaba empeñada la viuda, ni tampoco el origen de la deuda, que obviamente era previa a la entrada de Acosta en su vida. La cita deja entrever que Juana recurrió al mercader como una vía para saldar sus deudas quedando entrampada en una situación de muy difícil salida. La viuda parece haber estado en plena conciencia de "lo que perdía", cosa que, en efecto, para los valores de la época y para una mujer de su condición social, era mucho. La referencia a las deudas encuentra sentido en una de las principales acusaciones que los testigos le hicieron al mercader: la usura. Todos ellos afirmaron que Gómez de Acosta fue el primer mercader ins-

talado en La Rioja y que vendió a los vecinos productos (telas especialmente) a plazos. Al tener éstos dificultades para efectuar los pagos en dinero (o hilados), el mercader les cobraba intereses altos. Cuando no podían pagar, Acosta les requisaba la mercadería, que luego volvía a ven-
der a precios aun más elevados. De este modo, en diez años el mercader
había logrado reunir una respetable fortuna y se había ganado el recelo
y la envidia de los vecinos.

A pesar de las quejas de la gente, las autoridades nada podían hacer
ante estos abusos; es que los propios miembros del cabildo local estaban
endeudados con el mercader y temían embargos. Esto les impedía no sólo ejercer su autoridad en relación con los delitos de usura, sino que los
limitaba para intervenir en el asunto de Acosta con Juana. Atados de pies
y manos por este astuto personaje, las autoridades y vecinos asistían ató-
nitos al despliegue de sus actividades ilícitas.

Si bien la *información secreta* se inició a raíz del amancebamiento,
la mayor parte de la misma se ocupa de otras conductas y actividades
del mercader. Según los testimonios de la causa, Juana no fue la primera viuda con la que Gómez de Acosta mantuvo relaciones amorosas:
"...y asimismo sabe este testigo [Damián Pérez de Villarreal] que habiendo muerto Luis de Ribera escribano del cabildo de esta ciudad dejando viuda a su mujer moza y hermosa que se llama doña Isabel de Funes, se amigó con ella el dicho Gómez de Acosta y en este tiempo le salió casamiento a la dicha viuda doña Isabel con un mancebo honrado llamado Luis de Zúñiga y que tenía hacienda y tratándose de ello, habiendo sabido el susodicho Zúñiga el maltrato del dicho Acosta con la dicha
doña Isabel no quiso casarse con ella y así se fue luego desta ciudad sin
efectuarlo...". La coincidencia con el caso de Juana es total, con el aditamento de que después del frustrado casamiento de Isabel, el "público
amancebamiento" se mantuvo aún durante doce años. A continuación,
rompió con ella e inició sus relaciones con Juana. No sabemos si Isabel
tenía bienes pero al menos era una mujer con cierto prestigio por el oficio que ejercía su marido. Al parecer, Acosta buscaba relacionarse con
mujeres de la elite: "...y que demás de lo susodicho es hombre tan des-
lenguado y soberbio que se alaba en corrillos que goza de las mujeres
más principales de esta ciudad [...] y entre otras lo debe de decir por la
dicha doña Juana...".

Las referencias lo sindican como un hombre sin escrúpulos, usurero,
mujeriego y aprovechador. A todo esto, su legítima mujer vivía en La
Rioja, pero las citas enfatizan que "no hacía vida maridable con ella".
Más aún, un testigo mayor de 60 años, conocedor de todo lo que pasaba en la ciudad, declaró que "este testigo lo ha oído a muchas personas
que da muy mala vida a su mujer y la trata mal, hasta darle lo que come

*La tradicional devoción al Niño
Alcalde tiene sus orígenes en el pasado
colonial. El Niño era venerado por la
población indígena local, que en
procesión lo acompañaban a su
encuentro con San Nicolás de Bari,
patrono de La Rioja, en la Iglesia
Matriz. Cada 31 de diciembre, la
ciudad se engalana para celebrar "el
Encuentro".*
Cáceres Freire, "El encuentro o
Tincunaco. Las fiestas religiosas
tradicionales de San Nicolás de Bari y
el Niño Alcalde en la ciudad de La
Rioja", Buenos Aires, *Cuadernos del
Instituto Nacional de Antropología*,
nº 6, 1969.

y bebe por su peso y medida, todo lo cual es digno de remedio...". Es decir: Acosta no sólo llevaba una "mala vida" con Juana –entendiendo el sentido de la frase como una relación ilícita–, sino que al mismo tiempo le daba "mala vida" a su esposa legítima, tratándose en este caso de una relación signada por el maltrato, la vergüenza y el abandono.[7]

En síntesis, nada de lo dicho en el documento favorecía al mercader; la comunidad de hombres de la ciudad (vecinos y encomenderos, miembros del cabildo, sacerdotes y "hombres graves y honrados") levantó su voz para condenarlo; el gobernador lo desterró de la provincia y de las Indias. En su sentencia se agregaron otras razones: Gómez de Acosta era portugués y había ingresado en el Tucumán por el puerto de Buenos Aires sin licencia de Su Majestad, contraviniendo la Real Cédula de 1602, librada contra los portugueses.

Honor y castidad

El caso de doña Juana nos permite problematizar algunas cuestiones en torno a la situación de las mujeres en la colonia. Vemos, por ejemplo, que en la *información secreta* las autoridades no tomaron declaración a Juana y a Acosta; tampoco las mujeres fueron citadas como testigos a pesar de que dos de ellas –una amiga y la hermana de doña Juana– aparecen como sus cómplices. Aquí se advierte la tendencia a no exponer públicamente a las mujeres, en especial a aquellas que, como Juana, podían poner en riesgo su honor. Lo cual explica que no haya una versión de los protagonistas, sino sólo las opiniones de los vecinos notables y religiosos de la ciudad, que se reducen a dos: una retrata a una dama honrada que fue seducida por el portugués sin escrúpulos; la otra sugiere que fue inducida al trato ilícito por necesidad. En ambas, Juana aparece como una víctima, aunque culpable del delito de amancebamiento.

Tanto Juana como Isabel de Funes, ambas "víctimas" de las artimañas del mercader, intentaron contraer nuevo casamiento poco tiempo después de haber enviudado, pero lo impidió, en lo inmediato, la deshonra derivada del amancebamiento. Sin embargo, esta situación fue reparada al menos para el caso de Isabel, quien tiempo después se casó con Damián Pérez de Villarreal.[8] Esto prueba que la mácula del amancebamiento podía sobrellevarse en ciertos casos, por ejemplo, en una ciudad de frontera donde las mujeres españolas eran aún una minoría. No sabemos, en cambio, qué destino tuvo doña Juana.

Por otro lado, el documento permite apreciar la débil línea que separaba los ámbitos públicos y privados en la temprana La Rioja. Los testigos dan cuenta de lo que vieron –tratos ilícitos entre Juana y Acosta– en la propia casa de Juana. Sabemos que ésta quedaba en las afueras pero hasta allí acudían distintos personajes por diversos motivos: la familia política, los amigos y conocidos del marido de Juana; los que se llegaban hasta allá con recados, pedidos, o iban a efectuar algún "negocio". Incluso el propio Acosta se había introducido por primera vez en casa de Juana con la autoridad que le confería el oficio de alcalde. Los testigos directos declararon lo que habían visto con sus propios ojos, pero en su mayoría eran también miembros del cabildo, representantes del gobierno local y ellos mismos protagonistas de episodios que citaban. La ciudad era pequeña y la gente, poca;[9] las noticias corrían de casa en casa. Por eso no sorprende que los testigos que declararon en la *información* brindaran tantos detalles sobre la relación y que todos los testimonios fueran diversos. La publicidad de hechos privados ilícitos se contrapone con la poca efectividad de las autoridades para ejercer su control. Ya mencionamos los impedimentos que tenían los miembros del Cabildo para actuar y la lentitud con que los reclamos de los vecinos tenían efecto en las autoridades superiores. Dejando de lado sus turbios manejos comerciales, lo cierto es que, casi desde su llegada (alrededor de 1593) hasta 1613, Acosta había mantenido relaciones ilícitas de manera casi constante, lo que permite sospechar que la tolerancia amparó las acciones del mercader.

Relacionado con lo anterior, Mannarelli destaca en su estudio sobre el amancebamiento en la Lima colonial que en ocasiones las denuncias efectuadas ante las autoridades eran falsas, y que en realidad ocultaban recelos personales, competencias, deudas o pleitos previos entre el denunciante y el denunciado. La autora sostiene que esas falsas denuncias pudieron constituir válvulas de escape de tensiones sociales, mecanismos que permitían emerger conflictos latentes por encima del plano personal.[10] ¿Es posible pensar que la acusación de amancebamiento fue una excusa para exponer lo que verdaderamente preocupaba a los vecinos importantes de La Rioja, tal vez su situación de endeudamiento? Seguramente, no, puesto que el carácter, número y calidad de los testimonios presentados comprueban ampliamente el delito de amancebamiento. Pero es también indudable que, por tratarse de una falta grave a la moral, el hecho movilizó a los miembros de la Inquisición, quienes a su vez presionaron hasta lograr una investigación que permitió liberar un núcleo fuerte de tensiones en torno a la figura del mercader. En los fundamentos de la condena a Gómez de Acosta se mencionan todos los delitos –no sólo el amancebamiento– que en conjunto constituyen causas de su destierro.

La cuestión del amancebamiento permite ulteriores consideraciones. Por un lado, las voces condenatorias de los vecinos riojanos se alzaron para condenar la conducta del portugués en relación con mujeres de la elite. Es posible que el caso no hubiera alcanzado esta difusión si la mu-

En la sociedad colonial las mujeres permanecían bajo la tutela de sus padres, y luego de casadas, de sus esposos. La condición de viudez les permitía algunas pequeñas libertades, como disponer de sus propios bienes o decidir si volverían a contraer matrimonio. Sin embargo, no eran pocos los condicionamientos que recibían de parte de la sociedad patriarcal.
"Mujeres españolas", grabado de Amman, 1577, Biblioteca Nacional, Madrid.

Las damas principales de las ciudades capitales de la colonia solían vestir con costosas telas importadas, tratando de emular a sus congéneres españolas de estirpe, aunque muchas de sus costumbres revelaban un importante grado de adaptación a los usos locales. En las ciudades periféricas, como La Rioja, las mujeres debían conformarse con indumentarias mucho más simples y modestas.
"Dama criolla de Lima", grabado de Juan de la Cruz, París, Biblioteca de Artes Decorativas.

jer involucrada hubiese sido de menor rango; un buen número de trabajos demuestra que el amancebamiento era una práctica frecuente entre sectores sociales medios y bajos en la colonia iberoamericana. Era común también que los hombres de la elite se involucraran con mujeres que no pertenecían a su grupo. Es que ellos debían cuidar y preservar el honor de las mujeres de su sector social y para esto disponían de un complejo aparato de vigilancia y control que comenzaba por los miembros de su propia familia y se extendía a las autoridades y el clero inquisitorial.[11] El honor de los hombres se medía igualmente por el honor de las mujeres de su familia y de su grupo social. Pero la afrenta debió tener otro cariz en nuestro caso, dado que el ofensor pertenecía a otra condición social: mercader, usurero, tratante, portugués...[12] El desequilibrio no podía ser más elocuente; los testimonios de los hombres dejan traslucir un fuerte recelo, resentimiento y desprecio hacia el portugués. Para ellos, sólo el destierro restituiría el orden moral y público.

En síntesis, la cuestión del honor, tal y cual es planteada y entendida en estas sociedades patriarcales, coloca a la mujer en un plano de subordinación y, al mismo tiempo, la hace objeto de protección y de control. La respetabilidad, la buena conducta y proceder, la observancia de las normas sociales y canónigas, la obediencia, son todos elementos que confluyen en la construcción del sentido del honor en y para las mujeres. En la configuración de este concepto central para contextualizar la situación de la mujer y los valores que representa, se constata que buena parte de todos estos factores tienen un común denominador: la sexualidad femenina. Lo que se protege como un bien de altísimo valor es la castidad y la práctica de la sexualidad dentro de los límites social y culturalmente permitidos. Así, el control del honor femenino giraba en torno a la vigilancia de su conducta sexual; es ésta una de las esferas en la que los hombres ejercían su poder sobre las mujeres. Pero ¿qué sucede con aquellas mujeres cuyos lazos de subordinación más directos con los hombres de su familia se habían distendido a causa de su condición de viudez? En otras palabras, ¿a quién le corresponde controlar el honor y la conducta sexual de las viudas?

Pensemos en el caso de Juana, que posiblemente no haya sido tan infrecuente. Juana no sólo era viuda sino que además no contaba hacia 1613 con hombres mayores en su familia sanguínea de quienes pudiera depender (padre, tíos, hermanos). Tenía por lo menos un cuñado, que es quien intervino para reprenderla –sin éxito– por sus relaciones ilícitas defendiendo el honor de su hermano muerto. ¿Quién quedaba, entonces? Juana tenía al menos cuatro hijos varones, de los cuales el mayor –que era sólo un joven– había manifestado a un testigo su intención de matar al portugués, pero le fue aconsejado no involucrarse en un hecho de sangre, sino esperar a que actuara la justicia. Es en este contexto, a falta de un responsable directo, donde vemos actuar a la "comunidad", los miembros del mismo grupo social de Juana, los declarantes en el documento; los vecinos principales de La Rioja, como recipiendarios de una responsabilidad colectiva, reclamaron corporativamente que se sancionara a Acosta por el delito de amancebamiento y por los otros que también se le imputaban. Es notable que los juicios negativos de valor nunca recayeron directamente sobre la viuda, salvo por el sacerdote que la culpó de "pertinacia" y falta de conciencia. Los testigos evitaron opinar en contra de la dama e insistieron en su honorabilidad corrompida por el mercader. Los testigos en conjunto, los hombres principales de la ciudad, fueron quienes respondieron al mandato de defender el honor de una de sus mujeres, a quienes, como grupo y por derecho, sólo ellos podían tener legítimo acceso.

Conclusiones

La escasez de fuentes que se conservan para el primer período colonial de La Rioja (desde su fundación hasta la llamada "gran rebelión diaguita" de 1630-1643) hace de la *información secreta* un valioso testimonio para escudriñar un universo conocido de manera muy fragmentaria. Frente a una documentación discontinua y poco representativa de la actividad y los problemas que seguramente enfrentaron los vecinos de la jurisdicción, la *información secreta* ilumina un ángulo sugestivo de la vida social temprana. La fuente descubre la presencia en este pequeño conflicto de un portugués mercader y usurero, eje de una red intrincada de actividades comerciales, préstamos y deudas que vinculaba a personas de diferentes sectores sociales en la jurisdicción y fuera de ella; sus conexiones con los miembros del cabildo, integrado por un estrecho núcleo de encomenderos y vecinos principales; la participación de los sacerdotes, los oficiales de la Inquisición, el gobernador y las justicias locales. Pero lo central es que coloca bajo el foco de atención a una mujer, cuya conducta es objeto de sanción moral. Hasta el momento, los documentos que conocemos sobre la primera etapa de colonización mencionan poco y nada a las mujeres. Las excepciones más destacables son las *informaciones de méritos y servicios* donde los conquistadores o pobladores trataban de establecer conexiones genealógicas con ancestros relevantes; en este contexto, las mujeres aparecen nombradas en calidad de depositarias y transmisoras –a través de la sangre– de los atributos ganados por los hombres de su familia.[13] La *información secreta* permite ver que esta misma conceptualización se extiende sobre el honor, en la medida en que la deshonra de una mujer principal afectaba también al buen nombre de su familia e incluso a la memoria de su marido muerto.

Este mapa refleja la marginalidad geográfica de la ciudad de La Rioja respecto de los demás centros poblados del Tucumán colonial. Sin referencias sobre los asentamientos de las zonas rurales, el mapa destaca el cerro de Famatina, famoso por su potencial metalífero. Famatina era además uno de los principales pueblos de indios de la zona.
Mapa Paraquariae (detalle), Guillermo Furlong, *Cartografía jesuítica del Río de la Plata*, Buenos Aires, Facultad de Filosofía y Letras, Publicaciones del Instituto de Investigaciones Históricas, 1936.

Utilizando esta fuente como un prisma, se resignifican otros elementos. Primero, el hecho de que un extranjero ilegal haya ejercido como alcalde electo del cabildo; segundo, el marco lábil de tolerancia social que amparó sus prácticas ilícitas –la usura o el amancebamiento–. Sin duda, en este período temprano en el que la sociedad riojana se estaba gestando, muchas situaciones liminares tuvieron cabida hasta que, rebasados los límites de la tolerancia social, fueron sancionadas.

Por otra parte, en los últimos veinte años, nuestros conocimientos sobre el mundo colonial se han ampliado y complejizado considerablemente. El replanteo de problemas y el análisis de variado tipo de fuentes han abierto caminos para el desarrollo de distintas líneas de investigación; entre ellas, se destacan los estudios sobre familia y matrimonio, demografía, cultura popular; el mestizaje y la ilegitimidad, la cuestión del honor, el amancebamiento y la bigamia. Estos trabajos ofrecen además una mirada renovada sobre la situación de las mujeres en el mundo colonial.[14] Este mundo sorprende por la enorme riqueza de situaciones que se descubren debajo de los perfiles tradicionalmente reconocidos y asignados al rol femenino: lo que emerge es una variada muestra de imágenes de mujeres de distinto rango y condición socioeconómica, cuyas vidas se desarrollaron parcialmente a la sombra de los acontecimientos que protagonizaban los hombres, pero no por esto menos significativas ni exentas de conflictos y problemas. Los estudios sobre temas como la ilegitimidad, la bigamia y el amancebamiento, por ejemplo, han demostrado que estos "problemas sociales" no se circunscribían a un solo grupo social y que, de hecho, las mujeres de la elite, aunque en menor medida que sus congéneres menos privilegiadas, también participaron de estas prácticas cuestionadas por sacerdotes y autoridades. Y que contrariamente a lo presupuesto, al menos durante los siglos XVI y XVII, el entorno social reaccionó de manera más flexible frente a estas prácticas, que serían objeto de un mayor control y estigmatización en el siglo siguiente.[15] El caso de doña Juana Bazán analizado aquí podría encuadrarse dentro de los estudios de este tipo y seguramente adquiriría mayor relevancia en el contexto de muestra más amplia –tomada del conjunto de la sociedad del Tucumán colonial– para abordar el problema en sí mismo.

Una última consideración merece la particular situación de las viudas en la colonia, tema que ha recibido una atención parcial hasta el momento.[16] En general, las viudas aparecen comprendidas en todo un conjunto de problemas dentro de los cuales participaron como otras tantas mujeres, casadas o solteras; sin embargo, los estudios sobre familia, ilegitimidad y amancebamiento registran un número significativo de casos en los cuales las viudas, de distinta condición social, parecen haber de-

sempeñado un rol parcialmente diferenciado. De este conjunto de trabajos podemos recortar esquemáticamente dos perfiles contrapuestos para examinar la situación de las viudas. Por un lado, aquellas que presentaron reclamos ante la justicia por incumplimiento de palabra de matrimonio, por engaños, por falta de medios para sostenerse ellas y sus hijos, o bien las que estaban involucradas en delitos de amancebamiento. Por otro, las viudas que aparecen llevando adelante los asuntos que antes estaban en manos de sus maridos, ocupando responsabilidades dirigenciales en el seno de su familia o en un negocio; también podemos considerar en este grupo a aquellas viudas que contribuyeron con sus bienes en obras pías, fundaciones de monasterios y casas de recogimiento.[17] En el primer caso, el principal elemento que las caracteriza es el desamparo (y muchas veces la pobreza), la desprotección devenida por la ausencia del referente masculino, referencia que procurarán encontrar en la sociedad misma, en las autoridades civiles y eclesiásticas, en las leyes. En el segundo caso, una situación económica holgada, la propiedad de la tierra o el ejercicio de un oficio particular permiten a estas mujeres superar los límites de su condición, abrirse paso desde la esfera doméstica y ocupar un espacio de cierta visibilidad, aunque restringido, en el medio social.[18]

Teniendo en cuenta este esquema, ¿dónde se ubica el caso de Juana Bazán? A pesar de tratarse de una dama principal, miembro de la elite en formación, dueña de una hacienda y encomendera (aunque lo fuera bajo la tutoría de su hijo), su perfil, según los datos aportados por la *información secreta,* se adecua más al primer grupo de mujeres viudas. Una situación económica aparentemente dificultosa, la existencia de hi-

Una de las funciones primordiales de las madres de familia era la crianza y educación de los hijos. Las mujeres de elite eran asistidas por matronas durante el parto y no pocas de ellas tuvieron la precaución de dictar su testamento ante la proximidad de tan "difícil trance". Tanto el temor a la muerte como la preocupación por el destino de sus otros hijos quedaron plasmados en estos documentos.
Nicolás Rodríguez Xuárez, "La virgen de Pasasensis", Museo Nacional de Arte de México.

jos menores y la falta de apoyo de su entorno familiar la colocó en una posición de extrema debilidad. No podemos saber si la relación de amancebamiento que la unió a Gómez de Acosta estuvo definida por la necesidad, pero sí es claro tanto para ella como para la anterior manceba del portugués que la desprotección facilitó el establecimiento de relaciones ilícitas. Estas "viudas víctimas" tenían de su lado, empero, algunas pocas ventajas: un cierto margen para decidir la posibilidad de mantener relaciones sexuales, siempre y cuando el hecho no tomara estado público. Estas relaciones no podían ya afectar el componente principal de su honor personal –la virginidad–, y mientras se desarrollaran en completo secreto, podía preservarse la imagen pública de la viuda honrada, casta y reservada en su hogar. El problema que enfrentó Juana fue la "publicidad" de sus relaciones con Acosta, las que debieron comenzar como meras sospechas en su entorno hasta convertirse en una verdad expuesta en toda la ciudad de La Rioja y las jurisdicciones vecinas. Y aquí sí, el honor comprometido afectó, más allá de su persona, a los miembros de su casa y familia. Frente a un modelo de comportamiento ideal que la sociedad de la época parecía exigir a las mujeres viudas (recato, decencia, buenas costumbres, abstinencia sexual, el mantenimiento de la honra personal y familiar; una dedicación completa a los hijos y a la vida doméstica), doña Juana Bazán se convirtió en una transgresora. Tamaña "liberalidad" en su conducta no podía escapar a las sanciones que los códigos morales establecían. Quizá sea éste el motivo por el cual su nombre está ausente de las memorias genealógicas de sus ilustres descendientes y su entronque con la prestigiosa familia Bazán ha generado dudas y controversias entre los especialistas.[19] Un sospechoso silencio oscureció *apenas* unos cuantos siglos la existencia de doña Juana Bazán y de sus aventuras con el portugués...

Notas

1   Cfr. Lavrin, Asunción (coord.), *Sexualidad y matrimonio en la América hispánica. Siglos XVI-XVIII*, Grijalbo, México; López Beltrán, Clara, "La buena vecindad: las mujeres de elite en la sociedad colonial del siglo XVII", *Colonial Latin American Review*, vol. V, n° 2, University of New Mexico, Albuquerque, 1991; Presta, Ana María, "Detrás de la mejor dote, una encomienda. Hijas y viudas de la primera generación de encomenderos en el mercado matrimonial de Charcas, 1534-1548", *Andes, Antropología e Historia*, n° 8, Universidad del Salvador, CEPIHA, 1997; Vigil, Mariló, *La vida de las mujeres en los siglos XVI y XVII*, Siglo XXI, Madrid, 1986.

2   Cfr. García Fernández, Máximo, *Herencia y patrimonio familiar en la Castilla del Antiguo Régimen (1650-1834). Efectos socioeconómicos de la muerte y la partición de bienes,* Universidad de Valladolid, Valladolid, 1995; Chacón Jiménez, Francisco, "Notas para el estudio de la familia en la región de Murcia durante el Antiguo Régimen", en Casey, James *et al.*, *La familia en la España mediterránea (siglos XV-XIX)*, Crítica, Barcelona, 1987; Gacto, Enrique, "El grupo familiar en la Edad Moderna en los territorios del Mediterráneo hispánico: una visión jurídica", en Casey, James. *et al.*, ob. cit.; Pastor, Reyna, "Los espacios jurídicos de las mujeres y las realidades sociales en el reino de Castilla. Siglos XIII-XIV", en *Temas de Mujeres. Perspectivas de género,* Universidad Nacional de Tucumán, Facultad de Filosofía y Letras, 1998.

3   Esto comenzó a modificarse en el siglo XVIII cuando las mujeres de la elite tuvieron acceso a algún grado de instrucción. Cfr. Lavrin, Asunción y Couturier, Edith, "Las mujeres tienen la palabra. Otras voces en la historia colonial de México", en Gonzalbo, Pilar (comp.), *Historia de la familia,* Universidad Autónoma Metropolitana, México, 1993.

4   Agradecemos a la doctora Josefina Piana de Cuestas el conocimiento de esta fuente.

5   La ciudad de La Rioja –fundada en 1591– fue una de las últimas que se erigieron dentro del territorio de la Gobernación del Tucumán, dependiente del Virreinato del Perú. Puede ser considerada como una ciudad de frontera, por la gran distancia que la separaba de las cabeceras políticas y centros económicos del Virreinato.

6   Cfr. Caro Baroja, Julio, "Religión, visiones del mundo, clases sociales y honor durante los siglos XVI y XVII en España", en Peristiany, J. G. y Pitt-Rivers, Julian, *Honor y gracia*, Alianza, Madrid, 1992.

7   Cfr. Boyer, Richard, "Las mujeres de la 'mala vida' y la política del matrimonio" en, Lavrin, Asunción (coord.), ob. cit.

8   Moyano Aliaga, Alejandro, *La Rioja. Revelaciones documentales acerca de su fundación*, Junta Provincial de Historia de Córdoba, Córdoba, 1991.

9   Hacia 1620, la ciudad contaba con 250 vecinos, la mitad que su vecina Córdoba. Bazán, Armando Raúl, *Historia de La Rioja*, Plus Ultra, Buenos Aires, 1979.

10 Mannarelli, María Emma, *Pecados públicos. La ilegitimidad en Lima, siglo XVII*, Flora Tristán, Lima, 1994.

11 Cfr. Twinam, Ann, "Honor, sexualidad e ilegitimidad en la Hispanoamérica colonial", en Lavrin, Asunción (coord.), ob. cit.; Mannarelli, María Emma, opb., cit.; Seed, Patricia *Amar, honrar y obedecer en el México colonial. Conflictos en torno a la elección matrimonial, 1574-1821,* Grijalbo, México, 1991.

12 Es posible que Gómez de Acosta fuera judeoconverso como muchos de los portugueses registrados en el padrón de 1607 (Sabán, Mario, *Los hebreos. Nuestros her-*

manos mayores. Judíos conversos II, Distal, Buenos Aires, 1991). Para el autor, la fecha de entrada de Acosta y los demás de este origen coincide con las persecuciones inquisitoriales llevadas a cabo en Brasil. Sin embargo, en la *información* no encontramos ninguna sugerencia al respecto por parte de los vecinos.

13   Cfr. Boixadós, Roxana, "Herencia, descendencia y patrimonio en La Rioja colonial" y "Transmisión de bienes en familias de elite. Los mayorazgos en la Rioja colonial", *Andes, Antropología e Historia*, nº 8 y nº 10, respectivamente, CEPIHA, Universidad Nacional de Salta, Salta, 1997 y 1999.

14   Cfr. Arrom, Silvia, "Perspectivas sobre la historia de la familia en México", en Gonzalbo Aizpuru, Pilar (comp.), *Familias novohispanas. Siglos XVI al XIX*, El Colegio de México, México, 1991; Boyer, Richard, *Lives of the bigamists. Marriage, Family and Community in Colonial México*, University of New Mexico, Albuquerque, 1995; Calvo, Thomas, "Calor de hogar: las familias del siglo XVII en Guadalajara", en Lavrin, Asunción (coord.), ob. cit.; Gonzalbo, Pilar (comp.), ob. cit.; Kuznesof, Elizabeth, "Raza, clase y matrimonio en la Nueva España: estado actual del debate", en Gonzalbo Aizpuru, Pliar (comp.), *Familias novohispanas...*, ob. cit.; Lavrin, Asunción (coord.), ob. cit.; Lavrin, Asunción y Couturier, Edith , ob. cit.; Mac Caa, Robert, "La viuda viva del México borbónico: sus voces, variedades y vejaciones", en Gonzalbo Aizpuru, Pilar (comp.), *Familias novohispanas...*, ob. cit., y "Marriageways in Mexico and Spain, 1500-1900", *Continuity and Change* 9 (1), Cambridge University Press, Cambridge, 1994; Mannarelli, María Emma, ob. cit.; Muriel, Josefina, *Las mujeres de Hispanoamérica. Época colonial*, Mapfre, Madrid, 1992, entre otros destacados estudios.

15   La tolerancia social con respecto, por ejemplo, al amancebamiento está claramente demostrada en el trabajo de Mannarelli, ob. cit.

16   Cfr. Mac Caa, Robert, ob. cit.; Muriel, Josefina, ob. cit.; Gresores, Gabriela, "La viuda en Magdalena (campaña bonaerense) entre 1744 y 1815", en *Temas de mujeres. Perspectivas de género*, Universidad Nacional de Tucumán, Facultad de Filosofía y Letras, Universidad Nacional de Tucumán, Tucumán, 1989; Stern, Steve, *La historia secreta del género. Mujeres, hombres, y poder en México en las postrimerías del período colonial*, Fondo de Cultura Económica, México, 1999.

17   La cuestión económica es un factor relevante en la determinación de la situación de las viudas, pero no es el único; el entorno familiar (hijos, padre, hermanos, parientes próximos), la existencia de otros hombres con quienes contar como apoderados, socios o asesores, operaba sosteniendo un marco de referencia para las decisiones que las viudas pudieran tomar.

18   Un examen más minucioso sobre la bibliografía que directa o indirectamente se ocupa de las viudas ofrece otros elementos para matizar los perfiles construidos. Véase, por ejemplo, Farberman, Judith, "La fama de la hechicera. La buena reputación femenina en un proceso criminal del siglo XVIII", en este mismo volumen, *supra*, donde muestra que la mayoría de las mujeres indígenas acusadas de brujería eran viudas.

19   Quien estableció definitivamente su entronque en la familia fue Jorge Serrano Redonnet en su obra *La sangre del conquistador Juan Gregorio Bazán*, Dunken, Buenos Aires, 1997.

Una gavilla indisoluble
Las teresas en Córdoba (siglo XVIII)

Gabriela Braccio

> *Se debe tener presente*
> *que tiene el mundo perdido*
> *Eva que quiso dar oydo*
> *al sylbo de la serpiente.*
> MANUAL PARA MONJAS *(ca. 1770)*

Estigmatizada por la acción de Eva, la fragilidad se instauró como atributo de las mujeres, haciendo de ellas sujetos temerosos y temidos. Pero así como la figura de Eva determinó la natural incapacidad terrenal femenina, la figura de María posibilitó la superación de dicho carácter a través de la perfección. El fortalecimiento del culto mariano brindó a las mujeres la posibilidad de un desplazamiento que sólo podía llevarse a cabo con la práctica de la obediencia y, debido a que el doble carácter de María (virgen/madre) era imposible de emular, su culto también señaló una bifurcación del destino femenino. La concepción cristiana determinó espacios y acciones específicas para las mujeres, que quedaron sujetas al control masculino y circunscriptas al ámbito de lo privado. El destino femenino se hizo explícitamente manifiesto en la consigna "muro o marido". El concepto paulista de la capitalidad del varón determinaba la subordinación femenina,[1] pero la elevación carismática –como consecuencia del principio de igualdad a través de la Gracia– permitió a las mujeres ir más allá de lo que su condición establecía. Así, hubo mujeres que lograron expresarse y, en ciertas ocasiones, transformarse a través de la acción en el campo religioso.

En México, alrededor de 1550 se estableció el convento de La Concepción, para hijas de conquistadores y colonizadores.[2] Poco tiempo después, las monjas representaban un importante sector de la población

La fundación del convento de las Teresas fue promovida por una imagen y un hecho milagroso vinculado con ella. Una de las hijas de don Juan de Tejeda, gravemente enferma, se encomendó a la santa y recuperó la salud. El padre de la joven convirtió su casa en convento, donde luego ella profesó.
Santa Teresa de Jesús, Museo de Arte Religioso "Juan de Tejeda", Córdoba.

en las ciudades de América, eran el eslabón necesario para establecer contacto con lo divino y la imagen que ofrecían a través del monasterio podía proyectarse a la ciudad, en tanto ésta podía verse reflejada en él. Ser monja implicaba reunir diversos requisitos de acuerdo con el carácter con el que se profesara y el tipo de convento en que se hiciera, pero, fundamentalmente, implicaba vivir en retiro absoluto y perpetuo del mundo. Los monasterios eran espacios cerrados debido a la clausura estricta que regía en ellos, particularmente a partir del Concilio de Trento y de las disposiciones papales posteriores.[3] En tanto espacio diferenciado y cerrado, el monasterio propiciaba el fortalecimiento tanto de los vínculos que allí se establecían como de los preexistentes. Era habitual que las monjas convivieran con hermanas, primas o tías, incluso con hijas dado que el estado de viudez era, en muchos casos, el que habilitaba un deseo postergado o promovía la búsqueda de un refugio digno y seguro. Ya se tratase de vínculos previos o no, la fuerza de ellos se hacía también extensiva a los de fuera del monasterio. El funcionamiento de estas redes así creadas o reforzadas puede advertirse en diversas circunstancias, particularmente en aquellas donde se ponen en juego los intereses de la comunidad religiosa.

Una morada de libertad

En el siglo XVII, Córdoba distaba mucho de asemejarse a las grandes ciudades hispanoamericanas; sin embargo, medio siglo después de su fundación, contó con dos monasterios, promovidos por una misma familia y motivados por devociones personales. Doña Leonor de Tejeda, al enviudar, fundó en su propia casa un monasterio de monjas dominicas de Santa Catalina de Sena, en 1613, y profesó con el nombre de la santa.[4] Mientras que esta fundación se llevó a cabo gracias a la empresa asumida por doña Leonor, la del monasterio de San José, conocido como "de Carmelitas" o "de las Teresas", fue costeada por su hermano don Juan de Tejeda. Doña Leonor, ya como Sor Catalina de Sena, se trasladó al nuevo claustro de San José para organizar la comunidad, y en 1628 se inauguró el monasterio.

En 1614, se reconocía que Santa Catalina de Sena era el único monasterio "donde pueden refugiarse vírgenes para consagrarse a Dios en una redondez de setecientas leguas"[5] y, aunque pocos años después se abrió el monasterio de Carmelitas, la situación no se modificó demasiado debido a que el cupo de éste era de veintiún monjas. Debido a la inexistencia de otros conventos femeninos en la región, quienes habitaron los monasterios cordobeses, en muchos casos, debieron trasladarse para poder profesar. Razón por la cual la diversidad de origen fue, indudablemente, una de las características de estas comunidades. Sin embargo, veremos de qué manera el sentido de pertenencia obtenido a partir de la profesión generó un verdadero *esprit de corps*, capaz de desafiar incluso a un obispo en pro de sus propios intereses, y cómo ese *esprit*, decididamente conventual, llegó a tener eco fuera de los muros del monasterio.

Hacia 1554, Teresa de Jesús se había propuesto reformar la Orden del Carmelo. La reforma teresiana proponía el retorno a la regla primitiva, pero adaptada a las necesidades de la vida comunitaria femenina. Con la fundación del convento de Ávila, Teresa fue redactando las *Constituciones* que regirían a la comunidad. La clausura era la exigencia fundamental, implicaba velar el rostro en presencia de personas externas al convento, cerrar con llave la puerta y controlar de manera estricta los hombres que entrasen en la casa (médico, barbero, confesor). Del mismo modo, la desobediencia reiterada y la rebelión eran considerados motivos para un encarcelamiento riguroso dentro del propio claustro.[6]

En 1684, el obispo exaltaba a las monjas del convento de San José expresando que las primitivas carmelitas difícilmente excediesen ni igualasen a las de Córdoba.[7] Considerando el espíritu que gobernaba a las "primitivas carmelitas", es dable imaginar que aquellas a las que se refería el obispo eran dignas de admiración. Sin embargo, hacia 1734, la situación parece no haber sido la misma, al menos para don José Antonio Gutiérrez de Zevallos, quien acababa de ser consagrado obispo y se disponía a llevar a cabo una visita general.[8] El 4 de diciembre de 1733, Gutiérrez de Zevallos se presentó en el monasterio. Los apuntes con las declaraciones de las monjas dejan entrever algunas irregularidades, así como una cierta confusión o falta de precisión respecto de detalles de no poca importancia, e incluso algunas contradicciones.

Tener cocinas en las celdas, haciendo uso de ellas en lugar de asistir

"Si quieres venir al santo recogimiento, no has de venir admitiendo, sino negando", San Juan de la Cruz.
Reja del coro bajo (interior del coro), Convento de San José, Córdoba.

regularmente al refectorio, indicaría que se llevaba *vida particular* y no *común*, como correspondía que se llevase en un monasterio de carmelitas. Hacer ollas y tinajas dentro del monasterio y permitir el ingreso de los materiales necesarios por la puerta, revelaría una transgresión de la clausura. Por otra parte, que la ollería fuese "de particulares", mostraría que había monjas con ingresos propios, lo cual no estaba permitido. La diferencia numérica evidenciada al determinar la cantidad de esclavas, criadas y seglares indicaría un desconocimiento acerca de quiénes habitaban el monasterio, algo poco admisible si consideramos que no se trataba de un ámbito de libre circulación, sino que exigía un riguroso control del ingreso y el egreso de personas. Por último, considerando que había un cupo de veintiún monjas, no cabe pensar que representase una cantidad que de algún modo dificultara la comunicación entre ellas y, sin embargo, se hace notorio que no todas poseían la misma información respecto de lo que sucedía en el monasterio.

Los monasterios no eran habitados exclusivamente por monjas, había *donadas*: mujeres que vestían hábito de terciarias y cuyo oficio era servir a la comunidad; en ocasiones se trataba de mujeres pobres o pertenecientes a las castas, por lo cual no podían aspirar al estado de monja. También había esclavos, ya fuese por compra o donación, y criadas libres. En algunos monasterios había *educandas* y también *recogidas*. Las primeras eran niñas que entraban para recibir educación, habitualmente estaban emparentadas con las monjas, y quedaban bajo la supervisión particular de aquellas con quienes tenían algún tipo de vínculo. Las *recogidas* también podían ser niñas –sólo que nadie pagaba su manutención ya que eran pobres o huérfanas–, o bien podía tratarse de doncellas, viudas o mujeres cuyos maridos estaban ausentes, y que buscaban amparo en el monasterio. El obispo mandó que la priora hiciese una declaración jurada de todos los esclavos y esclavas del convento de San José, y María Antonia de Jesús, quien ejercía el cargo, firmó de conformidad y presentó una memoria de las seculares españolas, las recogidas, así como de libres y esclavas que dormían dentro del convento. De dicha memoria surge que había trece niñas, tres mestizas, una india, tres mulatas libres y quince esclavas, y que todas dormían dentro del convento. Es evidente entonces que había, además de las monjas, todas las restantes categorías enunciadas.

En su paso por Chile, Gutiérrez de Zevallos había sido informado por su antecesor de la existencia de muchas seglares en el monasterio, así como del fracaso por parte de aquél para remediarlo. También supo acerca de la existencia de hornos de ollas y tinajas en su interior, así como todos los perjuicios que ello ocasionaba debido al constante trajinar de personas ajenas a la comunidad. Cuando el obispo llegó a Alta Gra-

cia, se hospedó en la estancia de los jesuitas y allí también le informa-
ron que en el monasterio "absolutamente no había clausura", razón por
la cual el rector del Colegio Máximo había pedido ser excusado de confesar a las monjas. Seguramente, la inquietud de Gutiérrez de Zevallos
se agravó más aún cuando el provincial de la Compañía le dijo que "esta no era tierra en que podía haber monjas", y que, si pretendía reformar-
lo, le había de costar muchas pesadumbres, por lo cual no lo habían em-
prendido sus antecesores. Evidentemente, los requerimientos del obispo
no sólo obedecían a que tenía *conocimiento de causa*, sino a la firme decisión de poner, él sí, el debido orden.

El obispo determinó las modificaciones que debían ejecutarse en
forma inmediata. Estableció que la reja del coro y el locutorio, de ma-
dera, se hiciesen de hierro y con púas o puntas. Ordenó la demolición de
las cocinas existentes en las celdas, así como la asistencia obligatoria al
refectorio. También determinó la salida de las educandas, recogidas, sirvientas y esclavas. Notificada la priora, expresó su obediencia. Todo parecía indicar que la empresa del obispo llegaba a buen término y sin mayores inconvenientes; sin embargo, cuando se disponía a iniciar su visita por el resto de la diócesis, fue sorprendido por un escrito en el cual
las Carmelitas recusaban el auto, cuya notificación habían recibido y
teóricamente acatado, hacía tres meses.

La priora y todas las religiosas profesas del monasterio declararon
que el auto por el cual habían sido intimadas era en su *descrédito* y negaban haberlo obedecido. A lo largo del escrito, hicieron el descargo de
cada una de las imputaciones que se les hacían: aclarando o justifican-
do la situación, sustentándola, según cada caso, en la Regla y Constituciones, en la tradición, en las costumbres de los monasterios peninsula-
res, en dichos de Santa Teresa, en la pobreza o la necesidad. Incluso llegaron a invocar la ausencia de objeciones por parte de los prelados que
visitaron el monasterio durante los ciento once años que llevaba de fundado, de lo que se infiere que consideraban un despropósito los cuestionamientos de Gutiérrez de Zevallos, a quien también responsabilizaban
del descrédito que les ocasionaba la visita. Éste tenía, fundamentalmente, implicancias de orden económico, ya que provocaría una disminución en las lismosnas. Llegaron a decir que, debido a la actitud del obispo, muchas desistirían de la vocación religiosa por "temer y con razón
que algún prelado les convierta la triaca en veneno". Una de las imposiciones que rechazaban era la designación de un contador, debido a la pobreza en que vivían y por considerar que con el síndico que tenían les
bastaba. Se negaban en forma rotunda a la venta de los esclavos y, des-

Entre el agravio y la injuria

*Santa Teresa emprendió el camino de
la contemplación y la vida mística
acompañada de un fuerte ascetismo
porque, según ella misma expresó,
"oración y vida regalada no se
compaginan".*
Nicolás Rodríguez Juárez, México,
siglo XVIII, "Transverberación de
Santa Teresa". (Reproducido en *El
cuerpo aludido*, Museo Nacional de
Arte, México.)

conociendo el carácter de visita, apelaban ante el Metropolitano. Así, el enfrentamiento se hizo manifiesto. El obispo, antes de implementar un escarmiento, solicitó a algunos miembros del cabildo eclesiástico que persuadiesen a las monjas por considerar que se trataba de "pobres mujeres mal dirigidas y aconsejadas". De nada sirvió la mediación, pues sólo obtuvieron como respuesta que "se hallaban agraviadas y deshonradas y procuraban y debían procurar su defensa la de su monasterio y religión y la regla que profesaban y que no podían condescender con nada de lo que se les proponía". Dado el tenor alcanzado por los dichos y los hechos, el obispo procedió al traslado de los autos de visita a la Fiscalía. Calificó el escrito de las monjas como *falso, irreverente e injurioso* y les rechazó la apelación por haber sido presentada fuera de tiempo. Consideró que se hacían "necesarios los medios del más extraordinario rigor" contra las religiosas, la priora y, particularmente, el síndico, en la creencia de que "menos inconveniente es cortar una mano que el que se cancere todo el cuerpo".

La causal atribuida por el obispo al hecho de ser "pobres mujeres mal dirigidas y aconsejadas" pasó entonces a obedecer a "una nunca bastante ponderación de lo consentidas y absolutas que han estado estas religiosas para hacer cuanto se les ha antojado prescindiendo de la dependencia previa de sus prelados". Lo que en su origen fue considerado como ignorancia u omisión, había "llegado al descaro del más inaudito atrevimiento". La razón invocada por las mojas fue considerada "frívola", imputándoles que "viven sin cuenta, ley ni superior", que representaban "una masa o *gavilla indisoluble* que como cómplices y habituadas todas a libertad se coadunan para la resistencia" y considerando que "es gravísimamente escandalosa esta resistencia hecha descaradamente por unas descalzas de Santa Teresa como de poder a poder y no por modo de súplica ni representación".

Lejos de ser acatados, los requerimientos trajeron consigo mayores exigencias; la resistencia, en lugar del sometimiento, produjo exasperación. De la réplica a la apelación, de la sospecha a la evidencia, de la amenaza a la afrenta y, finalmente, de la transgresión al castigo.

Si la prueba irrefutable de acatamiento era el silencio, no fue ésa la respuesta recibida por el obispo: las monjas respondieron con la palabra. Deliberadamente establecieron un debate con quien detentaba la autoridad, consecuencia inmediata de ello fue el cuestionamiento de la misma y, por ende, el orden establecido quedó trastocado. La sucesión de los dichos y los hechos fue socavando el andamiaje, y se hicieron evidentes situaciones que, hasta entonces, la *discreción* había resguardado. Como resultado de las réplicas y contrarréplicas, se puso sobre el tapete una cuestión que, si bien era un *secreto a voces*, había permanecido en el te-

rreno de las sombras. Una joven que vivía en recogimiento había quedado embarazada dentro de la clausura. Las monjas, al enterarse de la llegada del obispo a la ciudad, dispusieron casarla y la enviaron a la sierra. Según quienes hicieron conocer estas declaraciones, el hecho había ocasionado "mucha turbación y escándalo", lo cual se vio agravado "por ser de la infame calidad de mulato y esclavo del mismo convento" el responsable del embarazo. Sólo este ingrediente faltaba para que la exasperación del obispo deviniera en ira.

Desbordado el cauce, se impuso la sentencia. El obispo ordenó que la priora fuera privada y depuesta del priorato, recluida en el convento de las Catalinas por un año, "para que aprenda religión y obediencia del ejemplo de sus monjas" y privada de voz activa y pasiva por dos años. También prohibió a la priora y al resto de las monjas que se confesaran con quienes no pertenecieran a la Compañía de Jesús. Ordenó la deposición del síndico y la privación de su oficio, así como la prohibición de comunicarse con las monjas de manera alguna. En tanto las monjas propusieran nuevo síndico, el cargo sería ocupado por quien él designase.

La condena no sólo implicó la *degradación*, sino la *extracción*. El apartamiento siempre ha sido uno de los castigos por excelencia, pero en este caso adquiere mayor relevancia por el hecho de que la reclusión tiene como destino otro monasterio. Monasterio del cual había surgido

*De la provocación
a la expulsión*

el de Carmelitas y que no había cuestionado, en forma alguna, las reformas impuestas por el obispo. La condena no tiene como destinataria exclusiva a la priora, sino a la comunidad en su conjunto, al prohibírsele confesar con quienes no pertenecieran a la Compañía. Aquí también el castigo se sustenta en una *privación* y, si consideramos la importancia del vínculo de las monjas con los confesores, advertimos que como privación tiene hondas implicancias. Particularmente si tomamos en cuenta que los jesuitas había sido quienes advirtieron al obispo acerca de las "irregularidades" en el monasterio. Al síndico, igual que a la priora, le correspondió como castigo la expulsión, nada sorprendente, ya que se lo consideraba el *instigador* de la mayoría de las acciones. Este castigo, al igual que el adjudicado a la priora, incidió en las monjas, de ahí que parte de la condena haya sido la prohibición de comunicarse con ellas.

Una vez notificadas, las monjas respondieron que apelaban y que no admitían al síndico designado. No obstante, el obispo llevó a cabo su decisión: procedió a la extracción de la priora y la "depositó" en Santa Catalina de Sena. Apenas transcurridos cinco días del hecho, comenzaron a circular versiones que ponían en tela de juicio el proceder del obispo, razón por la cual se vio obligado describir en una relación las circunstancias, con testimonio de quienes lo acompañaron. Manifestó que las versiones eran "muy ajenas a la verdad" y que la extracción se había ejecutado "sin el menor estrépito, violencia ni ruido, ni tropel de gente", dejando constancia de que las monjas tocaron sus campanas "a fuego y después a plegaria" hasta que por orden suya cesaron de hacerlo. También dijo que la concurrencia de personas, sólo unas pocas, se debió al "solicitado escándalo" de las monjas. Los testimonios restantes resaltaron que no había habido violencia por parte del obispo hacia la priora y, en cuanto a la concurrencia, todos acordaron en que había sido motivada por los tañidos y que fue reducida, aclarando algunos que sólo se trató de "gente de la plebe".

El obispo salió de la ciudad y desde Santiago del Estero, el 22 de julio, envió una larga carta al arzobispo de La Plata, don Alonso del Pozo y Silva, quien había ocupado el cargo de Gutiérrez de Zevallos. El relato se inicia con unos términos que ponen de manifiesto la animadversión del obispo hacia las monjas, refiriéndose a sus escritos como: "...libelo infamatorio falso insolente injurioso a la dignidad y a la persona, rebelde con manifiesto alzamiento de obediencia y jurisdicción a su prelado, escandaloso y descortés tanto que sola esta calidad desdice no sólo de hijas de Santa Teresa sino que se extrañaría mucho en las mujeres más relajadas y de menos obligaciones del siglo...".

Detalla todas las vicisitudes que debió afrontar, rescata la buena predisposición de las Catalinas y se disculpa por perturbar al arzobispo; sin embargo, considera necesario informarlo de la gravedad de los sucesos. Uno a uno desarrolla los artículos del auto de visita, emitiendo en cada caso su opinión y dejando traslucir claramente su malestar. Contrasta la actitud de las monjas con el espíritu de la Orden a la cual pertenecen, citando a Santa Teresa y poniendo por ejemplo los monasterios de España. Luego, antes de narrar cómo ejecutó la extracción de la priora, hace una *introducción justificatoria*, expresando que sería "muy del servicio de Dios" que se les pusieran preladas y porteras de la Orden de Santiago, y cómo había visto en Lima, por causas menores, sacar del convento de La Encarnación a varias monjas y depositarlas en otros conventos. También muestra su intento de acercamiento y conciliación, contando que visitó a la *depositada*, llevándole regalos. Culmina la carta solicitando el castigo que considera conveniente y necesario: ponerles priora

Las mujeres realizaron su experiencia religiosa casi exclusivamente a través de la vida contemplativa, una vida de oración, que les asignó carácter intercesor.
Anónimo, retrato de monja carmelita, Museo de Arte Religioso Juan de Tejeda, Córdoba.

y portera de otro convento de carmelitas. La respuesta obtenida nos permite el desenlace del conflicto: el arzobispo mandó que "tratara con más benignidad a las monjas".

El poder de la palabra   En ausencia del obispo, las monjas no sólo *resistieron* sosteniendo su apelación, sino que hicieron uso de las que consideraban sus prerrogativas. Una de ellas era continuar con la construcción de una obra dentro del monasterio, a sabiendas de que el obispo no sólo les había pedido debida cuenta de la misma, sino que les había ordenado obedecer las disposiciones de la clausura. Más aún, estando Gutiérrez de Zevallos en la ciudad de San Miguel del Tucumán, supo que las monjas habían solicitado declaraciones de algunos testigos sobre la manera en que se había procedido a la extracción de la priora. Como si esto fuera poco, también supo que corrían rumores acerca de los procedimientos que estaba llevando a cabo en otras regiones del obispado, rumores que dejaban mucho que decir de su honra. Se vio entonces obligado a pedir testimonio sobre su persona, no sólo en lo referente a la ya tan mentada extracción, sino también en cuanto a la manera en que estaba ejecutando la visita general.

Corría el rumor de que la priora había recibido golpes que se hicieron manifiestos a través de *verdugones*, *cardenales* y heridas sangrantes. Los primeros días del mes de diciembre se sucedieron las declaraciones de testigos convocados por el obispo para testimoniar. Uno de ellos declaró que la extracción se había ejecutado sin violencia. Una vez que el obispo abandonó la ciudad de Córdoba, el declarante había sido llamado al monasterio por las madres Rosa de la Trinidad y Ana de la Concepción, sus tías, y estando con ellas en el locutorio se presentó la mayor parte de la comunidad, y entre otras personas reconoció a la subpriora y a la hermana de la "priora depositada". Éstas le propusieron que escribiera al arzobispo y al Papa e incluso al rey, informando que la priora había sido sacada "a rempujones y golpes", los que le ocasionaron "verdugones cardenales y sangre en el brazo y mano y que en el zaguán la habían golpeado y maltratado". El declarante expresó haberse negado a suscribir la petición por no reconocerla como cierta y manifestó que las monjas insistieron, alegando que otros de los eclesiásticos presentes ya habían entregado sus cartas avalando lo expresado, destinadas al arzobispo y al Papa. También declaró que, luego de abandonar el monasterio, supo que las monjas enviaron un recado al chantre, su tío, quien se enfadó y les respondió agriamente, aconsejándole a él que no hiciese tal informe. Respecto del modo en que el obispo estaba ejecutando su visita por el resto de la diócesis, expresó que le habían llegado

Las monjas representaban el eslabón necesario para establecer contacto con lo divino; la imagen que ofrecían a través del monasterio podía proyectarse a la ciudad, en tanto ésta podía verse reflejada en él.
Patio interior y puerta lateral del Convento de San José, Córdoba.

noticias de que aquél había llevado presos con grillos y cadenas al cura del Totoral, al notario mayor, incluso al mismo declarante. Desde luego declaró que nada de ello era verdad, así como que no tenía noticia de que el obispo hubiese puesto presa a persona alguna. El último rumor que había oído se refería a que quien había sido puesto en prisión era el mismísimo obispo. Autoridades civiles de Santiago del Estero también declararon a favor de Gutiérrez de Zevallos en lo referente al modo en que se estaba ejecutando la visita.

El 24 de diciembre, Gutiérrez de Zevallos recibió una carta fechada el 19 de octubre en Potosí, en la que el arzobispo le hacía saber que había escrito a la Madre María Antonia de Jesús aconsejándole "se actuasen en lo que es de su profesión anhelando a la perfección en el ejercicio de la humildad y obediencia de su prelado". También informaba que conocía las cartas escritas por las monjas a los regulares de San Francisco, La Merced y Santo Domingo. Refiriéndose a la imposición de confesores jesuitas, aseguraba reconocer la eficacia con que podría sacar a las monjas de sus errores, pero también consideraba que ellas los rechazarían por el solo hecho de que era el obispo quien así lo determinaba. Cerraba su carta con un consejo, que más que consejo parecía una advertencia: "...no ignorando Vuestra Ilustrísima se tiene por cierto su ascenso para la Iglesia de Chile, fuera de grande consuelo mío salir de la Sede con serenidad y aceptación de estas personas apasionadas, a quienes se debería mirar con alguna compasión así por su ignorancia, como por hijas de la Gloriosa Madre Sta. Teresa, esto no es oponerme a la mucha justificación y piedad con que las ha mirado y atendido, sino sólo desear el crédito de su buen nombre y la serenidad del sosiego y quietud a que debemos atender, aunque sea cediendo alguna cosa de nuestro derecho. Vuestra Ilustrísima con tan santo celo y docto y también como caballero discurrirá el medio de ponerlas con alguna suavidad a su obediencia la que celebraré con toda mi estimación y aprecio...".

Exaltando la sabiduría y la racionalidad del obispo frente a la "ignorancia" y el "apasionamiento" de las monjas, se le prometía un ascenso, para lo cual era preferible evitar el *descrédito* y, con ello, preservar el *sosiego*. Así como el obispo era digno de admiración, las monjas lo eran de compasión. Sólo a quien es capaz de comprender, se le puede pedir: el obispo tenía que dar un paso al costado. Fundamentalmente, eran escándalos mayores lo que se intentaba evitar, pues a nadie le convenían. La pugna sólo se solucionaría con la desaparición de uno de los contrincantes y, como las monjas no podían ser *removidas*, quien debía salir de escena era el obispo.

Entre la piedad y el escándalo

El año 1735 apenas comenzaba y en Córdoba parecía imposible adivinar el desenlace del conflicto que ocupaba la atención de la ciudad. Evidentemente las voces del monasterio no sólo se habían alzado, sino que corrían con una celeridad insospechada por toda la región. Quizá, considerando que habían obtenido bastante como para alcanzar su cometido, o temiendo que un paso más produjera el total descalabro, las monjas adoptaron una actitud diferente. La presidenta comunicó al obispo que una novicia estaba pronta para profesar y estaba asegurada su dote, razón por la cual solicitaba le concediese la licencia necesaria. Cerraba su carta asegurándole que oraban "para que Dios le guarde muchos años". El obispo, sin lugar a dudas desconcertado, le respondió en el mismo tenor. El cambio de actitud seguramente obedeció a la carta del arzobispo, pero parece haber tenido sólo el efecto de un paño frío. Prueba de que la aparente sumisión de las monjas no era definitiva lo es el hecho de que aún quedaba pendiente la resolución respecto del síndico, problema que no demoró en volver a ocupar el lugar privilegiado de la escena.

Para Gutiérrez de Zevallos, las *libertades* de las monjas habían llegado demasiado lejos, razón por la cual no le pareció argumento suficiente el invocado por el arzobispo para ser condescendiente. La esencia del conflicto que analizamos reside, precisamente, en el cuestionamiento de la autoridad, por lo cual no es de extrañar que fuese ahora el obispo quien se enfrentase a la de su superior. En la respuesta a don Alonso del Pozo y Silva, para justificar su proceder contraataca a las monjas diciendo haber sido desmentido por ellas "cara a cara con insolencia no vista en cosas que son públicas y manifiestas a toda la ciudad y alzarme la obediencia dándose y tomándose ellas la sentencia". El tono de la carta, palabra tras palabra, va en aumento, evidenciándose una ira acrecentada y contenida que no puede ni quiere disimular: "y si a título de mujeres encerradas no reparan en abandonar su buen nombre y declararse locas, tuve por preciso entiendan que el loco por la pena es cuerdo, y que me hallarán juez severo, mientras no me quieran padre amoroso". La ira de Gutiérrez de Zevallos no tiene por únicos destinatarios a las monjas, sabe perfectamente que no están solas y que cuentan con apoyo. De ahí que, refiriéndose al obispado, no dude en afirmar que en él "las mitras no están exentas de venenos contra la vida ni de plumas y lenguas contra la honra". Asimismo, alude a la intromisión laica en asuntos religiosos, enfatizando que en España sería algo inaudito. Para refrendar su proceder, pone de ejemplo el mecanismo de expulsión utilizado por la Compañía de Jesús cuando se hace necesario remediar algún mal en la comunidad.

El primero de marzo de 1735, estando el obispo en la ciudad de Salta, luego de nueve meses de haber intimado a las monjas a nombrar síndico, si bien consideró que debía declararlas públicamente excomulgadas y *fijarlas en la tablilla*, les otorgó tres días de plazo para efectuar la designación. No tenemos noticias acerca de qué sucedió después de la intimación, pero sí podemos asegurar que no fueron excomulgadas. De la relación enviada al rey por el obispo, con fecha 13 de abril, nada surge al respecto. Más allá de que fue escrita con toda la intención de dejar explícitamente manifiesto el desmedido esfuerzo por poner en orden el obispado y de rogar que se le concediese su petición para que a las monjas "las gobiernen religiosas de afuera, y que saque otras para que se establezca la debida observancia", nada se menciona en la relación acerca de la designación de síndico.

Varios años después, el 30 de septiembre de 1740, el Fiscal emitió su dictamen. Las monjas debían reconocer subordinación a su prelado, que había actuado movido por las circunstancias, aunque se "podría evitar su continuación por los muchos inconvenientes que en ello se reconocen y los escándalos que habrá ocasionado tan ruidosa novedad". De modo indirecto, juzgó innecesaria la extracción de la priora y se mostró molesto por la repercusión que tuvo, alegando que "cuando esta religiosa se mantenga tenaz en su inobservancia, y falta de obediencia al prelado; no faltan medios, y arbitrios que la mortifiquen a proporción de su exceso, dentro de su misma clausura, sin que sea necesario que salga de los claustros, ni aun la noticia". El Fiscal no juzgó practicable la solicitud de poner autoridades ajenas a la comunidad, y consideró que sólo la "insinuación" sería medio eficaz para contener a las monjas. Asimismo,

Encontrar directores espirituales que hubieran tenido una experiencia religiosa fuerte representó para Santa Teresa una dificultad. Su preferencia por los jesuitas pronto se hizo manifiesta.
Confesionario para monjas, Convento de San José, Córdoba.

mandó la restitución de la priora a su convento. Pocos días después, Gutiérrez de Zevallos fue promovido a una sede prestigiosa: el arzobispado de Lima.

Años antes del dictamen, la Madre María Antonia de Jesús, tras un año de reclusión, había vuelto a su monasterio. Allí, pasados los dos años de privación de voz activa y pasiva, se había reincorporado en forma efectiva a la comunidad. La reincorporación fue tal, que el 5 de mayo de 1738 fue elegida priora por mayoría absoluta, y Gutiérrez de Zevallos la confirmó en el cargo.

El sylbo *de la serpiente*

Son muchas las cuestiones que este relato nos plantea pero, fundamentalmente, nos permite conocer la vida que se llevaba en el monasterio. Las irregularidades observadas no resultan tan excepcionales si las cotejamos con lo que por regla general sucedía en la mayoría de los conventos femeninos para la misma época, al menos en América. Si además consideramos que se trata de un monasterio con recursos escasos, las irregularidades resultan menos excepcionales aún, pues es sabido que la escasez de ingresos generaba en los monasterios prácticas que muchas veces atentaban contra las disposiciones a las que estaban sujetos. El número de monjas permitido en los monasterios de Santa Teresa es una de las causas de que los recursos resultaran escasos, pues, aunque lo reducido del número era proporcional a la cantidad de "bocas para alimentar", la infraestructura que debían sostener era similar a la de otros monasterios más poblados. De ahí que estos monasterios, en mayor medida que otros, dependieran del apoyo externo, el que habitualmente se traducía en limosnas. Pero, considerando también el número de monjas que lo habitaban, se hace evidente que el apoyo necesario era reducido, puesto que quienes solían brindarlo eran aquellos que tenían algún tipo de vínculo con ellas. Situación que podía modificarse cuando los monasterios contaban con un reconocimiento tal que generara la ayuda necesaria.

Los conventos femeninos daban "lustre" a las ciudades, por lo que éstas apoyaban sus fundaciones y sostenimiento, aunque muchas veces no contaran con los recursos para hacerlo. Ante la imposibilidad de favorecerlos económicamente, les brindaban otro tipo de apoyo, a modo de compensación y para seguir contando con ellos, como por ejemplo, quizá, hacer "caso omiso" a las irregularidades en las que se veían obligados a incurrir como consecuencia de la falta de asistencia.

Estos datos tal vez nos permitan comprender el escenario donde se desarrollaron los hechos y a sus protagonistas. El proceder de las monjas puede calificarse como *consuetudinario*, puesto que el soporte de su

alegato reside en "lo acostumbrado". Soporte que legitiman no sólo con la invocación del tiempo que "llevaban de fundadas", sino con la ausencia de observaciones por parte de los obispos por quienes fueron visitadas. Este argumento excede la legitimación y a las monjas mismas, puesto que el rechazo a dicha invocación por parte de Gutiérrez de Zevallos desacreditaría el desempeño de los obispos anteriores. Debemos tener en cuenta que una de las autoridades sobre las que recaería dicho descrédito sería el arzobispo, quien había precedido en la diócesis al antecesor inmediato del obispo en cuestión.

¿Por qué las monjas se negaban a aceptar las reformas? Más aún, si la negativa era tan rotunda como se mostró, ¿por qué no apelaron en forma inmediata? Así como es de suponer que las carmelitas fueran ejemplo de austeridad, también lo es que tuviesen disposición para las reformas. Por otra parte, desafiar la autoridad podía acarrear graves consecuencias, particularmente por tratarse de monjas, ya que la obediencia

Las monjas, al igual que la mayoría de las mujeres, estaban sujetas al control masculino. La máxima autoridad era ejercida por el obispo, pero estaba mediatizada por el control ejercido por ellas mismas a partir de los cargos que podían desempeñar dentro de la comunidad.
Anónimo, siglo XIX, Méjico.
(Reproducido en *Pintura novohispana*, Museo Nacional del Virreinato, México.)

era el más importante de los votos que pronunciaban al profesar. Si asumieron el riesgo es porque sabían, o creían, que las consecuencias no serían tales. Es impensable que este supuesto no tuviera soporte alguno, pues, de ser así, estaríamos frente a una "gavilla indisoluble" de desquiciadas, lo cual no creemos que sea el caso. Sin duda, estaban dispuestas a arriesgar, como de hecho lo hicieron, pero contaban con el apoyo necesario para hacerlo.

Una a una fueron sorteando las instancias que ellas mismas promovieron a partir de la apelación, pero sortearlas implicaba, en cada ocasión, subir la apuesta. No era la primera vez que un obispo intentaba introducir reformas en el monasterio, pero quienes lo habían intentado fracasaron: *consuetudinariamente* había sido así. La fuerza de las monjas era producto de la solidaridad existente en el interior del monasterio, pero el soporte de esa fuerza estaba afuera. El eslabón indiscutible entre ambos espacios y al que no estaban dispuestas a renunciar, precisamente por su doble pertenencia, era el síndico. Prueba de ello es que el obispo le adjudicara el rol de instigador, considerándolo el blanco perfecto.

Gutiérrez de Zevallos, que estrenaba el cargo de obispo, era consciente de que se hallaba frente a una gran oportunidad y sin duda sabía que de su desempeño dependía la posibilidad de culminar su carrera con un alto rango. Una vez informado de la situación en el obispado que iba a ocupar, la gran oportunidad se convirtió en un desafío: vencerlo implicaba asegurar su ascenso. Indudablemente también, cuando inició su *campaña reformadora,* no imaginó los riesgos que hicieron tambalear su proyecto y que, si bien no lo llevaron al fracaso, le implicaron un esfuerzo extraordinario.

La información acerca del estado del monasterio le había sido proporcionada por los jesuitas, quienes lo apoyaron en su empresa. Más allá de cuáles hayan sido las razones de éstos, se hace evidente que algún tipo de alianza entre ambas partes se concertó. El obispo, así respaldado, se propuso poner orden y procedió conforme con lo que la legislación establecía. Las monjas, apoyadas por importantes sectores de la sociedad que tomaron partido por ellas, ya fuera por hallarse enfrentados a los jesuitas o por privilegiar a las monjas y no a ellos en sus diferencias, procedieron conforme a lo que la costumbre determinaba. La visita no fue la causa sino el disparador del enfrentamiento. Cuando el obispo subió a escena, las diferencias ya existían, aunque no conozcamos los pormenores. En la creencia de que se trataba de mujeres ignorantes y mal aconsejadas, Gutiérrez de Zevallos les exigió la debida obediencia. Afianzadas en sus prerrogativas, las monjas exhibieron su *esprit de corps.* Lo cierto es que la intransigencia de ambas partes asignó a la visita el carácter de *cruzada.*

Las monjas lucharon en defensa de su *statu quo* y el obispo peleó por el reconocimiento de su autoridad. Gutiérrez de Zevallos poseía un espíritu *reformador*, y ejercer su autoridad implicaba ponerlo en práctica. Es posible que prenunciara con sus medidas algo que, tarde o temprano, sucedería. Sin embargo, no le resultó fácil imponer su autoridad. Prueba de que Gutiérrez de Zevallos no respondía a intentos de reforma de *sello oficial* es la sentencia del Fiscal. Hemos visto que, en 1740, las medidas adoptadas por el obispo aún no tenían pleno consenso. Aunque quizá tarde, Gutiérrez de Zevallos se dio cuenta de ello: el conflicto se resolvió antes del dictamen final y, *coincidentemente*, del mismo modo en que sería establecido por el Fiscal.

El obispo procedió conforme a lo que la legislación establecía, en tanto que las monjas lo hicieron conforme a lo que la costumbre determinaba. No obstante, ellas implementaron todos los recursos legales de que disponían, tejiendo una compleja red legal que les permitiera desarrollar la estrategia por la que habían optado: la resistencia. Pero ésta sólo daría resultado si era acompañada de tácticas eficaces; ellas lo sabían y el instrumento que eligieron para ponerlas en práctica fue la palabra. Hicieron circular rumores no sólo acerca de su propia experiencia con Gutiérrez de Zevallos, sino también acerca de los procederes de aquél para con otros. Rumores que si bien tenían por fin el descrédito del obispo, también buscaban el desconcierto general. Se hace evidente que la palabra de las monjas no sólo tenía peso, sino eco. Para que esto fuera posible, era necesario que existieran redes que permitieran la *resonancia*. Fue por medio de la palabra y su eco como el obispo se vio desplazado de su rol de acusador hacia el de defensor de sí mismo.

El derecho consuetudinario invocado por las monjas servía para legitimar su conducta, y para poner de manifiesto su *pertenencia* frente al carácter *foráneo* del obispo. Más allá de cuál fuera su origen, ellas pertenecían a la ciudad a partir de la profesión, mientras que él sólo estaba en tránsito. Por otra parte, y precisamente por lo que la profesión implicaba, las monjas no eran pasibles de destierro. Teóricamente eran pasibles de excomunión, que, como sanción, no era excepcional, pero en la práctica difícilmente podían ser excomulgadas. La única forma viable de resolver el conflicto sin provocar graves consecuencias, era la desaparición de la escena de uno de los contrincantes y, de acuerdo con lo que hemos dicho, el único que podía *desaparecer* era el obispo.

La recomendación del arzobispo de tratar "con más benignidad a las monjas" era, sin lugar a dudas, lo más acertado. Él conocía a las monjas y también al obispado. Había ocupado el lugar de Gutiérrez de Zevallos, y logró ser promovido a un rango superior. El arzobispo se mostraba preocupado por las monjas, pero más aún por preservar el "sosiego",

La concepción que se tenía de las mujeres era, en gran parte, producto de una consideración biológica: sangraban, alimentaban y daban vida. El desprecio del placer, el reconocimiento del dolor y la valorización del sufrimiento fueron llevados a cabo a través de la Imitatio Christi.
"El alma mortificada", anónimo, siglo XVII, México. (Reproducido en *Juegos de ingenio y agudeza. La pintura emblemática de la Nueva España*, Museo Nacional de Arte, México.)

pues a nadie le convenía el escándalo. Frente a aquellas recomendaciones, en primera instancia, el obispo no ocultó su descontento, incluso pareció desechar el ascenso prometido si con ello lograba su propósito. Sin embargo, ante el cambio de actitud de las monjas, por más aparente y meramente formal que fue, la implacable decisión de ejecutar sus amenazas se desvaneció. Gutiérrez de Zevallos llegó a padecer ira, pero no ceguera. Aunque en su fuero íntimo la convicción que había motivado su proceder permaneciera firme, supo interpretar el mensaje del arzobispo y, ante la más leve y efímera concesión de las monjas, procedió en consecuencia.

Por su parte, conocedoras de los límites de su propio terreno, las monjas supieron hacer lo correcto en el momento indicado. Esperaron y, cumplidos los plazos, procedieron conforme su *esprit de corps*: la madre María Antonia de Jesús fue reelecta priora. ¿Qué otra cosa podía hacer Gutiérrez de Zevallos, sino confirmarla en el cargo? El Fiscal, con su dictamen, hizo gala de la misma *ecuanimidad necesaria* que había mostrado el arzobispo con su recomendación. Si bien todos reconocían que se trató de un "alevoso alzamiento", nadie dudaba que las monjas conformaban una *gavilla indisoluble*.

Notas

1   San Pablo expresa que el varón es la cabeza de la mujer (1 *Cor.* 11, 3).

2   Lavrin, Asunción, "Las religiosas", en Hoberman, Louisa y Socolow, Susan (comp.), *Ciudades y sociedad en Latinoamérica colonial*, FCE, Buenos Aires, 1992, págs. 175-213.

3   Arana, María José, *La clausura de las mujeres. Una lectura teológica de un proceso histórico*, Mensajero, Bilbao, 1991.

4   "El Cabildo de Córdoba a S. M.", 26/3/1615, Archivo General de Indias (en adelante, AGI), Audiencia de Charcas, 34.

5   *Cartas Anuas*, 8/4/1614.

6   Courcelles, Dominique de, "Las primeras fundaciones del Carmelo reformado en España y Francia: los significados teológicos, eclesiológicos y políticos", en Ramos Medina, Manuel (coord.), *El monacato femenino en el imperio español. Monasterios, beaterios, recogimientos y colegios*, Condumex, México, 1995, págs. 33-41.

7   AGI, Audiencia de Charcas, 137.

8   Testimonios de Auto de Visita del Monasterio de Santa Teresa de Córdoba del Tucumán, año 1734, en AGI, Audiencia de Charcas, 372. En las citas utilizadas a lo largo del texto se ha modificado la grafía original y el uso de las mayúsculas para facilitar su lectura. Salvo especificación expresa, todas las citas corresponden a la misma referencia.

¡VIVA LA CONFEDERACION ARGENTINA!

¡LIBERTAD! NO LICENCIA; IGUALDAD ENTRE AMBOS SECSOS.

SIENDO FLOR—
se puede vivir sin olor.

SIENDO MUGER—
no se puede vivir sin amor.

LA CAMELIA.

Tomo I. —BUENOS AYRES: *Jueves 15 de Abril de 1852.*— Núm. 3.

LA

ALJABA.

Dedicada al bello sêxo Argentino.

Cien años de periodismo

Lily Sosa de Newton

El primer contacto femenino con una publicación periódica se dio precisamente en las páginas del primer medio de prensa aparecido en Buenos Aires: *Telégrafo Mercantil, Rural, Político, Económico e Historiógrafo del Río de la Plata*. Su fundador, Francisco de Cabello y Mesa, lanzó el número inicial el 1° de abril de 1801. El 27 de diciembre del mismo año aparecía una colaboración firmada por "La Amante de su Patria" y luego otra, de la misma autora, el 13 de junio. La titulaba "Retrato de una señora respetable".[1]

A fines de la era virreinal, Manuel Belgrano fundó *Correo del Comercio* y el 3 de marzo de 1810 reprodujo un trabajo enviado por quien firmaba "La amiga de la colaboradora incógnita", continuado en la edición del 5 de mayo.[2]

Después del pronunciamiento de Mayo, fue notable el incremento del número de periódicos publicados y, en ellos, el de cartas de lectoras que opinaban sobre distintos temas; entre otros, la educación de las mujeres. Dieron cabida a esas cartas *El Censor*, *El Observador Americano*, *Los Amigos de la Patria y de la Juventud* y algún otro periódico de Buenos Aires.[3]

El 16 de noviembre de 1830 se produjo un verdadero acontecimiento: la aparición de *La Aljaba*, bisemanario escrito por una mujer, Petrona Rosende de Sierra, para las mujeres. Fue el primer periódico femenino de nuestro país y se tiraron de él dieciocho números, hasta que las burlas y los problemas económicos determinaron su desaparición. La re-

Las mujeres se incorporan a la prensa.
Cartas de lectores

Dos memorables publicaciones de mujeres del siglo XIX.
La Aljaba *fue, en 1830, punta de lanza de las reivindicaciones femeninas.*
La Camelia *floreció en 1852, como un renuevo de irrenunciables aspiraciones.*

Nacimiento de La Aljaba

dactora, que no daba a conocer su nombre, había nacido en Montevideo y defendió con ardor el derecho de las mujeres a estudiar. La audaz precursora regresó más tarde a su país, donde continuó la labor docente y literaria. Con el último número, aparecido el 14 de enero de 1831, se abrió en este ámbito un prolongado silencio que no terminaría sino después de Caseros.[4]

Veinte años después

En 1837, Juan Bautista Alberdi, con Juan María Gutiérrez y Rafael J. Corvalán, fundó *La Moda*. Estaba dedicada "al Bello Mundo Federal" y las mujeres eran destinatarias de notas sobre modas, urbanidad, teatro, música, etc., destacándose un artículo titulado "Destino social de la muger" [*sic*],[5] pero ellas estaban en realidad ausentes de la prensa. De igual manera, habían perdido un espacio en el que demostraron capacidad de acción, como era la Sociedad de Beneficencia, que manejaban desde 1823 hasta que Rosas decidió suprimirla.[6]

Lejos de la Argentina, en Lima, se produjo, antes de que terminara la primera mitad del siglo XIX, un hecho que marcaría el comienzo de otra etapa. Juana Manuela Gorriti, una emigrada argentina que allí vivía, se lanzó a la arena literaria publicando un cuento, "La quena", en la revista limeña *El Comercio*. Transcurría 1845 y el suceso significó no sólo la participación de una escritora en un medio periodístico sino, además, el comienzo de la corriente literaria consagrada a la narrativa, que, a partir de allí, tendría el impulso que supieron darle otras escritoras de nuestro país dedicadas a este género. La Gorriti, además, sería una activa periodista, colaboradora de publicaciones argentinas y fundadora y directora de prestigiosas revistas porteñas y peruanas.[7]

Una nueva era.
La Camelia *y otros periódicos*

A partir de Caseros comenzó una etapa promisoria en lo que se refiere al periodismo de mujeres. Muy poco después de la caída de Rosas, el 11 de abril de 1852, una docente y escritora, Rosa Guerra, se atrevió a lanzar su revista *La Camelia*, cuando regresaban los proscriptos y Buenos Aires se agitaba en medio de problemas políticos y proyectos de toda clase. Sin ninguna experiencia, Rosa Guerra y sus colaboradoras, que firmaban con seudónimos, llenas de buenas intenciones, adoptaron un tonito beligerante que se traslucía en el lema elegido: "¡Libertad! No licencia. Igualdad entre ambos secsos" [*sic*]. Saludaban a los colegas periodistas ofreciéndoles "un ósculo de paz",[8] pero pronto comprenderían que sus propósitos sólo provocarían burlas malignas por haber osado invadir el terreno de los hombres. Se entabló entonces un duelo de notas firmadas entre *La Camelia* y *El Padre Castañeta*, con seudónimos. Navarro Viola, director del segundo, tuvo el mal gusto de publicar una poesía en la que, con pésima intención, le decía entre otras cosas: "Mas no es la desgracia peor / de meteros a escritoras / hallar pocos suscriptores / y lo mismo suscriptoras / sino que si alguna vez / escribís con ciencia suma / no faltará quien exclame / leyéndoos: ¡hábil pluma! / y hasta habrá tal vez alguno / que porque sois periodistas / os llame mujeres públicas / por llamaros publicistas".[9]

Las Redactoras –así firmaban– retrucaron en el número 4, del 18 de abril de 1852, que "sin ser mujeres públicas ni publicistas, hemos creído en estos momentos de libertad poder alzar nuestra voz para reclamar los derechos de igualdad entre ambos secsos [sic]: S. R. no nos negará que somos iguales ante Dios y ante la naturaleza; que la divina voluntad del Ser Supremo no instituyó leyes de desigualdad y menos tiránicas...".

El 11 de mayo de 1852, con el número 14, finalizó la publicación de *La Camelia*, cuya directora, en el número 12, había negado tener participación en la revista, en nota publicada también en el diario *Los Debates*. Las redactoras daban fe de ello y ofrecían revelar sus nombres y apellidos "para tranquilizar a la señorita Guerra". Lo cierto es que la revista desapareció, pero Rosa Guerra volvió a la palestra con otra hoja, *La Educación*, el 24 de julio. Salieron seis números, hasta el 11 de setiembre, pero la periodista continuó colaborando en los diarios *La Tribuna*, *El Nacional* y *La Nación Argentina*. Publicó, además, *Lucía Miranda*, novela histórica en verso, 1860; el drama *Clemencia*, primera obra teatral escrita aquí por una mujer, 1862; *Julia* o *La educación*, lecturas para niñas, y *Desahogos del corazón*, poemas, en 1864, año en que falleció.[10]

Juana Manuela Gorriti. Separada de su marido, vivió en Lima, donde fue maestra, crió a sus hijos y produjo una obra literaria que refleja su espíritu independiente y su imaginación vigorosa.

Juana Manso y su labor periodística

Después de *La Camelia*, hasta 1854 no surgió otro periódico que levantase las banderas del feminismo. Fue entonces cuando Juana Manso, que volvía del exilio y quería reeditar su trabajo de Río de Janeiro, donde había publicado *Jornal das Senhoras*, creó *Álbum de Señoritas. Periódico de Literatura, Modas, Bellas Artes y Teatros*. Regresaba con experiencia profesional como docente y escritora, tras haber vivido duras instancias en su desgraciada relación marital, que culminó con el abandono del cónyuge, el violinista Francisco de Saa Noronha. En Buenos Aires, Juana se dedicó a la enseñanza y lanzó su revista el 1° de enero de 1854, con ella como única redactora. Anunció que volvía después de veinte años, para "buscar una patria donde la inteligencia de la mujer no sea considerada un delito, donde su pensamiento no se considere un crimen". Mujer de muchas lecturas, escribió sobre filosofía, educación, leyes, teatro, modas y actualidades. La revista contenía, además, notas so-

Rosa Guerra osó introducirse en un mundo masculino y cerrado para responder a las inquietudes y aspiraciones de mujeres como ella, que luchaban por sus derechos.

bre homeopatía, entonces de gran boga, viajes y pasajes de su novela *La familia del comendador*, publicada ya en Brasil.

Juana Manso se había presentado como "redactora y propietaria", y el periódico, como todos entonces, se vendía por suscripción y en la imprenta. El apremio económico no se hizo esperar y debía hacer equilibrios para pagar el papel y la impresión. La tarea de maestra particular no bastaba para cubrir los gastos, por lo cual le sumó la de profesora de francés, inglés e italiano "en casas particulares". La Manso adhería a la fe protestante y no escatimaba críticas a los católicos, que propugnaban la persecución de aquellos a quienes llamaban "herejes", como ella. El problema económico y su artículo "Libertad de conciencia", del número 7, precipitaron la desaparición de la humilde hoja, cuyo último número, el 8, salió el 17 de febrero. "...vivió y murió desconocido desde que nació en el desamparo –escribió ella– y en el páramo de la indiferencia".

Pero semejante luchadora no se rendiría sin dar pelea. Gran amiga de Sarmiento, ardorosa promotora de la educación, tuvo, gracias a él, otra oportunidad cuando el gran maestro le confió, en 1865, la dirección de los *Anales de la Educación Común*, que volvía en su segunda época. Juana Manso publicó también *Los misterios del Plata*, novela histórica, un *Compendio de la Historia de las Provincias Unidas del Río de la Plata* y notas en diversos diarios y periódicos de entonces. Su múltiple actividad cesó cuando la venció la enfermedad, en 1875.[11]

Nuevas publicaciones

La segunda mitad del siglo XIX fue una época de muchas novedades periodísticas. Aparecieron revistas dirigidas por hombres, pero se hizo habitual que las escritoras colaborasen en sus páginas. Eduarda Mansilla, que en 1860 había publicado su novela *El médico de San Luis*, colaboraba en *La Flor del Aire*, que dirigía Lope del Río, con el seudónimo de "Daniel", lo mismo que Juana Manso, quien firmaba "Dolores".[12] En *La Siempreviva* –16 de junio de 1864 al 9 de julio de 1864–, si bien figuraba como director Luis Telmo Pintos, la redacción estaba a cargo de Juana Manso, también principal redactora de *La Flor del Aire*. *El Alba* salió entre el 18 de octubre de 1868 y el 10 de enero de 1869 y se definía como "dedicado a las hijas de Eva". Dirigido por hombres, contaba entre sus colaboradoras a "Josefina", que podría ser Josefina Pelliza de Sagasta, Amparo Vélez y "Alvar", seudónimo de Eduarda Mansilla, quien con igual nombre publicó interesantes trabajos en *El Plata Ilustrado*, que salió el 15 de octubre de 1871. Su columna "Hojas sueltas" contenía comentarios sobre moda y temas del momento, hechos con gracia e inteligencia. En 1873 desapareció esta publicación y Eduarda comenzó a escribir en *La Gaceta Musical* a partir de 1874. Allí se reveló como una experta cronista de música, lo cual se relacionaba, sin duda, con su condición de inspirada compositora e intérprete, cualidades desarrolladas por su residencia en Europa y su frecuentación de las más importantes figuras del arte.[13]

La Ondina del Plata. Aunque no siempre las mujeres dirigían las revistas, era valor aceptado que no podían estar ausentes de ninguna publicación. Los libros y trabajos periodísticos demostraban que ellas no sólo escribían por mero desahogo, sino que tenían ideas definidas sobre su rol en la sociedad y sabían expresarlas con su pluma. Muchas de aquellas publicaciones, por otra parte, estaban destinadas al público femenino. Así ocurrió con *La Ondina del Plata*, cuyo primer número salió el 7 de febrero de 1875. Revista semanal de literatura y modas, estaba dirigida por Luis Telmo Pintos y Pedro Bourel y había ofrendado sus páginas a todas las escritoras de América. Colaboraban Juana Manuela Gorriti, Josefina Pelliza de Sagasta (firmaba "Judith") y Lola Larrosa de Ansaldo, argentinas; Carolina Freire de Jaimes, desde Lima, y Clorinda Matto de Turner, también peruana. Colaboraban dos españolas: Emilia Serrano, baronesa de Wilson, y Pilar Sinués de Marco. La primera visitó Buenos Aires: era una incansable viajera, de lo cual dejó testimonio en sus libros.[14]

El material publicado era atractivo por su variedad y conquistó muchos lectores. Éstos siguieron con interés la polémica entre Josefina Pelliza y María Eugenia Echenique, una joven cordobesa de ideas avanzadas sobre la emancipación de la mujer, que en diciembre de 1876 escribió una nota firmada con su seudónimo "Sor Teresa de Jesús". Le contestó Josefina Pelliza con otra nota, titulada "La mujer", en la cual citaba palabras de la española María del Pilar Sinués de Marco, quien estaba convencida de que ningún hombre estaría dispuesto a casarse con una mujer "emancipada": "¿Qué ocupación honrosa quedaría al hombre en su hogar si la esposa manejaba negocios y disponía de los haberes?", se preguntaba escandalizada. Y Josefina Pelliza –"Judith"– afirmaba: "La mujer ha nacido para amar protegida por el generoso corazón del hombre, guiada por él [...] y siempre adherida a él y en él apoyada como adhieren y cobijan los débiles tallos a la sombra y abrigo del tutor". No obstante, llegaron la dos a ser amigas. María Eugenia falleció muy joven, el 3 de febrero de 1878, y su otrora contrincante publicó un emotivo artículo en su memoria.[15] En 1879 el director fue reemplazado por su parienta Ana Pintos, escritora que usaba el seudónimo de Amelia Palma y siguió con la orientación de la revista y su apertura a escritoras de otros países. Colaboraron, entre ellas, Lola Larrosa, Mercedes Belzú de Dorado (hija de Juana Manuela Gorriti), Eduarda Mansilla, que publicó su cuento "El ramito de romero"; Raimunda Torres y Quiroga, Adriana Buendía, Quiteria Varas y Marín, entre muchas otras.[16]

Juana Manso, que llegó a ser el brazo derecho de Sarmiento en la empresa educativa, era, además de docente, novelista, autora teatral e intérprete de música.

La Alborada del Plata. El 18 de noviembre de 1877 vio la luz una nueva revista que, como las anteriores, se proponía brindar a las lectoras notas de literatura, artes, ciencias, teatros y modas. En el número 1 aparecía una advertencia de Josefina Pelliza: "...Nuestra querida compatriota, la distinguida escritora Juana Manuela Gorriti, es la directora de este interesante Semanario. Aquí como allá, Lima, será el ángel tutelar de la literatura nacional; ella, con su inteligencia y perseverancia, estimula y comunica su fuerza al pensamiento estacionado en un círculo pequeño, donde se asfixia por carencia de acción...".[17] En realidad, la dirección era sólo nominal ya que el 13 de enero se publicó una carta de Juana Manuela Gorriti anunciando que Josefina Pelliza se haría cargo de esa responsabilidad y que ella, por consejo médico, prolongaría su residencia en las provincias del norte. El 20 de enero, Josefina Pelliza declaraba que su amiga la había sorprendido "de una manera inexplicable al hacerme donación de su bella *Alborada*". La revista salía quincenalmente y aparecieron diecinueve números de una primera etapa, para resurgir el 1° de enero de 1880 con una modificación: se llamaría *La Alborada Literaria del Plata* y estaría dirigida por Juana Manuela Gorriti y Lola Larrosa.

La Alborada Literaria del Plata. Lo que Juana Manuela Gorriti había fundado en Lima con el nombre de *La Alborada* fue aquí *La Alborada del Plata*, como acabamos de ver, y finalmente la nueva versión con el nombre ampliado. La Gorriti tenía experiencia periodística en Perú, pero, dada la situación política, le resultaba imposible dirigir la revista desde allá. Hubo colaboraciones de escritoras uruguayas –la nueva directora era de esa nacionalidad–, un folletín de Pilar Sinués, colaboraciones firmadas con un nombre de pila y de otras figuras como Carlos Guido Spano y Ricardo Gutiérrez y la poeta Ida Edelvira Rodríguez. El número 18 –el último– salió el 9 de mayo de 1880.[18] El clima político de Buenos Aires no era propicio para experiencias de esta índole.

Colaboradoras de otros periódicos

El Correo de las Niñas. Dedicado al Bello Sexo apareció entre 1876 y 1881, irregularmente. Escribían "Elena" –Raimunda Torres y Quiroga– y "Zoraida" –Eufrasia Cabral–, que habían sido colaboradoras de *La Alborada del Plata.*[19]

Agustina Andrade, Ida Edelvira Rodríguez y María del Pilar Sinués colaboraron en *El Amigo del Hogar. Revista Literaria y de Intereses Sociales*, dirigida por Jorge I. Argerich.[20]

El Álbum del Hogar, que dirigía el poeta Gervasio Méndez, comenzó a publicarse el 7 de julio de 1878 y contó con las plumas de Ida Edelvira Rodríguez, Josefina Pelliza y Juana Manuela Gorriti, quien en una carta de despedida anunció que se ausentaba. También escribieron varias ya conocidas, como Lola Larrosa, Lola Zinny y Matilde Cuyás, autora teatral, y otras que se escondían bajo nombres como "Tijerita", "Zaira", "Carmen" o "Luciérnaga". Esta última tenía a su cargo la sección "Plumadas".

En realidad, no todas las periodistas estaban de acuerdo con la emancipación de la mujer. "Luciérnaga", por caso, se manifestó contra las "emancipistas". Lola Larrosa criticó el baile, que consideraba pernicioso, y polemizó con "Luciérnaga". Es interesante la sección "Retrato a la pluma" pero entre las notas más sabrosas están las que se entrecruzaron Josefina Pelliza y un señor que firmaba "Da Freito" a propósito del artículo de la primera, que figuraba con su seudónimo "Judith", sobre "La redención moral de la mujer". Continuó el entredicho varios números, hasta que el 29 de diciembre de 1878 ella dio por terminada la polémica, firmando con su verdadero nombre la nota "Última palabra". Da Freito resultó ser Antonio Argerich, escritor que colaboraba en la misma revista y que quiso que la última palabra fuera suya con la nota "A la señora Sagasta", en el número siguiente.[21]

En Rosario se publicó *El Álbum*, donde colaboró Celestina Funes de Frutos. A partir del número 6, la revista fue editada por el diario *La Capital*, de esa ciudad.[22]

También en los últimos años del siglo salieron *El Hogar y la Escuela*, de Yole Zolezzi de Bermúdez, educadora que trabajó con la ilustre Sara Ch. de Eccleston y llegó a directora de la Escuela Normal de Corrientes. Dirigió también *El Escolar Argentino*.[23]

La última década del siglo XIX, rica en publicaciones, registra el órgano de prensa de la colectividad francesa *La Révue Illustrée du Rio de la Plata*, fundada por Clémence Malaurie en 1892, quien la dirigió diez años. Viajó a Europa y, a su regreso en 1903, fundó la revista *Le Franco-Américaine*, en la que la sucedió su hija, la señora Herviou.[24]

Eduarda Mansilla de García, la sobrina de Juan Manuel de Rosas, brilló por mérito propio gracias a sus libros, que desde 1860 la colocaron en posición destacada, así como por sus dotes de compositora de canciones de cámara.

Búcaro Americano. En la expansión producida a fines del siglo XIX, que, como se ha señalado, fue rico en novedades, el más notable ejemplo es *Búcaro Americano*, fundada por la escritora peruana Clorinda Matto de Turner, quien había lanzado en su patria *El Recreo* y había colaborado en muchos medios.

Salió esta revista el 1° de febrero de 1896, y desde el número inicial se dedicó a destacar la labor femenina, colocando en la tapa retratos de mujeres, toda una novedad en tal clase de publicaciones. En el primer número apareció el de Leonor de Tezanos Pinto de Uriburu; en los siguientes ocuparon ese lugar Dolores Lavalle de Lavalle, Carolina Lagos de Pellegrini, Carmen Nóbrega de Avellaneda, Cecilia Grierson, y así sucesivamente. El número inicial incluyó un trabajo de la directora,

Una nueva camada de periodistas

Josefina Pelliza de Sagasta sólo vivió cuarenta años pero dejó una obra literaria y periodística valiosa, entre las pocas que se destacaron en el siglo XIX.

"Las obreras del pensamiento en la América del Sud", que había leído el año anterior en el Ateneo de Buenos Aires.[25] Se notó un avance en la variedad de noticias de interés general y colaboraban conocidas profesionales de la pluma, como la peruana Zoila Aurora Cáceres, Carlota Garrido de la Peña, María Emilia Passicot, Ernestina A. López,[26] Rosario Puebla de Godoy, Carolina Freire de Jaimes, Adela y Dorila Castells (desde Uruguay), María Torres Frías, Ana Pintos, Benita Campos, Emilia Salzá, Gabina B. de Fernández Blanco y otras, a lo largo de los ocho años que duró el *Búcaro*. En su segunda época terminó de salir el 15 de mayo de 1908. Matto de Turner falleció el 25 de octubre de 1909.

La Columna del Hogar. Surgió en septiembre de 1898 como un apéndice del diario *El Nacional*, que se publicaba desde 1852. La responsable era Catalina Allen de Bourel, esposa del director, y no tenía fecha fija de publicación. Brindaba temas de interés para las lectoras y su éxito determinó que se convirtiera en una revista, con la dirección de la señora de Bourel, Alicia B. de Guillot y Ana Blasco de Selva como administradoras, Corina M. Ortiz, secretaria y Carolina Freire de Jaimes y Emma C. de Bedogni, redactoras. *La Columna del Hogar* salió durante varios años y no se encuentran ejemplares en su forma de revista. Catalina Allen dirigió también *Tía Garabatos*, para niños.[27]

Miniaturas. Revista de corta vida –salió entre el 19 de marzo y el 17 de octubre de 1899–, estaba dirigida por el periodista Emilio Vera y González. Colaboraban frecuentemente en ella Ida Edelvira Rodríguez y María Atilia Canetti, una de las cuatro primeras doctoras en Filosofía y Letras del país.[28]

El Pensamiento. Fue creada en la ciudad de Santa Fe por Carlota Garrido de la Peña, que había colaborado en revistas de Buenos Aires, aunque ella residía en Coronda. Corría julio de 1895 cuando salió la nueva revista, que se presentaba como "Semanario de lectura amena, costumbres, asuntos religiosos y sociales, crónicas de salón y de modas, bibliografía, etc., etc.". Contaba con importantes firmas: Carolina Freire de Jaimes, Aquilina Vidal de Brus, Margarita Práxedes Muñoz, Yole A. Zolezzi, María Luisa Garay, Elía M. Martínez, Elena Jurado, Lola Larrosa de Ansaldo, Macedonia Amavet, Margarita A. Decoud, Celestina Funes de Frutos, María Florinda Krause, Isolina Peña, María Emilia Passicot y Aurora Lista, todas ellas conocidas en el ámbito literario. Carlota Garrido publicaba allí, por entregas, su novela *Tila*. La revista no gozó de vida prolongada pero pronto tendría continuidad con otro nombre.[29]

La Revista Argentina. Era en verdad muy difícil dirigir una revista desde un apartado rincón provinciano, pero Carlota Garrido no se acobardó, y el 25 de octubre de 1902 lanzó su nueva empresa periodística calcada sobre el modelo de *La Columna del Hogar*, pero con la pretensión de lograr mayor mercado femenino en las demás provincias. Ella misma refiere cómo llegó a concretar la idea: se puso en contacto con Carolina Freire de Jaimes, que había colaborado en *El Pensamiento*, y le propuso fundar *La Revista Argentina*, compartiendo las responsabilidades. Se pusieron a la obra y consiguieron que la publicación tuviera éxito. Salió durante tres años y se mantuvo con las suscripciones, sin subvenciones ni ayuda. En su libro *Mis recuerdos*, la escritora cuenta la forma en que las dos socias se repartieron el trabajo, pero, curiosamente, dedicó muchas líneas a *La Revista Argentina* y pasó por alto *El Pensamiento*, de cuya existencia aparentemente no se acordó, aunque en el Archivo Histórico de Santa Fe puede verse una colección (incompleta) de dicha revista, en la que Carlota Garrido de la Peña aparece como directora.[30]

Otra de las raras expresiones periodísticas de las provincias se dio en Tucumán, donde, en 1870, apareció *La Mariposa*, revista de la cual sólo existe la reproducción del primer número. Le siguieron *El Órgano de las Niñas*, en 1879, y *La Niña Tucumana*, en 1994. En *La Mariposa* se denunciaba la situación de inferioridad en que el Código Civil y la ley electoral mantenían a las mujeres.[31]

Anarquistas, socialistas

La ideología anarquista y socialista produjo un fuerte movimiento literario que se manifestó a través de diversas publicaciones, entre las que no faltaron las producidas por mujeres. Así apareció *El Adelanto*, revista fundada por Pascuala Cueto, una inquieta maestra que buscaba mejorar la educación. Apareció el 9 de julio de 1897 en Morón, provincia de Buenos Aires, y se distribuía en localidades de la provincia y en Salta, Paraná, Santa Fe y otros lugares. Colaboraban destacadas escritoras, entre ellas Carmen S. de Pandolfini, María Juliana Becker, Justa Burgos de Mayer, Mercedes Pujato Crespo, Benita Campos, María Torres Frías, María Velazco y Arias. Elía M. Martínez fue secretaria de redacción pero se retiró, pues dijo, "las emulaciones de tendencia personal sumergen en el vacío muchas grandes iniciativas". Pascuala Cueto fue dejada cesante por sus actividades políticas y fundó entonces en Morón la Escuela Laica, en la que trabajó durante muchos años.[32]

El 8 de enero de 1896 salió una hoja escrita por mujeres de ideología comunista-anárquica, tendencia que había llegado a la Argentina con las corrientes inmigratorias de fines del siglo XIX. La integraban grupos activos que sostenían sus prédicas en diarios, revistas y folletos de tono inflamado. Entre el alud de publicaciones anarquistas surgió *La Voz de la Mujer* para suplir la poca atención que los ideólogos y propagandistas les brindaban. En el primer número se aclaraba: "Aparece cuando puede y por suscripción voluntaria", y figuraba como directora Josefa

Calvo; en el siguiente número la directora era A. Barcla, que continuó hasta el 1° de enero de 1897, fecha de la –aparentemente– última edición. El periódico protestaba contra los propios compañeros de lucha, a quienes consideraban explotadores de sus mujeres. "Ni Dios ni Patrón ni Marido", era el grito de guerra. En Rosario se publicó una versión del periódico, dirigida por Virginia Bolten, que fue deportada al Uruguay.[33]

La Filosofía Positiva

Los cambios que sobrevinieron a la revolución de 1890 significaron, en lo político y lo económico, una expansión de los proyectos culturales y, en lo que respecta a las mujeres, la fundación de escuelas normales y la consiguiente apertura hacia la universidad. Las revistas hechas por mujeres, salvo alguna excepción, duraban poco debido a la insolvencia de las promotoras. Pese a todo, la peruana Margarita Práxedes Muñoz se animó con el tema de la filosofía y fundó *La Filosofía Positiva* en 1898. La revista alcanzó a publicar siete números, con la colaboración de Maximio Victoria, Alfredo Palacios, José Ingenieros y Felipe Senillosa, entre otros. Margarita Práxedes Muñoz había escrito antes para diversos medios, como *La Nación*, *El Tiempo* y *La Prensa*, y también publicó novelas. Después de su aventura editorial se trasladó a Santiago del Estero, donde era conocida como "la médica de los quebrachales".[34]

Las periodistas de comienzos del siglo XX

Lola Larrosa de Ansaldo fue una empeñosa trabajadora de las letras que se hizo conocer en el mundo intelectual a través de sus revistas y libros.

En tanto seguía saliendo *Búcaro Americano*, otras escritoras se lanzaban a la aventura periodística con inacabable ímpetu, en procura de espacios propios y de vías para expresar sus reivindicaciones en el campo social, político y cultural. Vivían en una sociedad que sistemáticamente había relegado a las mujeres, pero de todos modos se abrían camino: lograban títulos universitarios, realizaban tareas no tradicionales para su sexo y organizaban instituciones para luchar por sus derechos. A comienzos del siglo XX se había fundado el Consejo Nacional de Mujeres, que publicaba su propia revista, y la Asociación de Universitarias Argentinas, verdadera avanzada del feminismo activo.

Desde La Plata, María Abella de Ramírez, una uruguaya allí establecida, se lanzó a la lucha por medio de la revista *Nosotras*, que salió el 5 de agosto de 1902. No era ésta la primera experiencia periodística de la directora, que ya colaboraba en diversos medios. Su lema: "Ayudémonos las unas a las otras. La unión hace la fuerza". Ocho años después lanzaría *La Nueva Mujer*, órgano de la Liga Nacional de Libre Pensadoras, cuyo primer número apareció el 10 de mayo de 1910 y salió durante dos años.[35]

Otra luchadora incansable fue la francesa Gabriela Lapérrière de Coni, que desde el socialismo bregó por el bienestar de las mujeres y los niños trabajadores explotados. Había sido periodista en su país y aquí utilizó la prensa para exponer sus reclamos.[36]

A partir de 1905 se hizo conocer Ada María Elflein. Comenzó publicando en *La Prensa* sus relatos para chicos, que salían todos los domingos, pero también otra clase de notas, y formó parte de la redacción del diario durante casi quince años, hasta su muerte, en 1919. Fue la primera mujer que realizó un trabajo rentado de esta índole.[37]

También Adelia Di Carlo se abrió camino en un diario, recibiendo un sueldo por su trabajo. Era docente y comenzó a redactar la sección de noticias sociales en *El Tiempo*. Recomendada por José Ingenieros, pasó a *La Argentina*, donde fue nombrada jefa de sección. Con diversos seudónimos, colaboró en *La Razón, El Hogar, La Patria, P.B.T., La Mujer*. En *Caras y Caretas* trabajó veintisiete años cubriendo diferentes secciones.[38]

En Salta, desde 1902, era conocida en el medio periodístico Benita Campo, colaboradora del diario *El Cívico* y fundadora de la revista *Güemes*, con la que llegó a todo el país a partir de 1907. Allí escribían otras escritoras locales que apoyaron la obra cultural de Benita Campos.[39]

Las mujeres invadían las redacciones y las imprentas con sus obras y pugnaban por hacerse oír. Por cierto que lo conseguían, aun a costa de duro batallar, fuera y dentro de sus hogares. Es elocuente el caso de Delfina Bunge de Gálvez: había ganado un concurso de la revista *Femina*, de París, y *Caras y Caretas* le pidió autorización para publicar un fragmento de su trabajo con la foto. En reunión de familia para tratar el tema, el comentario de una tía fue: "Ya ves a lo que te expones por escribir...".[40]

En las dos o tres primeras décadas del siglo XX surgieron nombres dignos de integrar la historia de las mujeres periodistas.

A poco de fundada en 1915 la revista *La Nota* por el emir Emin Arslan, entre los nombres importantes que publicaban en sus páginas estaba el de una muy joven mujer, Lola Pita Martínez, que tenía la valentía de sus ideas y el gracejo de su estilo, además del valor para usar su verdadero nombre, cosa que no todas hacían. También colaboraron Alfonsina Storni y Laura Piccinini (después, de De la Cárcova).[41]

Con importante carrera en la docencia, Victorina Malharro logró destacarse en periodismo y colaboró en revistas como *El Hogar,* pero su tarea de más peso la realizó en el diario *El Pueblo*, donde, con el seudónimo de "Verax", escribió durante mucho tiempo. Después de su muerte en 1928, su marido, el profesor Pedro Carimati, publicó seis volúmenes con los trabajos periodísticos de Victorina.[42]

Eugenia de Oro, seudónimo de Aurora García Berroeta de Núñez Acuña, fue otra activa periodista, una de las primeras en la radiotelefo-

Contra viento y marea

Clorinda Matto de Turner, que se incorporó a la elite cultural de Buenos Aires merced a su valiosa obra, se sobrepuso a las persecuciones políticas de su país que la obligaron al exilio.

Victoria Ocampo fue una personalidad vigorosa enrolada en las lides intelectuales, a las que aportó talento y capacidad de acción, demostradas con su revista Sur *y sus libros.*

nía. Hizo periodismo de jerarquía, ofreciendo al público la palabra de los personajes descollantes de los años 30.[43]

Justa Roqué de Padilla fue docente y periodista, profesión a la que se dedicó preferentemente después de jubilarse, en 1924. Fue entonces enviada por el diario *La Prensa* a Córdoba como corresponsal, para hacer notas sobre la zona serrana, que serían ilustradas con fotos tomadas por ella. Fue la primera a la que se encomendó una tarea de este tipo.[44]

Tras diversas incursiones en la literatura, Victoria Ocampo emprendió su trascendente empresa de la revista *Sur*, durante mucho tiempo reflejo de madurez cultural. Para entonces ya habían llevado sus nombres a posiciones empinadas periodistas como Josefina Crosa, Julia Prilutzky Farny, Alicia Moreau, Julia Moreno de Dupuy de Lôme, Carmen Arolf, Adriana Piquet, Emma Barrandeguy, Celia de Diego, Herminia Brumana, María Luisa Carnelli, Mercedes Moreno y muchas más cuyas firmas se habían hecho familiares para los lectores de diarios y revistas de las décadas del 20 y 30.[45]

Un batallón de periodistas y escritoras que constituyeron la voz femenina hasta entonces silenciada, la vanguardia de quienes hoy enriquecen la prensa nacional.

Notas

1   Noviembre 5 de 1801. "Señor Editor: ¿Por qué las señoras del país no hemos de tomar parte en los útiles trabajos de U.?", preguntaba la anónima lectora.

2   *Correo de Comercio*, Buenos Aires, 28/4/1810 y 5/5/1810, tomo I, pág. 68.

3   Verdevoye, Paul, *Costumbres y costumbrismo en la prensa argentina desde 1801 hasta 1834*, Academia Argentina de Letras, Buenos Aires, 1994, págs. 427 y sig.

4   Zinny, Antonio, *Efemeridografía argirometropolitana*, Buenos Aires, 1869. En la colección consultada de *La Aljaba* falta el n° 1, pero incluye el *Prospecto* con que se anunciaba.

5   *La Moda*, n° 2, 25/11/1837; n° 5, 16/12/1837.

6   Ibídem.

7   Efron, Analía, *Juana Gorriti*, Buenos Aires, Sudamericana, 1998, pág. 101.

8   Dobranich, Ofelia Britos de, *Rosa Guerra y "La Camelia"*, Atlántida, Buenos Aires, 1948, y "Ha transcurrido más de un siglo desde la aparición de 'La Camelia'", *La Nación*, 18/11/1970.

9   *La Camelia*, 18/4/1852, pág. 1. Rosa Guerra colaboró también en *La Flor del Aire*, *La Bruja*, *La Nueva Época*. Col. Museo Mitre.

10 Seibel, Beatriz, "Rosa Guerra, una maestra", *Todo es Historia*, Buenos Aires, n° 358, mayo 1997, pág. 64.

11 Santomauro, Héctor Nicolás, *Juana Manso y las luchas por la educación pública en la Argentina*, Buenos Aires, Corregidor, 1994.

12 Sosa de Newton, Lily, "Eduarda Mansilla de García, narradora, periodista, música y primera autora de literatura infantil", en Fletcher, Lea (comp.), *Mujeres y cultura en la Argentina del siglo XIX*, Buenos Aires, Feminaria, 1994.

13 Veniard, Juan María, *Los García, los Mansilla y la música*, Instituto Nacional de Musicología "Carlos Vega", Ministerio de Educación y Justicia, Buenos Aires, 1986.

14 Interesante personalidad, Emilia Serrano (1843-1922) dirigió una revista en Madrid y publicó muchos libros. Aquí colaboró en *La Ondina* y en *Búcaro Americano*.

15 "Has muerto –decía– pero tu recuerdo, tus cartas a Elena, esas cartas tan bellas llegaron a mí deslumbrándome con la claridad de tus ideas, con la madurez reflexiva de tu palabra..."

16 Fueron las más destacadas plumas de la época, ampliamente conocidas en periodismo y por sus libros.

17 Josefina Pelliza cumplió sin prejuicios su nueva función, pues el 25 de enero publicó un artículo en que Raimunda Torres y Quiroga defendía la emancipación de la mujer, aunque la directora no compartía esas ideas.

18 J. M. Gorriti compartió con Carolina Freire de Jaimes la dirección de *El Álbum de Lima* y hacía años que escribía en revistas de distintos países.

19 A propósito de colaboradoras de Paysandú, *La Nación*, de Buenos Aires, publicó la noticia de que "las señoritas Castells concurrían como alumnas a las aulas de Filosofía y Derecho Natural establecidas en aquella ciudad por D. Francisco F. Fernández" (20/8/1876).

20 Peña, Enrique, *Estudio de los periódicos y revistas existentes en la Biblioteca Enrique Peña*, Buenos Aires, Imprenta Amorrortu, 1935, pág. 140.

21 *El Álbum del Hogar* terminó el 6 de julio de 1880.

22 La autora publicó en Rosario, en 1883, *Lucía Miranda. Episodio nacional*, drama en verso, en la Imprenta El Mensajero.

23 *Historia de la Escuela Normal de Concepción del Uruguay. 1873-1923*, Asociación de Ex Alumnos, Buenos Aires, 1930, pág. 230.

24 Papillaud, Enrique, "Prensa francesa en Buenos Aires", *El Diario*, edición especial sobre historia del periodismo argentino, 4/1/1933.

25 Di Carlo, Adelia, "El periodismo femenino literario en la República Argentina hasta el año 1907", *Caras y Caretas*, Buenos Aires, 9/7/1932. Fue en 1907, precisamente, cuando la autora ingresó como redactora con sueldo, absoluta novedad en ese tiempo.

26 Auza, Tomás, *La literatura periodística porteña del siglo XIX. De Caseros a la Organización Nacional*, Buenos Aires, Confluencia, 1999.

27 Di Carlo, Adelia, "La mujer en el periodismo nacional", *Plus Ultra*, Buenos Aires, 30/6/1926.

28 Pereyra, Washington, *La prensa literaria argentina*, tomo I, Librería Colonial, Buenos Aires, 1993, pág. 61.

29 Sosa de Newton, Lily, "Carlota Garrido de la Peña y su revista *El Pensamiento*", La Máquina del Tiempo, n° 1, Buenos Aires, 1998.

30 Garrido de la Peña, Carlota, *Mis recuerdos*, La Cervantina, Rosario, 1935.

31 Páez de la Torre, Carlos, "El 'cupo femenino' en 1870. *La Mariposa*, un periódico redactado por mujeres", *La Gaceta*, San Miguel de Tucumán, 9/4/1996.

32 Suárez, Carlos Alberto, *Partido de Morón. Apuntes para una historia del periodismo*, Instituto Histórico del Partido de Morón, 1980; Alberto César Lacoste, *Biografías del Morón sin tiempo*, Autores Asociados, Morón, 1987; Miguel Font, *La mujer. Encuesta feminista argentina*, Edición del Autor, Buenos Aires, 1921.

33 Hasta hace poco sólo se disponía de una versión fotocopiada del ejemplar existente en Amsterdam, Holanda, pero en 1997 la Universidad de Quilmes editó un tomo con los nueve números conocidos.

34 Sosa de Newton, Lily, "Margarita Práxedes Muñoz, médica de los quebrachales santiagueños, filósofa, escritora y periodista", *Todo es Historia*, Buenos Aires, n° 288, junio 1991, págs. 46-9; Dolores de las Mercedes Márquez, "Evocación de Margarita Práxedes Muñoz, primera médica de los obrajes santiagueños", *El Hogar*, n° 2207, 29/2/1952, págs. 14-5.

35 Publicó un libro, *En pos de la justicia*, editado en La Plata por el Taller Gráfico D. Milano en 1908, que contiene parte de sus artículos. Había nacido en el Uruguay en 1863 y vino joven a la Argentina, donde falleció en 1926.

36   Escribió novelas en francés sobre la vida argentina, editadas en París: *Fleur de l'air* y *Vers l'œuvre douce* (1900 y 1903).

37   Ada María Elflein fue pionera de la literatura infantil, después de Eduarda Mansilla.

38   Sosa de Newton, *Diccionario biográfico de mujeres argentinas*, Plus Ultra, Buenos Aires, 1972, 1980 y 1986; Di Carlo, Adelia, "El periodismo femenino literario...", ob. cit., nota 25.

39   Cadena de Hessling, Teresa. "Benita Campos (1870-1928)", Boletín del Instituto Güemesiano de Salta, n° 13, Salta, 1988, pág. 71.

40   Gálvez, Manuel, *Amigos y maestros de mi juventud 1900-1910*, Kraft, Buenos Aires, 1943.

41   Lola Pita Martínez (1895-1976) desarrolló intensa labor periodística en *La Nación*, *El Hogar* y otras publicaciones de Buenos Aires.

42   *In memoriam*, tomos I y II, y *Pétalos sueltos de la misma flor*, tomo III, 1929.

43   También autora teatral con obras representadas y directora de "Las dos carátulas" en Radio Nacional.

44   Sosa de Newton, *Diccionario*, ob. cit.

45   Ibídem.

Cuerpos y sexualidad

Alejandra Correa
María Celia Bravo - Alejandra Landaburu
María Gabriela Ini
Pablo Ben
Valeria Silvina Pita

El núcleo temático de esta sección recupera el "cuerpo" como objeto de reflexión dentro de la problemática del género y la historia de las mujeres. Jerarquizamos aquí la mirada sobre el cuerpo como lugar concreto, social e históricamente situado, a través del cual se construyen y establecen modelos, disputas sociales, formas de tratamientos, rebeliones contra lo establecido, incluso instituciones.

Su importancia y la de sus múltiples cuidados como lugar de construcción social nos hace reflexionar sobre el sexo y la sexualidad como conceptos complejos que se constituyen a partir de seis variables biológicas: sexo cromosomático, gónadas, genitales internos, composición hormonal, genitales externos y características sexuales secundarias. Si bien los primeros cuatro componentes del sexo no son visibles, los genitales externos y las características sexuales secundarias son observables. Es sobre estas últimas que las sociedades interpretan y adjudican valores más o menos significativos en la vida social y dan lugar a clasificaciones que jerarquizan a las personas, muchas veces asignándoles poder y otras, quitándoselo.

Los estudios antropológicos realizados en pueblos de otras culturas nos muestran la complejidad de la relación entre el sexo, el manejo del cuerpo y el género, y permiten relativizar las ideas acerca de la existencia exclusiva de dos géneros y dos sexos intrínsecamente identificados.

Si bien deseamos resaltar la importancia del cuerpo en el sistema de sexo-género como reproductor y referente genérico, queremos también recuperar las experiencias históricas de opciones marginales en nuestra sociedad que obligaron a la modificación u adopción de uno u otro, impidiendo la existencia de otras conductas sexuales.

Parir, la más femenina de todas las actividades femeninas... ¿siempre fue igual? Veremos que no; también los partos fueron armados y procesados como cualquier otro producto cultural.

La maternidad, el divorcio y la familia en la sociedad tucumana presentan particulares articulaciones donde es posible rastrear lo ecuménico, lo nacional y su readaptación regional.

¿Puede una madre matar a sus hijos? Y si lo hace, ¿está loca? Para los letrados hay algo endeble en los cerebros de las mujeres; es necesario vigilarlas a fin de evitar tragedias.

Las personas hermafroditas y la rareza de su no-lugar en la biología de fines de siglo; mujeres con cuerpos abiertos, mirados, analizados y cuestionados que, sin embargo, siempre aparecen como seres misteriosos.

"Las locas", un estado casi "natural" en la mujer (¿A qué mujer no le dijeron alguna vez que estaba loca?) A mediados del siglo XIX se las comienza a separar de la familia y se las aísla de la sociedad. Muchas peleas se llevaron adelante entre médicos y damas de la beneficencia para lograr el control sobre sus cuerpos. Y muchas de estas batallas se libraron sobre esos mismos cuerpos.

Más que una categoría fija, inmutable y fuera de la historia, el cuerpo femenino se revela a lo largo de esta sección como el material en bruto sobre el cual la arquitectura social diseña todo. Frente a los mecanismos culturales de dominación, estas mujeres hicieron de sus cuerpos un lugar de transgresiones, de protestas y también de resistencias.

Parir es morir un poco
Partos en el siglo XIX

Alejandra Correa

Buenos Aires, junio de 1827. "Encontrándose la comadrona frente al feto hidrocefálico, realizó la extracción sin tratar de reducir las dimensiones de la cabeza mediante evacuación previa, poniendo en peligro la vida de la madre. Se introdujo la mano, se buscaron los pies y se extrajeron, se tiró de ellos hasta que la cabeza se presentó al estrecho superior y su volumen fue un obstáculo a la salida del feto. Costó muchos dolores y riesgos a la paciente y sudores copiosos y esfuerzos extraordinarios a Madama Pascal [la comadrona]. Entrando el esposo de la señora, pide a Madama que suspenda la operación, mientras vuelve con un profesional que va a buscar."[1]

Buenos Aires, febrero de 1916, Hospital Fernández. "Los casos de los boletines clínicos 948, 425 y 1077. En el primero, se había extraído, en casa de la enferma, el cuerpo del feto, y no pudiendo extraerse la cabeza, se hace la decolación y se remite a la enferma al hospital con retención de la extremidad cefálica dentro del útero. En el segundo, sucede lo contrario, se extrae la extremidad cefálica, y no pudiendo desprenderse los hombros, ya muerto el feto, se traslada la enferma al hospital, con la cabeza del feto fuera. En el tercero, se aplica fórceps en un pueblo de campo, se hacen varias tentativas por distintos médicos, y después de tres días de parto, ya infectada y con feto muerto, se le coloca en un vagón de tren y se la manda a Buenos Aires, toda una noche de ferrocarril. Estos casos se repiten con frecuencia y algunas enfermas han llegado con ruptura de útero, estado agónico, etc."[2] Entre estas dos crónicas transcurrió casi un siglo; sin embargo, ambas dicen lo mismo sobre el modo en que se daba a luz y se nacía en Buenos Aires. Tanto en

Asistidas por el corset, muchas mujeres escondieron a través de la historia su "condición" de embarazadas. A fines del siglo pasado, en Buenos Aires las voces médicas emprendieron una campaña feroz contra su uso por ser el culpable de "malformaciones intrauterinas". Con el nuevo siglo, las damas ya paseaban por la ciudad sin acomplejarse por su ancha cintura. Archivo General de la Nación, Departamento Fotografía.

los testimonios donde es una comadrona quien asiste a la parturienta, como en las prolijas sagas que conservó el saber médico, es posible observar que el parto alcanzó las características de una auténtica carnicería.

Cuando, en el transcurso del siglo XIX, el tema salió de la esfera privada del hogar, las modalidades del parto se vieron sometidas a fuerzas antagónicas. En un principio, el enfrentamiento se disimuló en el devenir de lo cotidiano. Más tarde, pasó al espacio público. De un lado se situaron las parteras –mujeres de pueblo, poseedoras de conocimientos heredados y sedimentados en la práctica– y del otro, los médicos –hombres, burgueses y doctos–. Esta puja reflejó el cambio de ideología al que adhirió la sociedad y que acentuó todo lo relativo al disciplinamiento de las costumbres y las pasiones, y también un enfrentamiento de género y de dos sectores sociales y culturales bien definidos.[3]

La tensión se prolongó a lo largo de un período en que la Medicina, erguida sobre el cuerpo moral que perfiló el siglo XIX y cuajó definitivamente en el siglo XX, logró solidificarse como poder. Lo hizo doblegando el saber popular y la tradición femenina que se ocupaba de la salud en el ámbito familiar, interviniéndolos, y coronando su éxito con la hospitalización de toda mujer al borde del parto, para lo cual le otorgó la categoría de "enferma" que exigía el ingreso en el marco institucional donde la Medicina encarnaba el saber absoluto.

Como consecuencia de este proceso, se modificó la relación habitual de las mujeres con sus embarazos y sus partos, porque dejó de vérselos como hechos gobernados por la propia fisiología femenina. Tal como señala la psicoanalista Eva Giberti, "al desactivar la capacidad paridora de las mujeres, la medicina se apropió de sus partos",[4] y la relación que la mujer estableció con ellos fue precisamente de incapacidad, extrañamiento y temor. A partir de entonces, embarazo y parto fueron para las mujeres una permanente fuente de hipocondría en la que supo abrevar el poder médico.

Médicos versus *parteras*

Hasta el siglo XVIII, las mujeres del Río de la Plata parían en privado. En general, no pedían colaboración y se encargaban personalmente del tratamiento del cordón umbilical. Otras veces eran asistidas por una vecina o familiar y en muy raras ocasiones se echaba mano de los escasos hombres que poseían dudosos certificados de origen español que los habilitaban como médicos y cirujanos militares –una formación básica que los preparaba para las intervenciones propias de una campaña militar–, simplemente porque el parto era cosa de mujeres.

"En todos los pueblos primitivos que consideran a la mujer ya sea inferior o igual al hombre, éste casi nunca interviene en los partos, que es una rama de la medicina que estuvo por siglos exclusivamente en manos de la mujer. En los pueblos más adelantados, la mujer permanece en su hogar para realizar esta función natural, rodeada sólo de su familia, cuando más de una mujer extraña, por ese instinto de pudor natural que existe aun en los pueblos más salvajes."[5]

En el ocaso del siglo XVIII arribaron a Buenos Aires, provenientes de España, las primeras "cuidadoras de parturientas", a quienes se les dio el nombre de "comadronas" porque, generalmente, se convertían en las madrinas de los bebés a los que ayudaban a nacer. Poseían conocimientos de índole práctica, ya que se trataba de mujeres que habían superado sus propios partos y se habían dedicado a dar "consejos y asistencia a sus hijas y a otras jóvenes sin experiencia, y estos auxilios prestados con éxito daban poco a poco la autoridad y, con los años, esta confianza iba en aumento".[6]

Más tarde desembarcan las primeras parteras francesas, más conocidas como "las madamas". Comadronas y madamas se limitaban a acomodar a la parturienta y realizar un concierto de maniobras externas. Algunas asistían el trabajo de parto con presiones periódicas sobre el vientre. Otras preferían sentar a la mujer en una silla sin fondo y suministrarle diferentes brebajes para acelerar la expulsión. Muchas se limitaban a sostener la mano de la mujer, decirle palabras amables y, en el momento del alumbramiento, asistirlas en el corte del cordón umbilical y el primer baño del recién nacido. La historia que más tarde contarán los médicos en sus crónicas muestra otras connotaciones: "La mujer pasa horas al borde de un cajón o en una silla sin fondo, pujan-

El antiguo Hospital de Mujeres, de la calle Esmeralda. Estrecho, sucio, peligroso, fueron sólo algunos de los calificativos que mereció. Estaba estrictamente prohibida la atención de "enfermas grávidas".
Archivo General de la Nación, Departamento Fotografía.

do en pleno período dilatante, agotando sus fuerzas y su psiquismo, a veces se le da una botella para que sople con fuerzas. Fuertes masajes, presiones sobre el vientre, compresas calientes, fajas, mientras la comadrona tira con sus dedos abriendo los tejidos maltrechos y después de la cabeza o nalga del niño sin control ni medida. La falta de higiene en ambientes contaminados y los lavajes vaginales, el reposo de varios días, la alimentación insuficiente, las recomendaciones para evitar el 'pasmo', la purga para la 'subida de leche', la prohibición del baño o lavado durante cuarenta días, hace el resto para que la mujer abomine el parto".[7]

Cuando los escasos médicos de la ciudad virreinal se propusieron organizar un "elenco estable", comenzaron definiéndose por oposición a los "charlatanes y curanderos" que, según sus propios dichos, abundaban en la aldea, y entre los que se encontraban las comadronas. En 1780, cuando se establece el Tribunal de Medicina, una incipiente semilla de lo que más tarde sería el poder médico, Buenos Aires sólo contaba con nueve médicos y dos cirujanos militares.[8]

En 1798 se instala el Protomedicato, cuyo objetivo era reglamentar y controlar la práctica de la Medicina, revalidar títulos, intervenir en denuncias de mala praxis. Se contempla entonces a "las comadronas de parir" entre los agentes de salud a quienes se les tomaría un examen de competencia por el que deberían abonar 16 pesos.[9] Curiosamente, en el mismo reglamento se admite que, debido a la escasez de médicos y cirujanos, la cuestión debe ser delegada en un grupo de mujeres autorizadas a ejercer la medicina bajo ciertas condiciones, muy elásticas en la práctica. En el fondo, los autores estaban convencidos de que "cualquiera que haya pasado por este trance [el parto] puede ayudar a salir de él".[10]

Esta renuncia no dejó muy conformes a los médicos que encabezaban el Protomedicato, y tanto Miguel O'Gorman como Agustín Fabre –a quien se consideró por su dedicación al tema como el primer obstetra de Buenos Aires– se ocuparon de establecer la célula de lo que será la enseñanza de Medicina en Buenos Aires. Le presentaron al virrey Gabriel de Avilés un plan de estudios de seis años donde se disponía que en quinto año se dictara la materia "Operaciones y parto". Paralelamente, desde las incipientes instituciones, se dispusieron algunas pautas sobre las modalidades que debían adoptarse en el parto. El 25 de mayo de 1795, un oficio proveniente de Aranjuez le informa al Virrey sobre una medida profiláctica para combatir el tétanos, la principal causa de muerte en recién nacidos, utilizando resina de copaiba o aceite de palo.[11]

En 1805, el marqués de Sobremonte ordena imprimir una Real Cé-

dula, a repartir entre los gobernadores y prelados eclesiásticos del Virreinato, sobre "el modo de hacer la operación cesárea después de muerta la madre", única forma aprobada para realizar dicha intervención. En
esta Cédula se seguían los preceptos de la Lex Regia romana, que establecía que la cesárea debía realizarse no bien muerta la madre a fin de
salvar al hijo que llevaba en su vientre. Por tal motivo, se aconsejaba
mantener el canal vaginal y la boca abiertas para que el bebé pudiera
respirar. Este concepto fue resignificado por la Iglesia: el llamado "parto inmaculado" debía realizarse aun cuando el niño hubiera muerto en el
vientre porque, como poseía alma desde su concepción, debía recibir los
sacramentos del bautismo y la extremaunción.[12] La Cédula indicaba las
maniobras para certificar la muerte de la criatura y establecía los pasos
a seguir en la operación cesárea en embarazadas recientemente muertas.
Debía ser realizada por "facultativos o, en los pueblos donde no hubie-
re, el cura Párroco debe designar al sujeto que creyese de mejor talento,
destreza e idoneidad".

   Entre 1802 y 1807, el tema del parto ocupa espacio en el Semanario
de Agricultura, Industria y Comercio: "el cordón umbilical inmediata-

*Entre 1883 y 1889 la doctora Cecilia
Grierson hizo sus prácticas
profesionales en el Hospital de
Mujeres, y realizó su tesis de
graduación sobre once
"histeroovariotomías". Con el tiempo
llegó a ser el* alma mater *de la
Asociación Obstétrica, que bregaba
por la profesionalización de las
parteras.*
Archivo General de la Nación,
Departamento Fotografía.

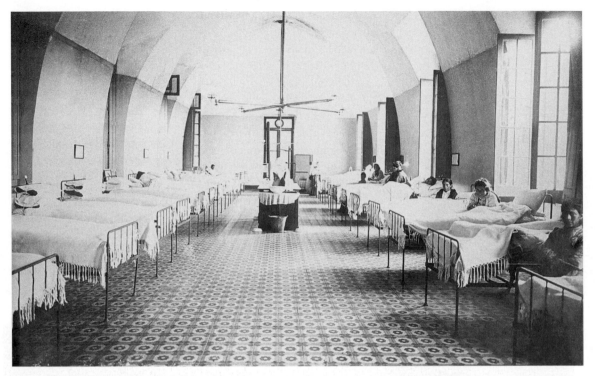

Las primeras salas de maternidad fueron diseñadas con la idea de crear un espacio dentro del ámbito hospitalario donde acoger a la "enferma de parto".
Archivo General de la Nación, Departamento Fotografía.

mente después de nacer, se corta y se ata, pero conviene diferir la ligadura si el niño no respira, y si el defecto de respiración depende de una obstrucción sanguínea o de un estado de plenitud porque este inconveniente se media dexando [*sic*] evacuar cierta cantidad de sangre".[13]

En los años siguientes, distintas publicaciones se harán eco de la necesidad de difundir los conocimientos sobre el parto y algunos servirán para condenar las costumbres arraigadas entre la gente de pueblo. Por ejemplo, la recomendación a las parturientas de "ingerir vino o cebarle mate después del parto a fin de sacarle el frío" o abrigarlas excesivamente para evitar la transpiración.[14]

La primera estrategia del poder médico consistió en poner a las parteras en la encrucijada de rendir exámenes o correr el riesgo de ser multadas por operar en la ilegalidad, pero pocas fueron en realidad las que tomaron en serio tal cuestión: en la práctica, estas mujeres seguían asistiendo a otras mujeres en el parto.

En las primeras décadas del siglo XIX, los médicos, obsesionados por asistir las campañas militares y, más tarde, por controlar las enfermedades sociales y epidémicas, en la práctica se olvidaron casi por completo del parto. Sin embargo, no perdieron oportunidad de preservar los relatos donde un "profesor" llegaba a la casa de la parturienta para salvarla de las garras de una partera ignorante. Como puede verse en una crónica que encuentra, en 1800, al cirujano José Díaz frente a "una [parturienta] de tres días muerta la criatura en el vientre y tuvo la felicidad de sacarla con todas las partes y a los veinte días estar perfectamente buena su madre. [En otra oportunidad] fue llamado junto con el cirujano don Juan Ximénez a hacerle la operación para extraer la criatura pues se presentaba el pie izquierdo en el orificio del útero [...] a los diez minutos extrajo la criatura que vive y su madre se recuperó a los cuatro días".[15]

Como se ve con claridad en el párrafo citado al comienzo de este trabajo, los médicos disputaban a las parteras un espacio, sobre todo desde lo discursivo, sin decidirse a tomarlo como propio. Madama Pascal fue acusada en 1827 de mala praxis durante un parto. El juicio mantuvo en vilo a Buenos Aires y sucedió a raíz de las denuncias efectuadas por el marido de la señora Irigoyen ante el Tribunal de Medicina, al que los vecinos acusaban de completa ineptitud.[16]

La única voz femenina preservada en esta historia es la de la propia Pascal, en su testimonio ante el Tribunal: "La cabeza me ofrecía dificultades para extraerla y creí no poder hacerlo con sólo el auxilio de la mano. Yo conocí al instante que la cabeza era más voluminosa que lo natural, pero no comprendía que fuese hidrocefálica. Hice presente al señor

La nursery del Instituto de Maternidad fue imponiendo su modelo a través del tiempo. Blancura como sinónimo de pureza e higiene desde la cuna: ésta fue la obsesión de los médicos de fines de siglo XIX.
Archivo General de la Nación, Departamento Fotografía.

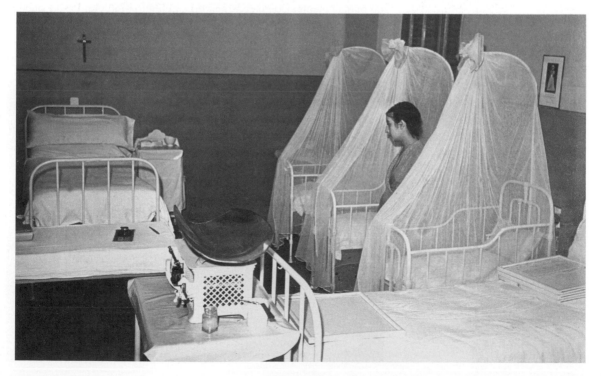

Irigoyen que el parto no podría terminarse por los solos esfuerzos de la naturaleza y que era urgente operar".[17] El parto finaliza con la aplicación de fórceps y el consiguiente hundimiento de los parietales del bebé, que muere en la intervención. El jurado vota por la absolución de Pascal, lo que determina la aparición de un libelo donde se denuncia ante la opinión pública el suceso. De ahí surge que la profesora había arribado al país por gestiones del gobierno argentino y había rendido su examen de reválida el 11 de mayo de 1827, con aprobación unánime del jurado del propio Tribunal de Medicina. Fue la primera obstetra que se acogió a la reglamentación que intentaba controlar el accionar de médicos, farmacéuticos y parteras extranjeros. En *La Crónica Política y Literaria de Buenos Aires*, del 22 de mayo de 1827, podía leerse: "Los profesionales que componen el Tribunal recomiendan a las señoras a esta benemérita profesional [la señora Pascal] felicitándolas al mismo tiempo por las grandes ventajas que va a reportar teniendo en sus partos a una persona de su mismo sexo y con sus conocimientos y maneras dulces las consuele y socorra en sus apuros".

La acusada de mala praxis fue absuelta porque el proceso atentaba contra el propio Tribunal, que, en primer lugar, había examinado y otorgado la reválida a la partera y en segundo término la había recomendado públicamente. Como contrapartida, el libelo dirá: "La Pascal quedará sumida en la oscuridad en que siempre ha vivido sin que la sentencia a su favor haya podido influir en su mísero destino, ni hacer que el público forme otro concepto de su ineptitud".[18] Sin embargo, dos años más

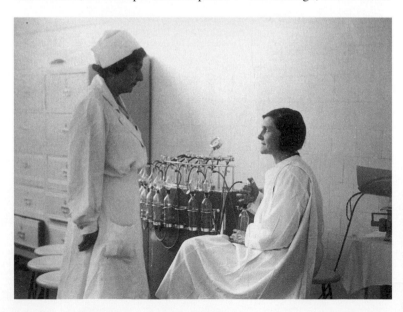

El amamantamiento, al igual que el parto, fue una materia sobre la que intervino la Medicina. Tan así es que, en el Lactario del Hospital de Clínicas, a fines de siglo se vendía el "excedente de las madres" a ocho pesos el litro.
Archivo General de la Nación, Departamento Fotografía.

Los manuales de puericultura proliferaron desde mediados del siglo XIX y "legislaron" sobre todas las cuestiones relacionadas con la crianza de los niños. No obstante, muchas mujeres continuaron con sus hábitos tradicionales de amamatamiento. Archivo General de la Nación, Departamento Fotografía.

tarde podrá leerse en el Almanaque de Comercio de la Ciudad de Buenos Aires el siguiente aviso: "Comadre Sage-femme, Verónica Pascal, calle Piedras 58".

Sobre el arte de partear

¿Qué era aquello que, por entonces, sabía el médico y desconocía la partera? En realidad, hasta mediados del siglo XIX el saber médico con respecto al parto no se diferenciaba demasiado del que poseía una partera avezada.

Por entonces, los tratados de obstetricia que llegaban al Río de la Plata y con los que estudiaban los aspirantes a cirujanos y médicos de la Facultad de Buenos Aires, hablaban de una serie de maniobras extractivas, en algunos casos probadas en escasísimas pacientes y que, sin dudas, motivaban tanto la imaginación, como las ansias de experimentación de los médicos vernáculos.

Provenientes de Francia, Italia y Alemania, los tratados de obstetricia daban cuenta de las diversas dificultades ante las que se veía un médico cirujano o partero dispuesto a "evacuar el útero" de la mujer. Ya en los siglos XVII y XVIII, los europeos habían intentado dar nuevos bríos a esta "rama de la ciencia", puesto que muchos de los conocimientos adquiridos habían sido dejados de lado por las prácticas oscurantistas impuestas durante la Edad Media.

En el siglo XIX, los alumnos de la Facultad de Ciencias Médicas de Buenos Aires encontraban en la bibliografía de la época una obstetricia ávida por experimentar ante aquel "parto no natural o difícil [...] en el cual el niño tiene dificultad para salir, aun cuando se presenta bien al pasaje, oponiéndose a la finalización de la obra de la Naturaleza, lo que resulta un largo parto".[19] La situación ponía a prueba las dotes de cualquier profesional: "Se puede ver que un partero, aunque experimentadísimo en el Arte, se halle a veces obligado a abandonar todo a la Naturaleza, lo cual con un resurgimiento ignoto realiza una especie de prodigio y después de 3, 4, 5, 6, o 7 días de dolores intermitentes, una mujer finalmente pare feliz".[20] El parto era entonces un horizonte nuevo, con más dudas que certezas, un espacio donde era posible plantar bandera y correr a contarlo. Pero como ante cualquier otro territorio indómito, los hombres embarcados en esta conquista se propusieron, en primer término, domesticar las fuerzas naturales que presentaban innumerables complicaciones. Y tantas eran las destrezas necesarias para lograr un triunfo en este terreno, que médicos, cirujanos y parteros las consideraban a la altura del talento artístico. Es por ello que hablaban del "arte de partear" (así como otros especialistas se referían al "arte de curar"). Y bajo esa mirada de superioridad, a veces declaradamente soberbia y otras de forzada condescendencia, advertirán que "si una joven se lisonjea con la esperanza de que va a ser madre, todo cuanto le anuncie la presencia de un *fetus* viable, la amenazará también con los peligros del momento en que debe expelerlo. Si por desgracia su pelvis no está bien conformada, el *fetus* es muy grande, mal situado o está muerto, la Naturaleza en vano agotará sus esfuerzos, ellos serán impotentes si no son ayudados por el Arte".[21]

Concretamente, una de las cuestiones que desvelaban a los "profesores" era cómo proceder en el parto donde el niño había muerto dentro del útero de su madre, caso bastante frecuente a juzgar por el espacio que se le dedica en los escritos de la época. Si esto ocurría, se realizaba la embriotomía, "una operación de las más horrorosas", que consistía en "desmembrar" a la criatura en el vientre materno utilizando diversas herramientas con forma de ganchos: "Es difícil concebir cómo se pueda desmembrar un *fetus* y sacarle a pedazos sin comprometer la vida de la mujer. Las que se han sujetado a esta cruel operación han sido víctimas de ella a poco después [...] Si alguna ha sobrevivido a esta operación puede decirse que ha sido por milagro".[22]

El primer y gran problema con el que debía lidiar un cirujano consistía en determinar si la criatura estaba viva o muerta. Para lograrlo, se guiaba por una serie de indicios bastante ambiguos: el color del líquido amniótico al romperse la bolsa de aguas, el estado del cordón umbilical si se presentaba en el canal de parto, la piel de la cabeza del feto. "Si es difícil constatar si la criatura está viva, no lo es menos el conocer si ella está muerta [...] La única señal característica de la muerte del *fetus* es, sin disputas, la putrefacción. [...] Nunca tendrá que arrepentirse de haber manejado una criatura muerta como si estuviera viva, en vez de que no habría consuelo de haber operado sobre un vivo como si estuviera muerto".[23] Resulta evidente que no era difícil equivocarse y que, a fin de concluir con un parto complicado, era frecuente proceder como si el niño estuviese muerto.

En las páginas de uno de los tratados de obstetricia que llegaron en el siglo XVIII a Buenos Aires, podía leerse el relato de esta pesadilla: "Se llevan [los ganchos] a los lados de la cabeza del feto y uno se esfuerza en hacerlos entrar en la oreja o donde se pueda para sacar la cabeza del niño; no pueden ser más perjudiciales para la madre pues a pesar de cual-

La sala de partos, con su clásica camilla horizontal, se impuso como la imagen del avance técnico en materia de partos. La mujer quedó despojada de su libertad para elegir en qué posición quería dar a luz.
Archivo General de la Nación, Departamento Fotografía.

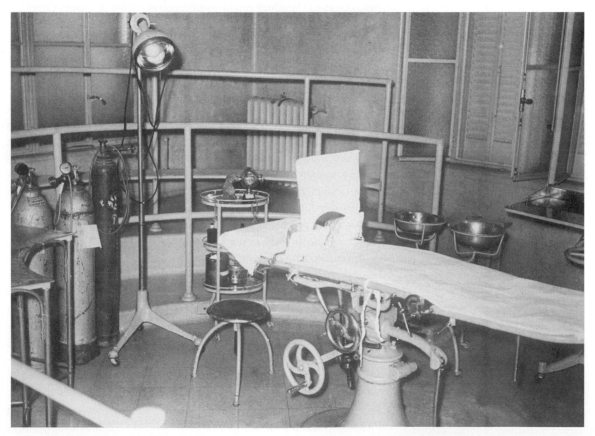

quier precaución que se tome para no ofender el útero y la vagina, es dificilísimo que no se escape el gancho del lugar donde estaba metido sin herir a la madre".[24]

A la embriotomía en casos extremos, se sumaron la cesárea y la sinfisiotomía, operación esta última que fue practicada por primera vez en 1768, en Francia, por José Sigault, quien "separa el pubis dos centímetros y medio para extraer al niño vivo. La madre queda con fístula urinaria, prolapso uterino y debe usar bastón por el resto de su vida".[25] A fines del siglo XVIII, en Europa, los partidarios de la cesárea y de la sinfisiotomía discutían sobre las bondades y las secuelas que dejaban una y otra operación.

En el siglo XIX, la discusión llegaba a Buenos Aires, donde ya se aceptaba la cesárea en mujeres vivas, impulsada por las ansias de experimentación utilizando como aval la experiencia europea al respecto.

En su tesis manuscrita de 1827, considerada la primera del país sobre obstetricia, el aspirante a médio y cirujano Mariano Martínez se ocupaba del tema. Martínez recomendaba que en casos de "suma estrechez pelviana", se debía "ensanchar la pelvis por medio de la simphisiotomía [sic] o extraer la criatura escindiendo el abdomen y la matriz por medio de la operación cesárea" y elegía esta última intervención porque, según su opinión, "ofrece un medio seguro de salvar siempre a la criatura y muchas veces a la madre".[26]

Lo cierto es que nadie estaba convencido, por entonces, sobre las probabilidades de éxito de la cesárea, que se realizaba exteriorizando el útero de la cavidad abdominal para, una vez que se extraían el feto y los anexos, restituirlo al abdomen. Con el tiempo se comprobó que muchas mujeres morían de peritonitis porque no se suturaba el útero y los loquios contaminaban la cavidad pelviana, en una época en que aún se desconocían los principios básicos de la asepsia. Finalmente se impusieron las voces que hablaban de la elevada mortalidad que la cesárea había provocado en su paso por Europa, y se dictaminó su fracaso.

En cuanto a las maniobras extractivas más simples, una enorme cantidad de fórmulas convivirán a lo largo de los siglos. La teoría de los parteros de fines del siglo XVIII seguía siendo que "si el niño está en buena situación interesa hacer despertar los dolores del parto que están adormecidos por medio de lavativas fuertes, los que irritarán el intestino, excitando estímulos capaces de facilitar la salida del niño".[27]

Una gran batería de sustancias terapéuticas fue utilizada para acelerar el parto: el cornezuelo de centeno, la ruda, la quinina, el azúcar, el succinato de amoníaco, la glicerina, el opio, la pirocarpina, la uva ursi, el salicilato de soda, el ácido salicílico, la cannabis índica, la canela y la pulsatilla. Al llegar el siglo XX, algunas habían comenzado a desecharse. La dilatación manual fue utilizada en todos los tiempos pero, hasta que la asepsia no se transformó en un postulado, producía infecciones mortales. Para ejecutarla, el partero debía introducir uno a uno los dedos en la vagina de la parturienta, hasta lograr que la mano entera ejerciera su presión en el cuello uterino. A principios del siglo XX, el doctor Samuel Gache, director de la Maternidad del Hospital Rawson, declarará: "Lo mismo que se dice del dedo como instrumento para estimar la capacidad de las pelvis puede decirse de él como recurso para dilatar el cuello uterino: es dulce, inteligente y por él se reconoce lo que se toca y se siente, lo que no se obtiene con otro aparato".[28] La ducha uterina fue otra de las técnicas utilizadas para excitar las contracciones. Sin embargo, el método no estaba exento de críticas. "Como ya han señalado algunos doctores, no hay nada benéfico en pasar centenares de litros de agua caliente, durante días y noches, en las vaginas de mujeres con pelvis estrecha, en las que se proponía provocar el parto porque no se ha logrado despertar ni una sola contracción", afirmará el propio Gache y dirá que para el célebre obstetra francés Pinard el éxito del método radicaba no en la temperatura del agua, sino en "la fuerza del chorro y el traumatismo que éste determina". Por eso, en 1846, aconsejaba inyectar en el cuello del útero un chorro de agua a 38 grados durante diez o quince minutos y repetirlo durante tres o cuatro veces al día para provocar contracciones.

El capítulo sobre los objetos duros que la obstetricia introdujo en la vagina a fin de acelerar el parto o concluirlo, es muy extenso y, sin duda, aterrador. Hay quienes aconsejaron el uso de sondas elásticas para desprender las membranas de la cavidad uterina, un método que provocaba infecciones y hemorragias y que también fue utilizado en las prácticas abortivas (incluso en la actualidad).

.Diferentes modelos de globos dilatadores fueron incorporándose a lo largo de los siglos XIX y XX. Con infinidad de tallos metálicos, ramas, hilos y tamaños, resultaban abrumadores para el propio obstetra: "Se diría que las principales naciones hubieran establecido un concurso para dotar a la Obstetricia de uno siempre mejor", dirá el citado doctor Gache.

El uso de fórceps será, a través de la historia, objeto de una infinita polémica. Mientras algunos parteros los aceptarán únicamente para ejercer palanca sobre el cuello del útero, los más arriesgados los propondrán como un vehículo para hacer descender la cabeza del bebé y, por eso mismo, los introducirán dentro del útero hasta el llamado "estrecho superior". Aún en el siglo XX, se continuará discutiendo sobre el modo de aplicación. En Buenos Aires, el doctor Juan Carlos Llames Massini, director de la Maternidad del Hospital Fernández, famoso por sus inter-

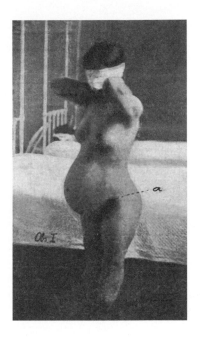

Para la Medicina, el cuerpo preñado se convirtió en materia y la embarazada perdió su individualidad. La letra "a" indica la cicatriz de una antigua operación cesárea.
La Semana Médica, 27 de noviembre de 1919, año XXVI, nº 48.

venciones a fin de profesionalizar el gremio de parteras, será uno de sus defensores, pero dejará en claro que "el fórceps en el estrecho superior es de muy difícil empleo y se convierte en instrumento mortífero para el hijo y para la madre si no es guiado por una mano hábil y maestra". Según su opinión, también contaban las emociones del partero: "la serenidad suficiente y el carácter indispensable para dominar sus entusiasmos al hacer las tracciones y reprimir sus impulsos de ira, su vanidad y su amor propio en presencia del caso en que por error hiciera una aplicación del fórceps cuando no estuviera indicada. Un espíritu empecinado se obstina en repetir las tracciones haciéndolas cada vez más y más enérgicas, recurriendo a la ayuda de los asistentes, tomando puntos de apoyo. Y por fin el parto se termina, pero se extrae un niño con hundimiento y fractura de los parietales, dejando a la madre con desgarraduras y contusiones".[29]

Las enfermas de parto

Tampoco el sistema sanitario de las primeras décadas del siglo XIX fue un aliado eficaz a la hora en que los médicos necesitaron establecer las diferencias con las prácticas de las parteras. De hecho, no había avanzado lo suficiente como para garantizar seguridades que no poseyera cualquier mujer en una situación de parto domiciliario. Peor aún: los hospitales eran para las parturientas y las puérparas una fuente de contagio de enfermedades infecciosas, antesala de la muerte.

Desde que comenzó a funcionar en 1774, el primer Hospital de Mujeres tuvo expresamente prohibida la atención de mujeres en "estado grávido puerperal". Recién en 1822 se establece el "Arreglo de la Medicina", donde se dispone, entre otras cuestiones, de tres camas sobre el total de ochenta y ocho que tenía por entonces el Hospital de Mujeres, para "las enfermas de parto".[30] Tres décadas más tarde se estableció la primera sala de Maternidad, con ocho camas exclusivamente reservadas para partos. Tal como recordará años más tarde Cecilia Grierson en su tesis de graduación, se trataba de "un hospital antihigiénico, un local estrecho y sobre todo un suelo infecto, donde una atmósfera septígena complica las más leves heridas y compromete las curaciones más elementales, y después las deficiencias del nuevo Hospital Rivadavia que recibe en su recinto atacadas de fiebre tifoidea y puerperales".[31]

Hacia fines de siglo XIX, los médicos argentinos adhirieron a la corriente del higienismo, emparentando el combate de las enfermedades con el desarrollo de la salud pública y la asistencia social. De este matrimonio surgió el impulso definitivo para consolidar a la medicina como poder, apoyado en un Estado convencido de la necesidad de poblar higiénicamente el país.

Como resultado de este nuevo impulso, por medio de la oficina de la Asistencia Pública se fueron incorporando salas de Maternidad en diferentes hospitales. Según un informe del doctor Llames Massini, la creación de la Maternidad del Hospital Fernández en 1912 venía a solucionar el problema de que los partos se hicieran "de tarde en tarde, en las distintas salas del hospital [...] De esta manera las parturientas serán asistidas por un personal dedicado exclusivamente a la obstetricia y las puérparas se hallarían alejadas de los contagios sépticos, propios de las salas donde se curan enfermedades de toda índole".[32] Esta Maternidad incluyó un servicio de Partos de Urgencia que asistía a la mujer en trabajo de parto en su propio domicilio, y se contaba con la posibilidad de traslado. "Bien pronto el público tuvo noticias de la nueva Maternidad –señalará Llames Massini–, las ambulancias de primeros auxilios, las comisarías de policía y aun los particulares del vecindario, comenzaron a llevar enfermas que después de haber agotado en sus casas todos los medios a su alcance, requerían la intervención médica para terminar el parto". Según su relato, también comenzaron a llegar parturientas de "parroquias lejanas" y hasta de "los pueblos más alejados de la provincia de Buenos Aires". Es interesante detenerse en el párrafo donde se refiere a la manera en que se establece la consulta hospitalaria de urgen-

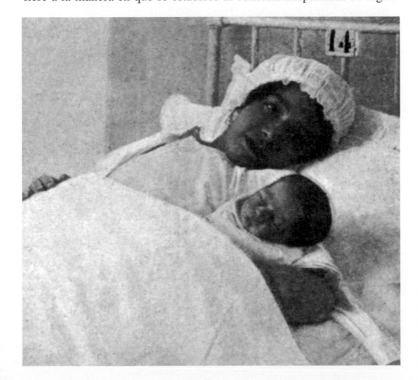

Un número en la cabecera y otro para la historia clínica, cofia y camisolín y una pose que inmortalice el éxito ante una intervención complicada.
La Semana Médica, 27 de noviembre de 1919, año XXVI, N° 48.

cia: "En el humilde hogar, la presencia de la mujer en la casa es indispensable para los quehaceres domésticos y el cuidado de sus hijos. Ella espera el acontecimiento del parto como un proceso natural y fisiológico [...] Hay unas que esperan el primer dolor para dirigirse al hospital y las otras tienen resuelto pasar el duro trance en sus casas. Y son éstas, precisamente, las que, sorprendidas por una complicación, solicitan el auxilio de la Asistencia Pública, no sin antes haber ensayado el recurso de médicos y parteras particulares que no siempre consiguen obtener el éxito anhelado".[33]

En otra crónica, publicada en *La Semana Médica* en 1916, se describe el proceso en que la mujer al borde del parto es convertida en una paciente por medio de una serie de maniobras (vigentes en nuestros días): "Toda embarazada que cae en trabajo de parto es sometida, antes de su ingreso a la sala, a un enema evacuante y a un baño tibio de lluvia; provista solamente de una camisa larga es llevada a la sala de partos que le corresponda donde se le practica una desinfección prolija de sus órganos genitales externos y regiones vecinas".[34]

Caer en trabajo de parto, someterse a un enema, ser despojada de la ropa y aseada como un niño: dentro del ámbito hospitalario la parturienta fue transformada en un cuerpo manejable, silente, atemorizado y entregado a la práctica médica. Fue considerada una "enferma" más, aunque su salud fuera óptima.

Una mirada hacia el cuerpo extraño

Con la medicalización del parto, el inmenso poder salvador del médico y su ciencia inscribió una mirada particular en este cuerpo que le era ajeno y amenazante. En 1864, por tomar sólo un ejemplo, el doctor Francisco J. Muñiz elabora una tesis sobre el parto de una paciente internada en el Hospital de Mujeres. El desinterés por preservar el derecho a la privacidad de su paciente se evidencia desde las primeras líneas: "Tránsito Araya, de 18 años de edad, natural de Cañuelas, de 1,53 metros de talla, bien constituida, de temperamento sanguíneo, reglada a los 14 años, sus menstruos se presentaron regularmente" y, sobre el final del texto: "Tránsito Araya vive en Plaza Independencia 258".

La tesis se regodea en la descripción de las "desgarraduras de los grandes labios" y las "singulares anomalías" que presenta la paciente, calificadas por Muñiz como "ridículo bosquejo" y "grotesco orificio" vaginal. El propio médico debe dedicar un párrafo a limpiar su conciencia: "No entiende esta historia otro carácter que el de una nueva información sobre un hecho raro en los fastos obstétricos y de singular curiosidad. Se me permitirán, por ello, ciertos detalles de descripción inconducentes o inútiles tal vez". Infinidad de médicos, especialistas y practicantes "reconocieron a la enferma a su satisfacción, tanto exterior como interiormente, con los instrumentos y demás medios que el Arte posee".[35]

Cuando "la Araya" –tal la fórmula con que se refiere Muñiz a la parturienta– entra en trabajo de parto, se le aplican fórceps, una "maniobra que por un tiempo fue indecisa o más bien desconsoladora", al decir del médico. El niño nace con hematomas "del tamaño de un huevo" –producidos por la palanca del fórceps sobre ambos parietales– y es enviado a los dos días de nacer a la Casa de Expósitos, lo que indica que la mujer era madre soltera. Luego de un mes de doloroso postoperatorio, la intervención es catalogada como un éxito rotundo.

Bajo el florido lenguaje científico, se adivina en las reflexiones que comparte un especialista con sus camaradas la permanente tensión originada en esa vocación por encauzar al cuerpo femenino, que se presenta, ante los ojos del médico, pleno de misterios que deben ser hurgados. La aberrante experimentación en el cuerpo femenino en estado de parto, fue sin embargo moneda corriente a principios del siglo XX, cuando incluso algunos médicos vieron con verdadero espanto "el torbellino quirúrgico que convulsiona a la obstetricia contemporánea".[36]

El discurso médico logró desplazar de sus relatos al sujeto. Así, "la Araya" pasó a ser la "enferma de parto" y, en el peor de los casos, un útero preñado que ocupó el sitio de la mujer en parto y cuya resistencia logró desatar la ira y la frustración del médico, tal como señalaba Massini.

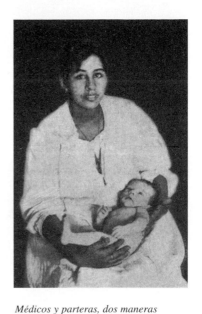

Médicos y parteras, dos maneras opuestas de concebir el parto en una historia inscripta en la vida privada de la mujer como madre.
La Semana Médica, 27 de noviembre de 1919, año XXVI, Nº 48.

Al irrumpir el poder médico, las mujeres "que parteaban" no estaban en condiciones de resolver las cuestiones complejas del parto. De hecho, sólo las más experimentadas utilizaban fórceps y ninguna realizaba *motu proprio* las llamadas "maniobras extractivas internas", es decir: manipulación del útero, incisiones abdominales, suturas o exteriorización de órganos. Esta división del trabajo se mantendrá en adelante como una barrera infranqueable.

Sin embargo, se puede decir a favor de las parteras que no fueron ellas las que se montaron sobre el discurso ejemplificador de lo que debía hacerse, ni quienes, asentadas sobre el poder de las instituciones y el discurso científico, experimentaron con el cuerpo de las mujeres.

Lo cierto es que aún en los primeros años del siglo XX, a pesar del auge de las maternidades, una gran mayoría de mujeres parían en su casa, asistidas por comadronas de barrio, que estaban al alcance de la mano y cobraban honorarios accesibles. Otra opción con la que empezaron a contar las mujeres que disponían del dinero para pagarla, fueron las

El gremio de parteras

primeras "pensiones de maternidad", diseminadas por los barrios y comandadas por parteras matriculadas que publicitaban sus servicios en los periódicos.

Paralelamente al trabajo de unas y otras, se comenzó a desarrollar un proceso impulsado por los médicos del higienismo y ejecutado por un grupo de egresadas de la Escuela de Parteras de la Facultad de Medicina, quienes habían entendido que para trabajar con dignidad debían consolidarse institucionalmente. Para ello estuvieron dispuestas a dejarse abrigar bajo el ala docta para distanciarse de las "ilegales", a quienes se atacará sistemáticamente desde el discurso y el accionar médico.

Impulsadas por la consigna de profesionalizar el oficio, este grupo de parteras egresadas de "la [escuela] más descollante de América",[37] se agruparon en la Asociación Obstétrica Nacional, fundada en 1902, cuya presidenta honoraria y *alma mater* fue la doctora Cecilia Grierson. Exámenes de ingreso, un ciclo de preparatoria, cursos de puericultura y enfermería y un año de prácticas hospitalarias fueron suficientes para dejar atrás el legado ancestral y luchar por una matrícula "profesional, uniforme y obligatoria". Aumentar el número de inscriptas en la Asociación Obstétrica fue el primer objetivo de las damas que se proponían profesionalizar el oficio. Sin embargo, los resultados se hicieron esperar. En 1915, se dirá que "en la actualidad [las que están asociadas] son apenas 150 en la Capital Federal y 25 en las provincias sobre un total que calculo en alrededor de 500 en la Capital y entre 400 y 600 en las provincias, lo que daría un total entre 1000 o 1500 parteras diseminadas por todo el país".[38]

En una carta fechada el 9 de diciembre de 1902, dirigida a la doctora Cecilia Grierson en su cargo de la Asociación Obstétrica y firmada por "varias damas diamantinas que confían en usted", se solicita "quiera llenar con su influencia y buenos oficios, un vacío altamente sentido en esta localidad. Esto es: el envío de una partera recibida, pues nos vemos obligadas a entregarnos en manos de aficionadas ineptas y pretenciosas que están en nuestras vidas y en nuestros tiernos bebés".[39]

El proceso de profesionalización de las parteras llevó varias décadas porque, entre otras cuestiones, el Estado no fue eficiente a la hora de legislar y hacer cumplir las ordenanzas: "El Departamento Nacional de Higiene [creado en 1891] no sólo no ayuda, sino que ni siquiera puede perseguir y castigar a las parteras delincuentes. Basta con un dato: en el año 1914, el número de parteras apercibidas fue de 20 y sólo 4 fueron multadas".[40] Por otra parte, es indudable que la relación entre las parteras aglutinadas en la Asociación Obstétrica y el poder médico fue de mutua conveniencia. A la Asociación llegaban los jefes de los servicios de Maternidad de los diversos hospitales a dar conferencias y el material era reproducido por la *Revista Obstétrica*, publicada por la institución desde 1903. En todos los casos, los médicos señalaban a las parteras el lugar subisidiario del accionar médico que se les asignaba en este nuevo orden y dejando en claro que a las disidentes se las acusaría de "ilegales", término que muy pronto fue sinónimo de "abortistas". Sin embargo, el aborto se realizaba desde la época de la Colonia, tan en silencio y en la trastienda como cualquier parto.

Si se tiene en cuenta la escasa adhesión con la que contó, en un principio, la Asociación Obstétrica de 1902 y las modalidades que siguieron vigentes a espaldas del saber médico, se puede deducir que muchas parteras no matriculadas siguieron realizando partos y abortos. Sin embargo, es posible que, con el tiempo, las excluidas se dedicaran a estos últimos en forma exclusiva. A ellas apuntó el poder médico del 900 y su afán poblador, a fin de separar las aguas y culpabilizarlas por no acatar el nuevo orden moral, acusándolas de cometer "numerosísimos actos delictuosos, sustituyendo a Dios en la fabricación de ángeles",[41] y de "vivir su vida a expensas de la muerte, realizando el delito a domicilio, en consultorios o en casas de pensión para embarazadas, rincones que destilan olor a muerte desde sus umbrales".[42]

Las porteñas del siglo XX inauguraban una nueva manera de dar a luz, en maternidades, con métodos y medicamentos que probaban su eficacia en forma directa sobre los cuerpos. Definitivamente quedaba atrás una historia de intimidades compartidas en el mundo privado.

Notas

1   Llames Massini, Juan Carlos, "La partera de Buenos Aires y la Escuela de Parteras", Buenos Aires, 1915. Citado en Guerrino, Antonio, "El proceso a Verónica Pascal, partera de Buenos Aires, en 1828", *Orientación Médica*, n° 985, 1972.

2   Ídem, "Estadísticas correspondientes a los años 1914 y 1915, Maternidad del Hospital Fernández", *La Semana Médica*, n° 28, Buenos Aires, 13/7/1916.

3   Se tomaron como base los procesos descritos por el historiador uruguayo José Pedro Barrán en *Historia de la sensibilidad en el Uruguay* y en *Medicina y sociedad en el Uruguay del Novecientos*, Ediciones de la Banda Oriental, 1989 y 1995, respectivamente. Allí se señala que "el poder médico del novecientos fue también un poder de clase, de género y cultural, por estar inmerso en una sociedad dividida ostensiblemente en clases, géneros y por la cultura".

4   Giberti, Eva, "Parir y nacer", *Escuela para Padres*, Página/12, 1999.

5   Grierson Cecilia, "La historia de las obstétricas", *Revista de Obstetricia*, Buenos Aires, 1903.

6   Ibídem.

7   Cerdá Rodríguez, Joselín, "Evolución histórica del parto y la psicoprofilaxis", *Revista de Obstetricia y Ginecología Latinoamericana*, marzo y abril de 1964.

8   En *Los médicos*, colección "La Vida de Nuestro Pueblo", Centro Editor de América Latina, Buenos Aires, 1982.

9   Ibídem.

10 Legnani, Mateo, "Proyectos de Higiene", 1922, citado en Barrán, José Pedro, ob. cit., tomo I, pág. 34.

11 Coni, Emilio, *La mortalidad infantil en la ciudad de Buenos Aires*, Imprenta Coni, Buenos Aires, 1879.

12 Tanaron, Pedro Pablo (Venecia, 1775), citado en Lede, Roberto, "La resolución del parto distócico según un enfoque de 1775", Facultad de Medicina, Buenos Aires, 1980.

13 Citado en Alonso, Aurelia, "Nociones sobre el cuidado de los niños aparecidas en el Semanario de Agricultura, Industria y Comercio", *La Prensa Médica Argentina*, n° 39, 1940.

14 *La Abeja Argentina*, n° 15, citado en García Belsunce, C., *Buenos Aires, 1800-1830. Salud y delito*, Emecé, Buenos Aires, 1977.

15 Archivo General de la Nación, IX, 3.8.1, citado en García Belsunce, C., ob. cit.

16 Basta detenerse en los libelos publicados alrededor de 1820 y distribuidos en la aldea en forma anónima que se conservan en el Archivo General de la Nación (IX, 6.2.2).

17 "Breves consideraciones sobre el juicio formado a Madama Pascal", Imprenta Argentina, Buenos Aires, 1828, folleto firmado por "unos alumnos de la Escuela de Medicina", citado en Guerrino, Antonio, ob. cit.

18 Ibídem.

19 Tanaron, Pedro Pablo, cit.

20 Martínez, Mariano, "Tesis sostenida por Don Mariano Martínez para obtener el grado de doctor en Cirugía de la Universidad de Buenos Aires en el año 1827", manuscrito, Facultad de Medicina, UBA.

21 Tanaron, Pedro Pablo, cit.

22 Martínez, Mariano, ob. cit.

23 Ibídem.

24 Tanaron, Pedro Pablo, cit.

25 D`Angelo, Alberto, "Historia de la operación cesarea, anécdotas y leyendas", tesis, Facultad de Medicina, Buenos Aires, abril de 1981.

26 Martínez, Mariano, ob. cit.

27 Tanaron, Pedro Pablo, cit.

28 Gache, Samuel, "Medios para provocar y acelerar el parto", *Revista Obstétrica*, tomo I, 1903.

29 Llames Massini, Juan Carlos, "Consideración sobre la aplicación de fórceps en el estrecho superior", *La Semana Médica*, Buenos Aires, 16/11/1916.

30 Lijtenstein, Bernardo, "Historia de la obstetricia en la Argentina, desde la época colonial hasta 1965", tesis, Facultad de Medicina, Buenos Aires, 1981.

31 Grierson, Cecilia, "Histero-ovariotomías efectuadas en el Hospital de Mujeres, desde 1883 a 1889", tesis, Facultad de Medicina, Buenos Aires, 1889. Cabe recordar que recién en 1879, con los trabajos de Ignacio Semmelweiss y los descubrimientos de Pasteur de los "infinitamente pequeños", se logró aislar el primer estreptococo, precisamente en una mujer muerta por endometritis puerperal. Lister demostrará ante los miembros de la Asociación Británica de Medicina cómo vencer una infección combinando la acción del calor para esterilizar los instrumentos y la de un antiséptico para combatir las infecciones declaradas.

32 Llames Massini, Juan Carlos, "Estadísticas...", ob. cit.

33 Ibídem.

34 Fernández, Ubaldo, "La asistencia del parto en la Clínica Obstétrica Ginecológica del Hospital Alvear", *La Semana Médica*, Buenos Aires, 28/9/1916.

35 Muñiz, Francisco, "Extracción forzada de un feto casi a término, la pelvis de la madre viciada en los pubis", tesis, Facultad de Medicina, Imprenta Coni, Buenos Aires, 1864.

36 Llames Massini, "Consideración...", ob. cit.

37 Ibídem.

38 Llames Massini, Juan Carlos, citado en Beruti, Josué, en "Nuestro gremio de parteras", *La Semana Médica*, Buenos Aires, 6/1/1916.

39 *Revista Obstétrica*, n° 1, 1903.

40 Beruti, Josué, ob. cit.

41 Llames Massini, Juan Carlos, citado en Beruti, Josué, ob. cit.

42 Bottaro, L., "Profilaxis del aborto criminal", *La Semana Médica*, Buenos Aires, 30/11/1916.

Maternidad, cuestión social y perspectiva católica
Tucumán, fines del siglo XIX

María Celia Bravo
Alejandra Landaburu

A fines de siglo XIX, la Iglesia reformuló su concepción de la maternidad. Esta noción constituyó un eje central en su argumentación contra la secularización impulsada por los liberales y en sus propuestas de reforma social. En el desarrollo de estas controversias se observan las ambigüedades del discurso católico respecto de la función e importancia social de la maternidad y la intensa influencia del mismo en las argumentaciones sustentadas por los liberales. La consideración de estos tópicos adoptó modalidades específicas en la sociedad tucumana, impregnada por valores tradicionales y, al mismo tiempo, sujeta a profundas transformaciones sociales generadas por la especialización azucarera.

La tradición católica consideró al sexo una fuente de perversiones y vicios. Se escindía al ser humano en dos dimensiones antagónicas: espíritu y cuerpo.[1] El primero conducía a la salvación, el segundo era la vía del pecado. De ahí el desprecio por la corporalidad, vehículo hacia los excesos y el aprecio a los ideales de moderación y continencia.[2] Castidad e indisolubilidad del matrimonio fueron tópicos fundadores del ordenamiento social propuesto por el discurso canónico. En torno a ellos se delimitaron comportamientos nítidamente diferenciados en función de los sexos. El contacto sexual suponía la disposición al pecado y sólo era tolerable en el seno del matrimonio por su función reproductora.

El valor de la virginidad, entendida como superioridad moral, cristalizó en la figura de María, virgen perpetua, cuya imagen resumía una concepción de la castidad y maternidad cristianas. Se asociaban en ella

Revitalización del culto mariano y avance de la secularización en Tucumán

La Iglesia configuró un modelo homogéneo y totalizador de la "maternidad católica" fundado en la "fortaleza moral" y el sacrificio. Las necesidades de las mujeres se eclipsaban ante los deberes de la madre. Archivo gráfico del Museo Casa Histórica de la Independencia.

dos nociones contradictorias: virginidad y maternidad. María reparaba la caída de Eva y rehabilitaba a la mujer como portadora de una misión social en el hogar. La literatura católica del siglo XIX dirigida a la grey femenina destacaba que "María es el modelo de la *virgen*, cuando ostenta su virginidad inmaculada; lo es de la esposa cuando muestra su castidad, su ternura conyugal; lo es de la madre cuando cría a Jesús con sus divinos pechos [...] María es el modelo perfecto de la mujer considerada en todos sus estados".[3]

El culto mariano, de larga tradición en la Iglesia, fue revitalizado a mediados del siglo XIX, resaltando las cualidades definitorias de lo "femenino": castidad, piedad, abnegación y dulzura. La promulgación de los dogmas de la Asunción de María (1850) y de la Inmaculada Concepción (1854), revelan la determinación de impulsar la devoción a la virgen asignando un nuevo sentido al rol social de la mujer. Así, la Iglesia construyó un espacio que exaltaba la "fortaleza espiritual" de la mujer en cuanto madre. Como "forjadora de costumbres", su función era relevante, al proporcionar al niño la primera formación religiosa que actuaba como "correctivo moral" en una sociedad "corrompida" por la secularización.

El descubrimiento de la función del óvulo en la fecundación impulsó una serie de conclusiones sobre el papel del cuerpo femenino, afianzando la suposición de la pasividad sexual de la mujer, que, a diferencia de los hombres, no necesitaba del estímulo erótico para concebir.[4] Tal percepción presentaba una curiosa analogía con un potente elemento de la cultura católica, la "maternidad virginal", que parecía confirmarse en las proyecciones morales derivadas de los descubrimientos de la medicina, reforzando el ideal de castidad materna sustentado por la Iglesia.

La lucha contra la secularización fue central en la acción eclesiástica en el siglo XIX. En la Argentina, como en otras naciones, el desarrollo del liberalismo relegó las creencias y prácticas religiosas al ámbito privado, que era considerado el lugar específico de la mujer. El imaginario liberal definía el ordenamiento de la sociedad como "una esfera por cuyo centro pasa una línea que la divide en dos mitades. Una mitad es la sociedad pública; otra mitad es la sociedad íntima. El hombre ocupa la primera, la mujer la segunda".[5] Esta representación de los roles sociales influyó en las prácticas religiosas; los hombres manifestaban mayor indiferencia, mientras las mujeres mantenían su fe viva e inalterable.

La derrota de las concepciones católicas en el plano político revelaba, según José Manuel Estrada, su más notorio defensor, la indiferencia religiosa masculina. La elite tucumana siguió tales parámetros al negarle su apoyo al proyecto de formar una fuerza política de signo confesio-

En el siglo XIX la Iglesia impulsó una prédica pastoral destinada a revitalizar el culto a la virgen María, que alcanzó más relevancia entre las mujeres que entre los hombres y reformuló los valores atribuidos a la maternidad para resignificar la imagen de la mujer católica.
Mural en la iglesia Nuestra Señora de la Merced, Corrientes. Archivo de la editorial.

nal.[6] Refiriéndose a Estrada, la prensa liberal de la provincia afirmaba: "este señor no se cansa de pregonar el indiferentismo religioso que predomina en Tucumán [...] una cosa es el catolicismo y otra el clericalismo o ultramontanismo, una cosa es el sentimiento religioso en toda su pureza y otra es su explotación con miras profanas, sacando a las creencias de su esfera propia para llevarlas a mancillarse en las luchas políticas".[7]

Pero la singularidad de la controversia en torno a las leyes laicas residió en la intervención de la mujer. En Tucumán elevaron un petitorio al Congreso Nacional apoyando la postura de la Iglesia, iniciativa descalificada por padres y maridos que, en carta al parlamento, solicitaban: "en cumplimiento de las leyes y por el respeto debido a la autoridad paterna y a la tutela del marido, a quien debe obediencia y sumisión la mujer, no admita el congreso las peticiones elevadas por menores de edad [...] niñas alucinadas por confesores o predicadores sin escrúpulos, que en todo caso están bajo la patria potestad y por esposas que por ignorancia o malas sugestiones, han ejecutado actos de voluntad independientes, sin pedir la venia y autorización a sus esposos".[8] La inhabilidad política y civil anulaba la eficacia del aporte femenino a la causa católica. Fiel al modelo tradicional de mujer, la Iglesia apeló a la influencia femenina para modificar las decisiones de padres, esposos, y hermanos. El

La formación religiosa de las mujeres constituía un aspecto central para la edificación de su moral, porque se consideraba que era el medio más eficaz para inculcar arquetipos femeninos signados por la virtud y el sacrificio.
Niñas tomando la comunión. Archivo gráfico de la Congregación de las Hermanas Dominicas de Tucumán.

La teología católica otorgó un valor superlativo a la virginidad, entendida como "superioridad" moral. Las mujeres, especialmente las jóvenes, fueron las destinatarias de este mensaje, que coincidía con los postulados liberales.
Archivo gráfico del Museo Casa Histórica de la Independencia.

dirigente católico José Fierro recordaba: "cuando se instaló la masonería en Tucumán, un señor muy expectable se dejó seducir y asistió a las primeras reuniones, de donde le arrancó su esposa".[9]

Este intento de apoyarse en la ascendencia femenina fue motivo de burlas frecuentes de la prensa liberal. El diario *La Razón* señalaba: "la mujer tucumana (salvo honrosas excepciones) tiene un clérigo donde las demás tienen el corazón".[10] Pero ambos, liberales e Iglesia, coincidían en el ideal de la mujer virtuosa. Primer deber de las jóvenes era conservar su virginidad hasta el matrimonio, aunque la exigencia obedeciera a diferentes consideraciones. Mientras que la teología católica la consideraba una evidencia de la fortaleza espiritual, para los liberales, según una metáfora derivada del mundo mercantil, la honra constituía el principal patrimonio de las mujeres. Se trataba de una "propiedad de tal importancia, que cuando ha sido enajenada o arrebatada, cuando ese capital ha sido gastado o destruido, no hay nada, absolutamente nada en todo el universo que pueda reemplazarlo".[11] A partir de consideraciones como ésta se estimulaba la formación religiosa femenina, en tanto se la consideraba un antídoto eficaz para preservar la castidad.

La Iglesia respondió a los embates anticlericales promoviendo manifestaciones de devoción públicas, tales como la asistencia a misas, procesiones y peregrinaciones. La presencia femenina en la "Sociedad de Beneficencia", la sociedad de "San Vicente de Paul" y otras organizaciones piadosas revelaba que las mujeres eran más propensas a acompañar esta propuesta de la institución religiosa. En ese marco, la Iglesia reformuló su discurso para vigorizar la influencia femenina en el orden social. Enfatizó el rol de la mujer como redentora moral y su "natural" disposición para la acción caritativa y la filantropía, que revelaban su innata inclinación al "heroísmo", manifestado y consumado en el silencio del hogar. Pero los alcances de la nueva función de la mujer católica trascendían el ámbito doméstico, en tanto consideraban que a través de la labor femenina "subsiste o se hunde una sociedad".[12]

La definición de los contenidos y alcances de la educación femenina fue muy debatida. La formación debía ser esencialmente cristiana y diferenciada según el sexo. Y, aunque la instrucción de las niñas debía incorporar los avances de las artes y las ciencias, los conocimientos debían impartirse con cuidado para "evitar las excentricidades de la imaginación y para respetar la naturaleza y simplicidad femenina".[13] La mayoría de los escritos católicos sobre educación eran fieles a la función "natural" femenina, la maternidad, y aunque reconocían que la instrucción debía ser sólida, la misma no debía desatender este objetivo prioritario.

El modelo de "mujer-madre" propuesto por el catolicismo complementaba la delimitación social de los roles establecida en el derecho liberal; mientras éste consolidaba la autoridad paterna, la exaltación de la maternidad debilitaba, desde la perspectiva afectiva, la función masculina en el ámbito familiar.[14] Esta distribución asimétrica y sexista de la "sensibilidad" fortalecía los arquetipos familiares. Revistas literarias –como *El Porvenir*, de Tucumán– sostenían que el objetivo de la educación femenina era "encaminar y dirigir el innato sentimiento del amor materno",[15] coincidiendo con los preceptos de la Iglesia. Sus exhortaciones contribuyeron, sin embargo, a "naturalizar" esta función y desvalorizarla como práctica social, lo que consolidó la exclusión de las mujeres del espacio público.

La proletarización y miseria crecientes de gran parte de la población europea a mediados del siglo XIX, los conflictos obreros, la difusión del socialismo y del anarquismo, impulsaron a la Iglesia a una consideración integral de los problemas sociales en la encíclica *Rerum Novarum* (1891). Su divulgación consolidó al "catolicismo social" en el ámbito internacional. El movimiento asociaba las nociones de solidaridad y fraternidad con la ética cristiana, para construir una sociedad basada en el equilibrio y la armonía. Se recuperaban las ideas corporativas para neutralizar el individualismo de las concepciones liberales que habían impedido la colaboración entre los distintos sectores sociales. Para ello se proponía conformar organizaciones integradas por patrones y empleados, donde se resolverían las cuestiones conflictivas mediante la conciliación.

*"Cuestión social"
y maternidad
desde la perspectiva católica*

En Tucumán, la Constitución Sinodal de 1905 establecía que, "contra la indiferencia de los tiempos presentes", se debía mantener y fomentar el culto de la Inmaculada Concepción. Procesión en un pueblo del interior de la provincia de Tucumán. Archivo gráfico de la Congregación de las Hermanas Dominicas de Tucumán.

Este modelo se oponía a la concepción liberal positivista que ignoraba el rol de las corporaciones obreras y enfatizaba el poder de los Estados para modelar la sociedad civil en función de los intereses nacionales. Para el catolicismo, esta intromisión revelaba "la omnipotencia del Estado, en cuyas manos personas, asociaciones y la familia misma no serían más que instrumentos y títeres de este poder anónimo, el más temible de todos".[16] Al individualismo liberal y al poder estatal, el catolicismo social oponía la capacidad de la sociedad civil que, por medio de sus organizaciones, debía promover una legislación social para mejorar la situación de los trabajadores. Como respuesta a la lucha de clases impulsada por el socialismo, el corporativismo cristiano intentaba unir a patrones y obreros apelando a la compasión y la cooperación, que debían regir en las organizaciones mediadoras entre el individuo y el Estado.

En la Argentina se había conformado un sector obrero que, hacia fines de siglo, manifestó su protesta ante las duras condiciones de trabajo y la degradación de las condiciones de vida mediante una escalada de huelgas. El malestar de los trabajadores adquirió consistencia política en la acción de socialistas y anarquistas. La creciente conflictividad social favoreció la emergencia de un debate, la "cuestión social", que involucró a la Iglesia, a reparticiones estatales (los Departamentos de Trabajo y de Higiene), legisladores, partidos y corrientes políticas.

Desde mediados del siglo XIX, Tucumán experimentaba un acelerado crecimiento de la actividad azucarera. Los treinta y seis ingenios de la provincia empleaban 27.607 trabajadores, cifra que incluye tanto a los permanentes como a los temporarios.[17] La agroindustria ocupaba, además, alrededor de 80.000 peones en épocas de zafra, si se computaba a los jornaleros de las fincas cañeras.[18] Hasta 1896, el régimen laboral estaba pautado por la Ley de Conchabos de 1888, que legalizaba la coacción sobre la fuerza de trabajo. Ese año, una intensa crisis de sobreproducción afectó la actividad azucarera. Entre 1896 y 1900 se cerraron siete ingenios, y tres suspendieron la molienda por tres años, centenares de pequeños cañeros se arruinaron y los salarios de los trabajadores descendieron. La intensificación del malestar obrero renovó el interés por la "cuestión social", que hasta 1890 había suscitado escasa atención.

En 1895 se creó en Tucumán el primer Centro Católico de Obreros, formado especialmente por artesanos. Allí se enseñaba el catecismo, se estimulaba el cumplimiento de los deberes religiosos, se procuraba erradicar el alcoholismo y se inculcaban las virtudes del ahorro y el trabajo. Según Pablo Padilla y Bárcena, el obispo de Tucumán, asistente al primer Congreso de Círculos Obreros (1898), los Círculos debían constituir un espacio de encuentro de obreros y patrones unidos "por la ley de la caridad, prestándose apoyo mutuo y cooperando, cada uno en su esfera, por el bienestar de la sociedad y el engrandecimiento de la patria".[19]

Los Círculos fueron una estrategia dirigida especialmente a los trabajadores varones, puesto que el reclutamiento de las obreras no fue considerado. El objetivo central era restaurar el "orden social católico" basado en la unidad familiar, asignándole a la mujer un papel relevante como gestora de la armonía doméstica y educadora de la prole. De ahí que la exaltación de las virtudes y de las funciones femeninas en el hogar constituyó una de las principales justificaciones del catolicismo al abordar la "cuestión social".

En 1896, en un discurso en el Centro Católico de Obreros de Tucumán, el dominico francés fray Ángel Boisdron[20] defendió las siguientes reivindicaciones laborales: aumento de salario, disminución de horas de trabajo, descanso dominical, prohibición del trabajo femenino e infantil. Sus posiciones superaban la visión tradicional de la institución eclesiás-

La Iglesia sostenía que la enseñanza femenina debía ser esencialmente cristiana y diferenciada según la función social de su sexo.
Grupo de niñas tucumanas en clase de costura. Archivo gráfico de la Congregación de las Hermanas Dominicas de Tucumán.

tica respecto del pauperismo y centraban el problema del malestar social en la "cuestión obrera". La justificación principal de sus propuestas se centraba en la defensa de la familia de los sectores populares para resguardar el rol de la maternidad, condición necesaria para la formación moral y espiritual de los hijos. Preocupado por la madre trabajadora, fue intransigente con la prohibición del trabajo femenino, ya que degradaba la maternidad, función "sacralizada" por la Iglesia. Sostenía que el hogar quedaba "desamparado sin la dulce *y santa* presencia de la madre",[21] que transformaba el ámbito doméstico en un espacio "espiritualizado y *divinizado*".[22] Empleamos la cursiva para destacar su visión de la mujer que cambiaba de Eva a María, parábola sólo posible por intermedio del rol maternal. Se apelaba a la tradición mariana como fundamento de la reforma social, ya que se veía en la degradación de la maternidad una de las mayores amenazas para la familia obrera.

Este énfasis en la "restauración" de la familia fundada en el matrimonio cristiano no se correspondía con la realidad. Las "uniones de hecho" eran frecuentes entre los sectores populares nativos,[23] aunque, siguiendo los criterios de la época, los censos nacionales sólo consignan los estados civiles determinados por el Código y desconocen otras modalidades, por lo que resulta difícil establecer con precisión los alcances de esa práctica. La "restauración" de la familia cristiana constituía, pues, una meta, un modelo a alcanzar, más que el "retorno" a un pasado alterado por la proletarización y el liberalismo.

La difusión del concubinato generaba un alto porcentaje de hijos ilegítimos: el 37 por ciento del total de nacidos en Tucumán en 1898 fueron clasificados bajo tal condición civil.[24] Esto proyectaba serias dudas sobre el ambiente moral de esas familias (y, naturalmente, de las madres), intensificadas cuando se consideraban los altos índices de mortalidad infantil en la provincia.[25] La situación contrastaba con el modelo de maternidad sustentado por la Iglesia, entendido como un sentimiento innato que otorgaba sentido a la naturaleza femenina, capaz de moralizar e incluso "santificar" el ámbito hogareño con su sola presencia. En ese sentido, para el catolicismo social la creciente desigualdad constituía el resultado del orden forjado por el liberalismo positivista. El aumento del salario, la reducción de las horas de trabajo y la prohibición del trabajo infantil y femenino –en especial de la mujer madre– permitirían reconstruir la sociabilidad y consolidar la moralidad de los sectores populares, creando un ambiente propicio para la maternidad.

Para ejemplificar la explotación de los trabajadores, débiles e indefensos, y la injusticia del orden social, Boisdron apelaba a imágenes de mujeres desamparadas. Decía en la misma conferencia: "...vi a una

El arquetipo familiar decimonónico era la familia patriarcal, fundada en la autoridad paterna y en la inhabilitación civil y política de las mujeres, reducidas al rol de esposas y madres.
Archivo gráfico del Museo Casa Histórica de la Independencia.

mujer anciana de unos sesenta años, que cargaba sobre sus hombros una pesada haz [*sic*] de ramas [...] se le había dejado la dura tarea de traerla hasta su pobre casa [...] Un orden social en que se permite que una persona de esta edad pase por semejante penuria y trabajo, es deficiente y culpable y debe reformarse".[26] Afirmaba en otro tramo: "la clase de los proletarios gime oprimida por la cruel necesidad de su condición social buscando su recreación y descanso en los vicios".[27] Así, los trabajadores eran presentados como débiles y proclives a conductas "inmorales", imagen que sugería la fragilidad de la ética masculina frente a la integridad y la virtud atribuidas a las mujeres y al rol maternal.

El otro ejemplo empleado para denunciar la injusticia del orden social es el de la madre trabajadora: "la obrera que va a una casa de traba-

jo común que llaman el taller, en donde estará hasta la seis de la tarde
[...] privada ella por esta sujeción de llenar los deberes de esposa y de
madre, de ser lo que debe ser: la guardiana y reina del hogar".[28] Por cierto, una imagen elocuente de la subversión moral de la sociedad, que había degradado la función "natural" de la mujer. Basada en la figura de la
madre, que combinaba la fortaleza moral y la debilidad en virtud de su
naturaleza "sentimental", esta argumentación fue utilizada para destacar
el rol tradicional de la mujer.

Boisdron sostenía que el derecho de propiedad combatido por socialistas y anarquistas era un derecho natural, pero se diferenciaba de los
liberales al sostener que debían limitarse los excesos de su ejercicio.
Afirmaba que existía una jerarquía "natural" basada en el talento, cuyo
respeto constituía una premisa básica para el buen funcionamiento del
orden social. Las diferencias entre los hombres según virtudes e inteligencia eran "condiciones de naturaleza" que refutaban la rústica igualdad pregonada por los socialistas y la abstracta sostenida por los liberales. La igualdad debía ser entendida en términos de equidad, es decir, de
manera proporcional y relativa. Asimismo, proyectaba tales jerarquías al
ámbito familiar. Esta distinción de los roles sociales en función del sexo revelaba la inconsistencia de la retórica católica, que, a pesar de la
manifiesta debilidad moral y religiosa de los varones, les adjudicaba la
posición preeminente, mientras que la fortaleza ética de las mujeres debía quedar sujeta a la custodia y protección masculinas.

Para Boisdron, la injusticia de la sociedad se resolvería mediante reformas graduales y racionales, metodología distinta de la adoptada por
los socialistas, que sostenían medios de acción radicales y peligrosos
como la huelga. Sobre el punto, hacía la siguiente aclaración: "no pre-
tendo que sea siempre injusto este derecho; pero hay derechos que la
prudencia exige que no se haga uso de ellos sin medida [...] Poner a los
hombres en este terreno es exponerlos a perjudicar a la sociedad y per-
judicarse a sí mismos".[29]

Pese a los esfuerzos de la Iglesia, a comienzos de siglo el socialismo
había logrado en la provincia la adhesión de un gran sector de trabajadores. En 1904, al influjo de la primera huelga general de obreros azucareros, se formó la "Sociedad Unión Gremial Femenina", que por medio de un petitorio manifestó "los anhelos de emancipación de la mujer
obrera tucumana".[30] Esta asociación secundó las acciones del "Centro
Cosmopolita", asociado al Partido Socialista y promotor de la huelga
azucarera. El protagonismo de las mujeres, que alentaron entusiastas la
primera medida de fuerza en los ingenios, fue evocado en 1907 por el
dirigente Luis Lotito: "las mujeres fueron las más ardientes defensoras
de la organización y las que llegaban a los extremos de la violencia".[31]

La huelga de los ingenios ponía de manifiesto no sólo el malestar de los trabajadores, sino la activa participación de las mujeres, que acompañaron e incitaron a la acción de sus compañeros o familiares. Estos comportamientos diferían de la imagen de la mujer católica, reducida al ámbito de la "domesticidad" y los sentimientos. El clima de conflictividad laboral imprimió un giro en la prensa liberal, que apoyó a los Círculos de Obreros Católicos y denunció la agitación socialista en la provincia: "esta doctrina ha trastornado las cabezas de muchos con la prédica incesante de la impiedad y de la guerra contra la Iglesia católica y sus ministros, principal obstáculo de sus planes subversivos".[32]

A partir de esta experiencia, la huelga, hasta entonces un derecho que debía utilizarse con cuidado, se transformó en un acto sedicioso. En 1905, el Primer Sínodo Diocesano reunido en Tucumán se pronunció enfáticamente contra este método, al que consideró un recurso socialista para promover "trastornos a la sociedad".[33] Se decidió que el objetivo prioritario consistía en alentar la solidaridad de obreros y patrones para restaurar el tejido social y consolidar la familia cristiana en los sectores populares. Esta idea coincidía con la de una de las principales figuras del catolicismo social europeo, el obispo Ketteler, quien afirmaba que "el matrimonio cristiano fundado en la doctrina católica tiene por sí mismo infinita más importancia para resolver la cuestión obrera que todos los proyectos del partido liberal y socialista".[34] Desde esta propuesta de construcción de un orden social moral y armonioso, los católicos consideraron al proyecto de divorcio civil más peligroso que las condiciones de vida de los trabajadores.

La familia de los sectores populares se caracterizaba por las uniones informales y el elevado número de hijos. La imagen ilustra el hogar de un obrero azucarero. La vivienda era cedida por la empresa.
Archivo gráfico Fundación Miguel Lillo (gentileza Alfredo Franco).

Ante las tendencias a la secularización que se manifestaban en Italia y otros países europeos, León XIII difundió la encíclica *Arcanum* (1880), definiendo la posición católica frente a la "cuestión matrimonial". Sostenía que, por medio del "matrimonio cristiano", la mujer alcanzaba una dignidad hasta entonces desconocida como compañera y cooperadora del hombre en la empresa común de la familia. Pero advertía que las diferencias "naturales" determinaban roles distintos en la sociedad conyugal, donde el hombre representaba "la cabeza de la mujer, tal como Cristo es la cabeza de la Iglesia".

La sociedad conyugal debía fundarse en un sentimiento distinto del amor carnal. La unión duradera de los esposos se cimentaba en el amor "casto", indispensable para la perpetuación de la familia cristiana. La expresión más perfecta de ese sentimiento era el amor maternal, lazo perdurable e inalterable, opuesto a la naturaleza efímera del amor carnal. La atracción sexual no podía constituir un nexo duradero entre los esposos,

Las leyes de divorcio y la retórica de la maternidad

pues generaba tensión entre la carne y el espíritu. La preeminencia del amor erótico constituía una fuente de infidelidad, especialmente grave en el caso de la adúltera, puesto que su deshonor se proyectaba a su marido y a sus hijos. Aunque la castidad era una obligación de ambos sexos, la Iglesia, al igual que la ley civil, adoptaba un discurso más severo ante la infidelidad femenina.[35]

La legislación argentina se correspondía con esta visión. Se diferenciaba el tratamiento del adulterio según el sexo del causante. El hombre sólo cometía adulterio si "tenía manceba", es decir, una relación estable y paralela al matrimonio, mientras que para la mujer no se requería esta condición. La Ley de Matrimonio (1889) representó un momento crucial en el proceso de secularización, aunque no introducía cambios sustanciales en la condición de la mujer, ya que la esposa continuaba inhabilitada para contratar, disponer de sus bienes y contraer obligaciones laborales y financieras sin autorización del marido.

En concordancia con el Código Canónico, se mantenía la indisolubilidad del matrimonio, autorizando sólo la separación de cuerpos y bienes. Pero no todos los liberales compartían este punto de vista. El diputado masón Juan Balestra propuso al Congreso Nacional un proyecto alternativo que incluía el divorcio vincular, aunque no llegó a discutirse. Como contrapartida, el matrimonio civil obligatorio promovió la preocupación por otorgar mayor realce y solemnidad al rito del matrimonio religioso. En 1908, el obispo Padilla y Bárcena recomendaba a los curas "que la celebración debía tener lugar en la Iglesia, rodeada de la majestad que le imprimen las ceremonias del culto católico y seguida, siempre que el tiempo lo permita, de la misa nupcial, que contiene un tesoro de gracias para la felicidad de los desposados, especialmente para la mujer".[36]

Sin embargo, los sectores rurales de Tucumán, ignorantes de nociones tales como "vida privada" o "laicismo", conservaban una dimensión "religiosa" o "mágica" por medio de las cuales mantuvo su ascendiente la Iglesia, que supo utilizar este potencial para promover una percepción perniciosa de la secularización. Al referirse al matrimonio civil, las coplas y cantares populares reflejan esta tensión entre lo secular y lo religioso, enfatizando el papel de la fe católica como dimensión legitimadora de la identidad criolla: "Entró el primero de abril / Del fatal ochenta y nueve, / Que a todo el mundo conmueve / El matrimonio civil [...] Todo el sexo femenino, / Aunque triste y consternado, / Sigue fiel a su camino / Y pide al Verbo Divino / Que conserve su rebaño [...] Ya la contra-religión / Amenaza nuestra Iglesia; / Y haremos todos defensa / Con actos de contrición; / Es la mejor munición / Para todo fiel cristiano, / Quien tiene el bien de la mano / Y así, ha de permanecer / El pontífice romano".[37]

Hacia fines de siglo XIX, el embate de lo secular, simbolizado por el creciente poder del Estado, se manifestaba en los sectores populares de la provincia en términos de coacción y control. Reinaban la desconfianza o el rechazo hacia toda medida proveniente de la esfera estatal, sentimiento hábilmente capitalizado por la Iglesia: "Los jueces y los ministros, / Presidentes y gobiernos, / Todos van a lo moderno / Haciendo en todo registro [...] Satán nos está engañando / con leyes desconocidas".[38]

En 1901, Carlos Olivera, diputado liberal, presentó al Congreso un proyecto de ley de divorcio vincular, que desató fuertes controversias e intensificó las tensiones que ya se habían manifestado durante el tratamiento de las "leyes laicas". Los liberales, apoyados por los socialistas y aun por los anarquistas, considerados peligrosos enemigos del orden político y social, enfrentaban de nuevo a la Iglesia.

El debate, desarrollado especialmente en Buenos Aires, involucró al conjunto de la sociedad civil. La Iglesia apeló a sus oradores más destacados. En 1901, el arzobispo de Buenos Aires encargó a Boisdron una serie de conferencias sobre el matrimonio. El dominico pronunció cuatro disertaciones en la Catedral, y en ellas profundizó su concepción de las incumbencias del Estado y la Iglesia respecto del matrimonio: "se trata de un contrato de naturaleza espiritual, de donde se concluye que el poder civil, en cuyas manos reside la facultad de rescindir otros contratos y suplir en algunos casos al consentimiento de los contrayentes, bajo ningún concepto puede entender en lo concerniente al matrimonio".[39] El Estado no tenía potestad sobre este vínculo de naturaleza sagrada, caracterizado por su función pacificadora y moralizadora. En el pasado, el carácter indisoluble del matrimonio había sido discutido por los reyes, pero la Iglesia no había cedido a las presiones y había defendido firmemente esta institución que proporcionaba a las mujeres una posición respetable y digna en el interior de la familia. Por eso, la mujer cristiana fue la gran aliada de la Iglesia en la defensa de la indisolubilidad del vínculo matrimonial.

El divorcio, consideraba Boisdron, era una iniciativa masculina, que no se había impuesto en los países católicos por la tenaz oposición de la Iglesia, defensora de los "sagrados derechos" de la mujer cristiana a criar a sus hijos en un ambiente estable y moral. La defensa de la maternidad se convirtió en la justificación central de la posición católica: "el divorcio por su índole sacrifica siempre al débil en vez de al fuerte, esto es, sacrifica a la esposa y al niño. No hay que dudarlo, la verdadera víctima del divorcio es la mujer [...] Viene después la otra víctima: el hijo, más desdichado tal vez que la madre. Es en él que el matrimonio tiene su principal razón de ser".[40] Agregaba que también perjudicaba a los

Ernesto Padilla (1873-1951), político, abogado y escritor tucumano que tuvo una actuación destacada en el Congreso de la Nación cuando se discutió el proyecto de divorcio vincular.
Archivo gráfico del Museo Casa Histórica de la Independencia.

sectores sociales más desposeídos. Por lo tanto, la Ley de Divorcio era en esencia antidemocrática. "...será para los ricos, a quienes es posible sostener una familia dividida en dos o tres hogares, y no para el obrero que con dificultad puede sostener una sola familia".[41] Así, la naturaleza "antisocial" del divorcio se manifestaba tanto en la ruptura del "contrato natural" expresado en el matrimonio –que proporcionaba un espacio protegido a la madre y a los hijos–, como en su carácter "antidemocrático", puesto que la disolución de la sociedad conyugal tendría efectos sumamente perniciosos en los sectores populares.

El principal defensor de la postura antidivorcista en la Cámara de Diputados fue Ernesto Padilla, diputado por Tucumán. Influido por Boisdron, quien había sido su director espiritual, desarrolló los argumentos esgrimidos por el sacerdote e incorporó otros para justificar la postergación del tratamiento del proyecto. Sobre la indisolubilidad del matrimonio sostenía: "las uniones irregulares, que están aún difundidas en la población de las campañas, se hicieron comunes en el elemento proletario. Nosotros hemos tratado de consolidar la familia rural despertándole el noble sentimiento de la legitimidad por medio de un vínculo que, por indestructible, les parece respetable y hace que sea respetado. Procuramos de este modo la cohesión de los elementos de la nacionalidad, ofreciendo una base sólida para el porvenir social".[42] El matrimonio tenía una función civilizadora, ya que conformaba un ambiente de moralidad propicio para la maternidad que, en sus palabras, constituía el mayor "beneficio de la especie".[43]

También los defensores del divorcio centraron su argumentación en la situación de la mujer y los hijos. "La institución del divorcio", sostenía Francisco Barroetaveña, "viene en apoyo de los seres más débiles y desgraciados, el raciocinio lo demuestra, la experiencia y la justicia comprueban que la ley de divorcio sirve precisamente para proteger a la mujer y el niño".[44] Aunque finalmente admitía –coincidiendo con los católicos– que el divorcio perjudicaba más a la mujer. Ella había invertido en la sociedad conyugal la virginidad, la juventud, la fecundidad y a veces su dinero. Salvo el último, ninguno de los otros "valores" era recuperable, mientras que el hombre conservaba intacta su reputación y autoridad social. Para este diputado liberal y masón, el "capital" de la mujer consistía en su cuerpo. Pero aun en esta situación, que aceptaba como "desfavorable", el divorcio permitiría a la mujer liberarse de los malos tratos y la violencia del marido. En resumen, no sólo desde el catolicismo sino también desde el sector liberal se esgrimían argumentos basados en tradiciones que contribuían a consolidar la posición subordinada de la mujer.

Los defensores del divorcio afirmaban que la aptitud para contraer

El dominico francés fray Ángel Boisdron. Su sólida formación filosófica y su actuación periodística contribuyeron a cimentar el prestigio que ganó en la sociedad tucumana. Archivo gráfico de la Congregación de las Hermanas Dominicas de Tucumán

nuevas nupcias disminuiría las situaciones irregulares y los concubinatos. También institucionalizaría la presencia masculina por medio de un nuevo matrimonio, contribuyendo a mejorar la crianza de los hijos de la unión conyugal disuelta. Estos argumentos ponderaban la figura del *paterfamilias,* pues se consideraba –según Barroetaveña– que "la presencia de un hombre inspira respeto, da la nota de autoridad y atenúa el apasionamiento excesivo de la mujer".[45] Así, los liberales coincidían con los católicos en la inferioridad de la naturaleza femenina, que debía estar sujeta a la tutela del padre o del marido.

Durante el debate, los católicos recurrieron a varias estrategias para impedir la sanción del proyecto. Por ejemplo, adoptaron un tono apocalíptico con la intención de desalentar a los liberales indecisos. En su última conferencia, Boisdron renunció al estilo pausado y analítico de las anteriores e identificó el divorcio con el liberalismo, el socialismo y el caos social. "...las teorías llamadas de reorganización social, están todas de acuerdo con pedir el divorcio como un artículo fundamental de su programa. Con Rousseau están de acuerdo Saint-Simon y Fourier. La plebe ganada por la idea socialista sólo pretende la comunidad de los bienes y de las mujeres [...] aguarda la revolución y la destrucción de la sociedad actual mediante la destrucción de sus bases que son la familia y el matrimonio...".[46]

En Tucumán, el Centro Cosmopolita de Trabajadores invitó a los gremios de sastres, ferrocarriles, panaderos y a otras asociaciones a una concentración de signo divorcista.[47] El diario *El Orden*, en su sección titulada "Tribuna Libre", publicó la carta de una mujer que ocultaba su identidad con un seudónimo: "ella que hoy esposa, mañana madre, y pasado repudiada, sufrirá la corona del infortunio amargada su existencia por los desdenes de su esposo".[48] La afirmación era representativa de la opinión de las mujeres de la elite y probablemente también de las de la campaña, quienes secundaron discretamente las acciones en contra del proyecto. La iniciativa de divorcio fracasó en la Cámara de Diputados, donde los antidivorcistas se impusieron por la escasa diferencia de dos votos. La presión que los católicos ejercieron sobre los diputados indecisos, la fractura del movimiento masónico expresada en la falta de consenso de sus miembros sobre el tema y la decisión de Roca de no iniciar un nuevo conflicto con la Iglesia son elementos que explican el fracaso de la ley.

El debate por el divorcio reveló que el rol tradicional de la mujer en lo relativo a moral y normas de vida no estaba en tela de juicio. El liberalismo estaba intensamente impregnado por la moral católica, lo que no fue advertido ni siquiera por sus representantes más radicales. Así, partidarios y opositores al proyecto centraron sus alegatos en la defensa de la mujer en tanto madre y en la necesidad de resguardar la relación materno-filial como garantía de una sociedad ordenada y moral.

Conclusiones La exaltación de la función maternal por parte de la Iglesia permitió construir una imagen de mujer católica signada por la fortaleza, la virtud y el sacrificio, arquetipo funcional al pensamiento liberal, que sustentaba el confinamiento de la mujer en la esfera privada. En la sociedad tucumana, el tratamiento de las leyes laicas no generó intensas controversias pero suscitó la tímida participación femenina impulsada por el clero provincial. Respecto de la "cuestión social", la primera huelga de obreros azucareros promovió el respaldo de la Iglesia a los sectores patronales. Así, las reformas sociales sustentadas por esta institución no trascendieron el plano retórico aunque instalaron un discurso en torno a la maternidad despojado de un poder social efectivo.

Notas

1　"El deseo de la carne es contra el Espíritu, y el del Espíritu es contra la carne, y estos se oponen entre sí" (San Pablo, *Epístola a los Gálatas* 5,17).

2　Esta concepción no era inherente al cristianismo primitivo, puesto que provenía de la cultura clásica. Ranke-Heinemann, Uta, *Eunucos por el reino de los cielos. Iglesia católica y sexualidad*, Trotta, Madrid, 1994.

3　Burguera y Serrano, Amado, *Acción Católico-social de la Mujer*, Imprenta Doménech y Taroncher, Valencia, 1909, pág. 284.

4　Porter, Roy, "Historia del cuerpo", en Peter Burke (comp.), *Formas de hacer Historia*, Alianza Universidad, Madrid, 1996, págs. 277-78.

5　*El Eco del Norte*, Tucumán, 20/11/1874.

6　El Partido Católico participó sin éxito en la elección presidencial de 1886 y se disolvió en 1890.

7　*El Orden*, Tucumán, 8/11/1884.

8　*La Razón*, Tucumán, 22/8/1883.

9　*In memoriam,* Fr. Ángel Boisdron, Buenos Aires, 1925, pág. 82.

10　*La Razón*, Tucumán, 21/3/1878.

11　Ibídem, 30/8/1878.

12　Padilla y Bárcena, Pablo, *Obras pastorales*, tomo II, Herder, Friburgo, 1916, pág. 113.

13　Boisdron, Ángel; *Discursos y Escritos*, Talleres Gráficos Presuche y Eggeling, Buenos Aires, 1921, pág. 115.

14　Cf. Levi, Giovanni, *On the specify of the catholic model of the modern state*, *Revista Portuguesa de Historia*, tomo XXXII, año 1997-1998, págs. 596-7.

15　*El Porvenir*, Tucumán, n° 1, 20/8/1882.

16　Boisdron, Ángel, ob. cit., pág. 27.

17　*Segundo Censo Nacional de la República Argentina*, tomo III, Taller Tipográfico de la Penitenciaría Nacional, 1898, pág. 345.

18　Schleh, Emilio, *Compilación legal sobre el azúcar*, tomo IV, Centro Azucarero Argentino, Imprenta Ferrari Hnos., Buenos Aires, 1939, pág. 19.

19　Padilla y Bárcena, Pablo, ob. cit., tomo I, pág. 112.

20　Boisdron, doctor en Teología y Ciencias Morales, fue designado Provincial de la Orden en Tucumán en 1894.

21　Boisdron, Ángel, ob. cit., pág. 23.

22　Ibídem, pág. 114.

23　Pantelides, Edith A., "Análisis y Propuesta de corrección de la información sobre estado civil en los cuatro primeros censos nacionales argentinos", en *Cuadernos del Centro de Estudios de Población*, Buenos Aires, 1984, pág. 6.

24 Rodríguez Marquina, Paulino, *La mortalidad infantil en Tucumán*, s/e, Tucumán, 1899, pág. 94.

25 Ibídem, págs. 132 y 184.

26 Boisdron, Ángel, ob. cit., pág. 23.

27 Ibídem, pág. 24.

28 Ibídem, pág. 23.

29 Ibidem, pág. 26.

30 *El Orden*, Tucumán, 25/4/1904.

31 Lotito, Luis, *El proletariado tucumano a comienzos de siglo*, en Di Tella, Torcuato (comp.), *Sindicatos como los de antes...*, Biblos, Buenos Aires, 1993, pág. 30.

32 *El Orden*, Tucumán, 4/7/1904.

33 *Primer Sínodo Diocesano del Obispado de Tucumán,* editado en Roma, 1907, pág. 1888.

34 Boisdron, Ángel, ob. cit., pág. 28.

35 Boisdron era especialmente severo con la madre que comete adulterio: "¿qué prestigio podrá gozar una mujer que olvidó sus deberes de esposa y de madre para entregarse a una pasión culpable?, ¿qué dirá el hijo cuando sepa que ha ultrajado indignamente el lecho nupcial y el lugar de su cuna? (Boisdron, Ángel, ob. cit., pág. 97).

36 Padilla y Bárcena, Pablo, ob. cit., págs. 392-3.

37 Carrizo, Juan Alfonso, *El Cancionero Popular de Tucumán*, tomo I, Universidad Nacional de Tucumán, Tucumán, 1937, pág. 429.

38 Ibídem, pág. 532.

39 Boisdron, Ángel, ob. cit., pág. 93.

40 Ibídem, pág. 88.

41 Ibídem, pág. 89.

42 *Diario de Sesiones*, Cámara de Diputados de la Nación, 25 de agosto de 1902, pág. 664.

43 Ibídem, pág. 655.

44 Ibídem, pág. 581.

45 Rodríguez Molas, Ricardo, *Divorcio y familia tradicional*, CEAL, Buenos Aires, 1984, pág. 107.

46 Boisdron, Ángel, ob. cit., pág. 92.

47 *El Orden*, Tucumán, 23/6/1902.

48 Ibídem, 13/8/1902.

Infanticidios

Construcción de la verdad y control de género en el discurso judicial

María Gabriela Ini

> *...el día que Sethe mató a su hija Beloved, el tiempo se detuvo.*
> *No fue la locura la que guió su mano, fue el dolor. El dolor y el terror*
> *hacia un hombre blanco que se acercaba, cargado de cadenas para su*
> *hija. Y durante muchos años el fantasma de Beloved habitó la casa...*
> TONI MORRISON, *BELOVED*

La maternidad es una experiencia contradictoria para las mujeres. Las demandas culturales y amorosas que la definen se transforman, la mayoría de las veces, en culpa y sufrimiento. La absoluta dependencia del niño y, sobre todo, los presupuestos culturales encarnados en la maternidad, pretendidamente apoyados en la naturaleza de los vínculos y los sentimientos, crean deberes y obligaciones que transforman para siempre la vida de las mujeres. Desgarrado por imposiciones de género como la entrega, el sacrificio y el cuidado desinteresado y la buena predisposición que la madre debe ofrecer ante los permanentes reclamos infantiles, el amor materno es violento y ambiguo, lleno de contradicciones y de agobios. En él pueden coexistir el amor y la furia, y esta última, según las condiciones de la maternidad, "puede convertirse en furia hacia el hijo, agravada por el temor de no estar 'amando'".[1] Como bien lo señala Marcela Lagarde: "la satisfacción de las permanentes necesidades de los niños, ligadas a su indefensión, hacen que la madre descargue en ellos sus odios más profundos, así como sus amores posesivos".[2]

Cuando una madre mata a su hijo pone en duda el fundamento mismo de la maternidad como conducta instintiva y natural, y descubre la

El terror ante la irracional violencia de las mujeres ha sido siempre una constante dentro de las preocupaciones masculinas.
"Un drama de la locura: una madre que mata a su hijo." *Le Petit Parisien*, 18 de abril de 1897.

desigual y opresiva construcción de las relaciones sociales de sexualidad donde las mujeres son sujetos condenados a comportamientos biológicamente determinados y al control y disciplinamiento de su sexualidad en nombre de la honra, la vergüenza y la moral. El infanticidio permite explorar el deseo de las mujeres y las formas que éste puede asumir, y demostrar que existen otros destinos posibles más allá de la maternidad. A partir de las causas judiciales a las que se hará referencia en este trabajo, se concluye que cualquier mujer normal puede matar a sus hijos. No hay que estar loca para hacerlo, solamente sometida y sobrepasada por la institución maternal. El infanticidio puede leerse entonces como la maternidad llevada al extremo. "La madre mata a quien da vida y a quien le da vida a ella. El filicidio materno es la renuncia de lo único a lo que no puede renunciar la mujer: la renuncia a ser de los otros en cualquier circunstancia, aun a pesar de su propio aniquilamiento [...] el filicidio revela la maldad no asumida de la maternidad".[3]

Cuerpo femenino y discurso judicial

Michel Foucault explica acertadamente cómo las prácticas judiciales definen tipos de subjetividad, formas de saber y relaciones entre los individuos y la verdad. "El derecho transmite y funcionaliza relaciones de dominación", sostiene. Nada más acertado para explicar las relaciones entre las mujeres y la ley. El cuerpo de las mujeres se ha constituido históricamente en punto de entrada de normas y valores sociales a través de los discursos y las prácticas de la ley y la medicina. Discursos y prácticas que intentaron e intentan normatizar y ordenar los comportamientos femeninos presumiblemente determinados por la compleja y débil fisiología de las mujeres. Discursos y prácticas "oficializados" que informan "que todas las mujeres están potencialmente locas en algún momento de sus vidas (partos, menstruaciones, menopausia)"[4] y en consecuencia deben permanecer bajo la mirada médica o psicológica.

Los cuerpos de las mujeres "interesan" además a la ley, porque ellos son el sitio de la reproducción biológica y, por lo tanto, de dilemas legales como las herencias, la ilegitimidad y el adulterio, que se constituyen como formas de control de la sexualidad femenina y producen una segunda ficción "oficial": todas las mujeres son naturalmente madres.

Ambas ficciones (la locura potencial de las mujeres y su natural disposición a la maternidad) resultan clave cuando se trata de determinados delitos. "Los infanticidios, abortos y abandonos de niños atentan contra la maternidad entendida como un sentimiento natural, amoroso y desinteresado"[5] y ocultan algún tipo de desarreglo mental o moral. Estos comportamientos "antinaturales" interesaron siempre a la legislación penal, más preocupada por castigar los desórdenes femeninos que por las con-

La soledad y la fortaleza de las mujeres frente a la maternidad, la pobreza y la emigración.
Archivo General de la Nación, Departamento Fotografía.

diciones socioeconómicas y culturales que llevaban a las mujeres a cometer ese tipo de delitos y por la extrema soledad y desamparo a los que su historia personal y su clase las condenaban.

El infanticidio

En Europa, el infanticidio comienza a ser considerado un crimen tratado por las autoridades seculares recién en el siglo XVI.[6] "Las dos categorías de personas especialmente sospechosas de este crimen eran las mujeres solteras y las brujas. El infanticidio era un crimen de mujeres, y las mujeres sin marido eran especialmente sospechosas."[7] Si bien se aceptaban varias causas posibles para este delito (venganza contra un hombre, imposibilidad de cumplir con el mandato de la "correcta" maternidad, la pobreza y el abandono, la pérdida y recuperación del honor), desde el punto de vista del Estado, matar al hijo era una forma de dejar de contribuir a la reproducción de la sociedad, además de una manera de escapar del natural control que los hombres debían ejercer sobre las mujeres. Tener un hijo fuera del matrimonio era considerado una violación a las leyes sobre la propiedad que declaraban que una mujer y su hijo debíen pertenecer a un hombre. Por ello, la reproducción era y es una de las prácticas más fuertemente controladas: de ella dependía el futuro de la sociedad y la honra de una familia. En defensa de ambos valores se aliaron padres, maridos y estado.[8]

Sin embargo, como señalan varias crimonólogas europeas y australianas,[9] en la Inglaterra del siglo XIX muchas mujeres eran "disculpa-

das" de sus crímenes por su patológica esencia femenina. Se consideraba que las mujeres eran más cercanas a la naturaleza por su capacidad
reproductiva y, por extensión, que eran menos racionales y moralmente
menos responsables de su comportamiento. El infanticidio se fue alejan-
do entonces del asesinato para "justificarse" dentro del aparato médico
legal como "locura puerperal". Así, todas las mujeres eran consideradas
inestables, pero sobre todo en la época del nacimiento de un hijo. Si bien
no todas las mujeres fueron juzgadas como sin responsabilidad alguna,
los casos de infanticidio permiten demostrar cómo la ley abandonó fácilmente un criterio jurídico para juzgar la culpabilidad prefiriendo el
discurso médico de la demencia. El argumento era que el saber médico
era mejor para juzgar la vida de las mujeres con sus ciclos menstruales,
embarazos, menopausias y partos. La locura natural de las mujeres
reemplazó al discurso religioso de la Inquisición que consideraba al infanticidio obra de brujas o hechiceras. Sin embargo, "tratar el filicidio
por parte de las mujeres como algo patológico distrae la atención de las
condiciones sociales que conducen a este hecho: la pobreza, las obligaciones del cuidado de los niños, el aislamiento social, la falta de apoyo,
los mitos de las buenas madres...".[10]

En nuestro país, "el advenimiento de la independencia distó de al-
terar el sistema legal colonial (basado en la legislación familiar) pero,
aunque el nuevo Estado mantuvo la primacía masculina a la cabeza de
la familia, el nuevo orden redefinió las relaciones Estado-familia bajo la
preeminencia de la clase sobre la raza. [...] El Estado comenzó a inmis-
cuirse en áreas previamente controladas por la Iglesia o la familia (por
ejemplo, el matrimonio, el registro civil del nacimiento de las personas,
etc.)".[11] A fines del siglo XIX, la pobreza y la inmigración se sumaron
al desamparo legal de las mujeres, ya desamparadas por su situación genérica. Situación que en muchos casos no les permitía cumplir con man-
datos y roles preestablecidos y que las obligaba a abortar, abandonar a
sus hijos recién nacidos o a cometer infanticidios, "cercadas como estaban, por el deshonor y la miseria", como señalaba el abogado Evaristo
Carriego. Asesinar a un hijo era la práctica considerada más aberrante
ya que cuestionaba las bases mismas de la maternidad y el instinto. Haber parido, haber visto siquiera un instante el rostro del niño, haberlo
amamantado tal vez algunos días, eran condiciones suficientes para el
surgimiento del amor maternal, si éste no había nacido ya desde la infancia de la futura madre. El infanticidio era un delito exclusivamente
femenino que enfrentaba a la justicia (masculina) con una conducta ambigua que oscilaba entre la protección de la "natural fragilidad" femenina y el castigo de su también "natural" perversión y maldad.

Como señalan Bravo y Teitelbaum,[12] el Código Penal consideraba el infanticidio como un acto desesperado de madres que buscaban resguardar su honor personal y familiar, lo que permitió una instancia de clemencia para mujeres desamparadas –sirvientas, solteras y jóvenes–. Los argumentos de la "natural" debilidad de las mujeres y de la deshonra podían ayudar a las acusadas: "la vergüenza de ser una madre ilegítima era vista como un buen sentimiento, aunque hubiera llevado al asesinato".[13] Es por ello que las mujeres solteras siempre fueron el blanco de las acusaciones de infanticidio, "el ocultamiento (del embarazo y el nacimiento) era no sólo un requisito legal para demostrar que había existido el necesario sentimiento de deshonor, también era necesario para admitir la pérdida del propio trabajo y de la reputación".[14] Sin embargo, al sentimiento de deshonra había que agregar el arrepentimiento posterior que demostraba que la mujer poseía algún sentimiento maternal. Rechazar esta inclinación natural era peor que el mismo crimen. No obstante, Bravo y Teitelbaum advierten: "se observa en todos los casos una persistente ambigüedad y falta de correspondencia entre los móviles sugeridos por el Código, fundados en el deseo de ocultar la deshonra, la ignorancia y la perturbación de los sentidos y las sentencias de los jueces que aludían invariablemente a la inmoralidad y la baja condición de las mu-

Los barcos de inmigrantes anclaban en el muelle de una ciudad incipiente donde la modernidad se mezclaba con la tradición que las lavanderas conservaban trabajando al pie de los murallones.
Archivo General de la Nación, Departamento Fotografía.

jeres incriminadas".[15] En consonancia con esta realidad, las causas aquí analizadas presentan condenas gravísimas y poca o ninguna clemencia de parte de jueces y fiscales.

Los hechos

Abordaremos dos casos de infanticidio ocurridos en Buenos Aires, a fines de siglo pasado.

El primero se refiere a María Iguerra, una mucama española de 27 años, casada, que asesinó a su hijo de cuatro meses tirándolo a un pozo de agua. El niño era hijo de una infidelidad que ella había cometido en España, creyendo muerto a su marido, que estaba en América desde hacía cuatro años. Por su parte, Juana Larramendia, una francesa de 24 años, era cocinera en una casa de familia. Ocultó su embarazo y mató al hijo apenas nació, alegando que no quería ser madre soltera. Ambas confesaron su crimen y ambas fueron condenadas, una a ocho años de prisión y la otra, a quince.

Cuando hablamos de proceso judicial, nos referimos a una realidad construida por el expediente del proceso. El relato construido por fiscales, defensores y jueces y por los testimonios (tomados por los empleados del juzgado) de los acusados y testigos. Todos los que participan en la construcción del expediente crean, a su vez, nuevos relatos. Y nuevas verdades. El juez no busca por lo tanto la verdad, sino que acaba construyéndola.

Las causas comienzan con la denuncia de los vecinos. En general son las mujeres las que ejercen el mayor control sobre el comportamiento sexual de las demás mujeres, y suelen ser ellas quienes juzgan con mayor rapidez y ensañamiento la conducta de sus pares. Así, es la dueña del conventillo donde vivían María Iguerra, su marido y el niño la que hace la denuncia: "A las 9 de la mañana del 13 de septiembre de 1873, la señora Virginia Solari, dueña de la casa de la calle Europa 310, se presentó en el Depto. Criminal de Policía diciendo que había sacado del pozo el cadáver de una critura de algunos meses de edad, al que reconoció como el hijo de María Iguerra y Pedro Danglá".[16] En el caso de Juana Larramendia, es la partera llamada por los patrones de la joven la que hace la denuncia: la partera "... le tocó el vientre y viendo la sangre le dijo, usted ha parido, dónde está la critaura, lo que Juana negó, entonces la mencionada mujer le dijo que si no quería manifestar dónde estaba su hijo iría a dar parte a la policía, por lo que la exponente le comunicó que estaba debajo del colchón...".[17].

María Iguerra dice que llegó de España dos meses atrás. Que su esposo fue a buscarla "encontrándole a la declarante un hijo, el cual, reconociendo que no era de él, le aconsejó que lo llevase a la [Casa] Cuna; la declarante con el objeto de no perder la leche no quiso acceder al pe-

Las mujeres solas se empleaban como sirvientas o se conchababan en casa de parientes, coterráneos o vecinos. Archivo General de la Nación, Departamento Fotografía.

dido de su esposo". El cuerpo de las mujeres era también fuente de trabajo. La capacidad reproductiva de la mujer tenía un valor social y económico. Era habitual que las mujeres pobres se conchabaran como amas de leche. Para los ricos, debían tener leche pero no hijos. Muchas llegaban a abandonar la alimentación de los suyos con el objeto de trabajar como nodrizas.

"Que hace ocho días a las diez de la noche –continúa el testimonio de María Iguerra– cuando nadie la veía, ató a su hijo con un cordel y lo echó al pozo", pero le dijo al esposo que lo había dado. "Que el crimen cometido no sabe a qué causa atribuir "

Pedro Danglá lo ratifica, pero en su segunda declaración agrega: "que hacía cuatro años que estaba en América separado de su esposa, a quien había dejado en su propia casa y que cuando fue a buscarla para traerla a América, encontró que su mujer estaba de mucama en otra casa y que su esposa estaba encinta y que como a los seis meses menos seis días de estar el declarante en España, dio a luz un niño que no era hijo del declarante". Con estas palabras se desnuda el desamparo de las mujeres pobres sin marido y la opresión del ámbito familiar y de instituciones que legitiman vínculos y parentescos y otorgan derechos a unos y deberes a otras como ocurre con la institución matrimonial y la familia.

Danglá continúa su declaración haciéndose eco de la ideología dominante en torno a la natural locura femenina, expresando no sólo que su mujer podría estar loca, sino que además esta locura podría ser heredada, como un extraño privilegio de las mujeres: "...que supone que su cabeza está trastornada y que el hecho que ha cometido es un acto de locura, agregando que la cree propensa a cometer este género de delito por antecedentes de familia, que si el declarante los hubiera conocido antes no se habría unido a ella, pues según le han dicho la abuela de su mujer había perpetado en España igual delito con un hijo suyo, apretándolo debajo de una piedra".

En su segunda declararación indagatoria, María Iguerra, "preguntada qué causa le impulsó a cometer el hecho, dijo que ninguna, que en un momento de alucinación se decidió a arrojar al niño al pozo y de lo cual se arrepiente demasiado [...] nunca había tenido el pensamiento de deshacerse de su hijo, que en un momento de arrebato lo arrojó al pozo y desesperada porque le faltaban recursos para mantenerlo" y porque el marido la había amenazado con no regresar más a la casa si no entregaba al niño.

"Dijo que había sido infiel y que la causa de haber sido infiel es porque le hicieron creer que había muerto su esposo en América." Declara también que ya se le había retirado la leche.

Ambos esposos son analfabetos y no firman sus declaraciones.

Las inmigrantes casadas se instalaban con sus maridos en los conventillos, donde la intimidad era desconocida y la pobreza, compartida.
Archivo General de la Nación, Departamento Fotografía.

A su vez, Juana Larramendia "dice estar presa por haber muerto a un hijo que tuvo, cuyo hecho efectuó para evitar la vergüenza de tener un hijo sin ser casada. Trató todo el tiempo de ocultar el embarazo". El niño nació estando ella sola "y tomando a la criatura le apretó el pescuezo y lo ocultó dentro de los colchones de la cama, acostándose encima". Le avisa a la otra mucama que está enferma y que no podrá salir. "...al rato entró una Vasca, a quien conocía de vista y le dijo yo soy la partera [...] le dijo usted ha parido, dónde está la criatura, lo que negó, entonces la mencionada le dijo que si no quería manifestar dónde estaba su hijo iría a dar parte a la policía [...] contestó que es la primera vez que ha parido". No firma porque no sabe.

En su segunda declaración, Juana agrega "que si lo hizo fue por la vergüenza que sufriría en la casa si sabían que había parido y que en ese acto no reflexionó la falta que cometía...".

En ambos casos, son los hombres los que se enfrentan en un duelo de palabras para defender o condenar a las acusadas. Todos apoyan sus discursos y tradicionales prejuicios de género y en un derecho adquirido como hombres.

Los abogados basan la defensa en la demencia, la emotividad y la irracionalidad femeninas. El defensor oficial de María Iguerra presenta una extensa apelación a la sentencia a ocho años de cárcel (abril de 1874), que comienza como una novela romántica: "María Iguerra no era feliz... Aquel hijo, que ella no podía acariciar sin dolor, *porque le recordaba su falta*, era un motivo de frecuentes desavenencias". Y agrega: "¿Inventó el Dante en su portentosa creación del infierno, mayores tormentos que los que puede soportar una madre, obligada a maldecir como Agripina la fecundidad de su vientre? [...] no debe perderse de vista la situación desesperada en que se encontraba colocada M., como madre de una criatura que no era hijo de su marido, como esposa acusada incesantemente por ese documento inocente y vivo de su infidelidad. [...] Esposa infiel, y unida a su esposo en vida conyugal, tenía que estar sumida en reflexiones amarguísimas. Por un lado, las justas o disculpables exigencias del marido para que sacase de su presencia y abandonase en la casa de Expósitos ese fruto de su oprobio. Por otro, el amor de madre, que es el sentimiento más fuerte y augusto de la naturaleza". Ánimo desesperado por "su situación de esposa legítima y madre ilegítima, tenía que hacer una crítica elección, y prefirió hacer el doloroso sacrificio de desprenderse de su hijo adulterino. [...] Con este sacrificio, *la adúltera, se proponía borrar en lo posible a los ojos de su marido y de su conciencia los vestigios de su desliz*".

El fiscal de la causa vuelve sobre la sobrevalorización del instinto maternal y la crítica moral a la conducta de María, a la que califica de pobre e ignorante mujer: "...me es más natural creer que una joven que tiene que reprocharse haber sucumbido a una seducción que sabía bien *que su deber era haberla evitado*, que se reprocha así con amargura, [...] que siente todo el precio del honor que una fatalidad deplorable le ha hecho perder y cuya pérdida deplora profundamente, cae entonces en una desesperación que trastorna su imaginación...". Sin embargo, ya vimos que María sabía lo que hacía y además actuó calculadoramente, porque sólo conservó a su hijo para no perder la leche y poder aprovechar económicamente su maternidad: no sólo rechazó el amor maternal "el más natural de los instintos", sino que le quitó una de sus características principales: el desinterés.

El juez que condena a María retoma la naturalización de la maternidad para dictar su fallo: según el, María actuó "...acallando los impulsos amorosos de la maternidad y resistiendo al más dulce instinto de la naturaleza", pero al mismo tiempo utiliza como atenuante la desesperación de María, "agitada siempre por los remordimientos de una infidelidad avivada por la presencia del hijo adulterino".

En el caso de Juana, el fiscal y los jueces se empecinan en condenar-

La Casa de Expósitos albergaba huérfanos o niños abandonados, que quedaban al cuidado de nodrizas externas y crecían entre los muros de la institución.
Archivo General de la Nación, Departamento Fotografía.

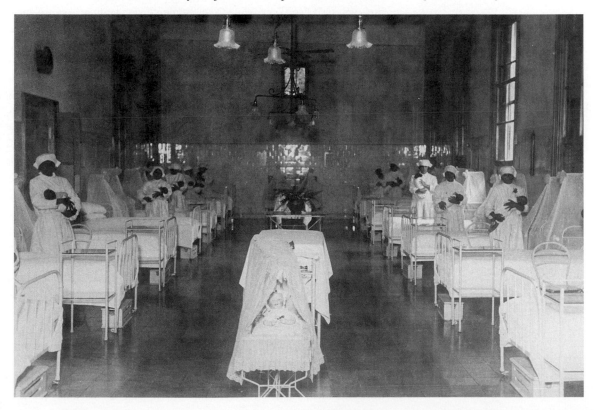

la sin miramientos. La causa llega hasta una tercera instancia que ratifica la pena de quince años de prisión.[18] En esa época se estaba por aprobar en el Congreso el Código Penal del doctor Tejedor (un jurista argentino) que precisamente tenía en cuenta la defensa de la honra para disminuir la condena de las mujeres infanticidas, y en él se basa la defensa para pedir una reducción de la condena, que no logra.

A diferencia de la defensa de María, que hace hincapié en la demencia y la locura propias de la situación de adulterio permanente en que vivía, el primer defensor de Juana quiere demostrar que el niño nació muerto. El juez no sólo descarta esta posibilidad sino que se estremece por la "crueldad y la sangre fría" de esta madre y no acepta el atenuante de la honra: "... porque si esa vergüenza existió, entonces debió haberla tenido antes de cometer la falta que produjo ese resultado". Realiza además una significativa valoración de la honra: "la infanticida se encontraba en un país extranjero lejos del seno de su familia y entre personas extrañas de las que no dependía, causa por la que ese temor y vergüenza de ser descubierta en su falta no tenía razón de existir". O sea: sin padre a quien ofender, las mujeres no tienen una honra propia. Además agrega: "debe ser castigada severamente, con tanta más razón cuanto que existen Salas de Parturientas y Casas de Expósitos establecidas para evitar estos crímenes...". A propósito de esto, Kristin Ruggiero explica: "para el Estado y la sociedad, que acostumbraban a valorizar a las mujeres en términos reproductivos, el acto biológico del parto era de gran importancia. Curiosamente, la crianza era frecuentemente dejada en manos de las instituciones. Se consideraba que la mejor forma de afrontar la ilegitimidad era la eliminación del abierto asesinato de los recién nacidos a cambio de la entrega de esos niños a hogares para expósitos –de manera que los criara el Estado– o a organizaciones de caridad".[19] Como señala Kertzer con relación a la Italia del siglo XIX, el Estado encerraba en instituciones de beneficiencia a las jóvenes embarazadas hasta que tuvieran su bebé. Luego éste era separado de su madre e internado en un orfanato mientras ella era obligada a emplearse como ama de leche de otros niños. La creación de casas de niños expósitos tuvo por finalidad salvaguardar las vidas de niños inocentes, pero, mediante el ocultamiento y el secreto, también sirvió para salvar el honor de sus madres. Sin embargo, las mujeres continuaron cometiendo infanticidios.

El segundo defensor de Juana retoma el discurso protector de la debilidad femenina. Comienza su apelación con la característica definición del amor maternal: desinteresado, intenso y duradero. Más adelante, pide piedad para estos delitos y para estas mujeres por su debilidad e irracionalidad, y por último alude a la divinidad: "La sociedad no debe

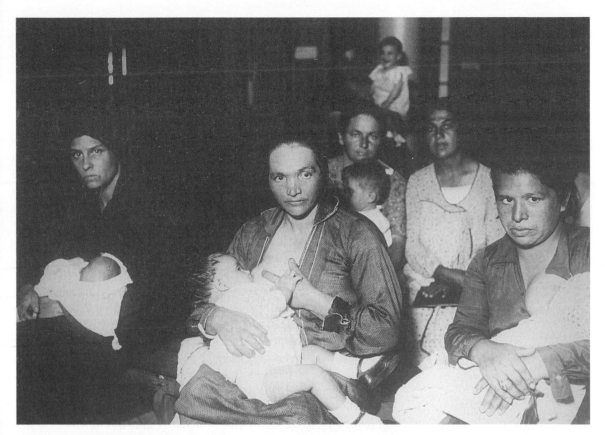

usurpar la misión de Dios. Si éste castiga a la madre homicida con el punzante y continuo dolor que causa el recuerdo indeleble del hijo asesinado, ¿a qué agregar la pena corporal a la tortura moral?". El alegato se basa precisamente en la no reincidencia de este delito. Una verdadera madre quedará, según esta hipótesis, marcada para siempre por su crimen: ser mujer y ser madre son sinónimos; aun matando al hijo se conserva el instinto maternal.

En su segunda apelación, el defensor presenta a Juana como caída y deshonrada para siempre, y éste es su peor castigo: "...la naturaleza misma del delito hace que la pena mayor sea la vergüenza de su publicidad. [...] mi defendida lleva dos años de prisión sufrida y cruenta, *perdida quizá para siempre su honra y la esperanza de los tranquilos goces del hogar*". Las mujeres no sólo son naturalmente madres sino también esposas: "la maternidad y la vida conyugal son las esferas vitales que organizan y conforman los modos de vida femeninos, independientemente de la edad, de la nacionalidad y de la clase social".[20]

Por último, siempre dentro de un discurso protector, el defensor de-

Para muchas mujeres, la posibilidad de amamantar era también una oportunidad laboral. A veces, tenían que abandonar la atención de sus propios hijos para dedicarse a los ajenos. Otras, conservaban a los propios como medio de mantener la leche.
Archivo General de la Nación, Departamento Fotografía.

nuncia la violencia patriarcal contra las mujeres: "... No habrían [*sic*] madres infanticidas si la sociedad no persiguiese con su baldón a las madres e hijos naturales [...] bajo el punto de vista verdaderamente filosófico, el infanticidio es delito de toda la sociedad antes que del ejecutor".

La justicia argentina no encontró atenuantes a la hora de dictar sentencia: "Una madre asesinando a su propio hijo, ¿qué es sino una máquina gastada por el dolor o un instrumento desordenado y falto de dirección? [...] La misma procesada se refiere a ese momento como un momento de alucinación".[21] Las condenas se centraron en la conducta desordenada y la liberalidad sexual de las mujeres: "...la mala pasión ha tenido que ser más poderosa al sobreponerse sobre el sentimiento natural de madre que es, hasta por su constitución física, la destinada por la naturaleza a conservar los días de esa criatura, cuyos altos y delicados sentimientos han caído a la simple vergüenza, es decir, al cálculo exterior de parecer honrada destruyendo las pruebas de *aquellos actos anteriores de los que debió avergonzarse ante su conciencia*".[22]

Cuando se trata de mujeres, más allá del tipo de delito cometido, es su pertenencia de género y, en muchos casos, su moralidad sexual lo que las aísla y las condena a una permanente vigilancia y regulación: "los discursos legal, médico y científico intervienen para producir una mujer que es fundamentalmente un cuerpo problemático y desordenado, cuyas capacidades reproductivas y sexuales necesitan vigilancia constante y regulación a raíz de la amenaza que esta mujer 'supuestamente natural' constituye sobre el orden moral y social".[23] Para ello, los jueces asumen el papel que los maridos y padres no han podido asumir con estas mujeres. Protegerlas, vigilarlas y castigarlas desde una posición autoritariamente paternal. Como afirma Byrne, "el cuerpo de la mujer criminal y su historia se abren a la discusión pública y son sus cuerpos, su sexualidad y su persona objetos de escrutinio por parte de hombres y mujeres. Esto deja a las mujeres solas bajo sospecha, aun cuando haya otras personas involucradas...".[24]

Conclusiones

Según el discurso de la justicia, la maternidad es un hecho biológico y natural al que las mujeres no pueden renunciar tan fácilmente. "A partir de una posibilidad biológica se instaura un deber ser, una norma, cuya finalidad es el control tanto de la sexualidad como de la fecundidad de las mujeres. No se trata de una legalidad explícita sino de un conjunto de estrategias y prácticas discursivas que al definir la feminidad, la construyen y la limitan, de manera tal que la mujer desaparece tras su función materna, que queda configurada como su ideal."[25]

Defensores, fiscales y jueces coinciden en este punto: "¿el pensamiento de deshacerse de su hijo?, ¿qué madre, que no sea una horrible excepción de la especie humana, puede abrigar este pensamiento?".[26] Aun renunciando a la experiencia de la maternidad, quedaría en su alma un remordimiento basado precisamente en la naturalidad del sentimiento. Cuando una mujer mata a su hijo, toda la comunidad juzga su delito y la justicia se instala como padre protector-castigador en el lugar de la racionalidad y la serenidad, características exclusivamente masculinas. El defensor de Juana lo resume claramente en este párrafo: "...si alguna consideración pesa en la balanza de la justicia, es sólo la clemencia de *los jueces, que son hombres, en favor de una desgraciada mujer*".

Se condena el ocultamiento y por supuesto el asesinato de un hijo que pertenece, como los vientres de las mujeres, a la sociedad toda, y con él se condena la libertad de las mujeres de disponer de sus cuerpos, de ocultar un embarazo y de apropiarse de la vida de sus hijos. Las mujeres sólo tienen deberes para con los otros, mientras los hombres tienen derechos: el honor, el ocultamiento de adulterios e hijos ilegítimos y hasta el delito.

El Estado y el derecho se posicionan no sólo desde un lugar patriarcal sino desde una superioridad de clase. Shapiro confirma estas ideas en su trabajo sobre el fin de siglo francés: "Muchas mujeres acusadas de infanticidio –en general mucamas pobres y solteras– [...] expresaban una desolación extrema, el horror de traer la deshonra a sus familias y cierta idea de que perderían sus trabajos si se sabía que habían tenido un hijo".[27] Kertzer presenta la misma realidad en la Italia del siglo XIX: la mayoría de las mujeres descubiertas y arrestadas por infanticidas eran

Así como mostraban coraje y solidaridad cuando se trataba de defender a los suyos, muchas veces no dudaban en denunciar a sus propias vecinas a la policía cuando ocurrían reyertas domésticas o infanticidios. Huelga de inquilinos, 1907. Archivo General de la Nación, Departamento Fotografía.

empleadas domésticas u obreras que se encontraban solas, muchas veces habían emigrado de sus lugares de origen y no tenían el apoyo de sus familias.

El poder de padres y maridos (y el asumido en su representación también por el Estado) sobre los cuerpos y la sexualidad de las mujeres delimita cuestiones tales como la ilegitimidad de una unión y la consiguiente ilegitimidad de los hijos. Si bien no se puede hablar de un condicionamiento absoluto, es factible pensar que las mujeres se ven compelidas al infanticidio cuando están encerradas en prácticas y discursos que condenan su actividad amoroso-sexual independiente. La amenaza de la deshonra y la vergüenza y la necesidad de mantener un *statu quo* matrimonial-económico son realidades construidas y reproducidas por la organización desigual de las relaciones sociales de sexualidad, de las que resultan niños y madres sumidos en un abandono cercano a la desesperación.

Sin embargo, es lícito considerar la posibilidad de que estas mujeres hayan decidido matar a sus hijos movidas por un deseo anterior de no reproducción ligado quizás a su falta de recursos, a su soledad o simplemente para privilegiar una autonomía que un hijo limitaría. Pero lo cierto es que, dentro del discurso judicial y de los parámetros sociales de la época, era imposible contemplar esta posibilidad. Las defensas se construyeron sobre la incapacidad de las mujeres para dar cuenta de sus actos (sexuales y criminales); asumiendo una postura firmemente protectora y paternalista, mientras que la fiscalía se ubicó en una postura paternal pero correctiva. En definitiva, todos se apropiaron de los significados de la maternidad y del ser mujer, mientras las mujeres quedaban en un segundo plano.

Por último, dentro de la construcción patriarcal del amor maternal, se olvida que éste llega a veces a ser tan intenso y desmesurado que puede transformarse en una relación no contractual sino absoluta. La madre no sólo debe amar y sacrificarse por su hijo, sino que debe ser tierna y tolerante. El patriarcado no pensó que este amor podría tornarse voraz y violento, al punto de que la madre llegara a detentar un derecho de vida y de muerte sobre su hijo. Un derecho que esgrimen inconscientemente estas madres que matan con sus propias manos. Así, el infanticidio podría leerse como último acto de amor, de preservación del niño frente a las imposibilidades maternas. Como la otra cara del amor maternal. Muchas mujeres matan a sus hijos "ante el temor de perderlos y por haberles concedido demasiado importancia, por haberlos situado como la razón de su existir. No es por ello extraño que, en estos casos, las mujeres hubieran también intentado el suicidio".[28] "La muerte se desencadena a partir del deseo de dar vida, de preservar en el imaginario ese lugar de

Las parteras, conocedoras de los secretos de la vida y de la muerte, muchas veces descubrían y denunciaban a las autoridades los partos clandestinos seguidos de la muerte de los recién nacidos. Ilustración de Guillermo Claudius en Eugenia Marlitt, *La abuela*, Barcelona, Montaner y Simón Editores, 1914.

privilegio, sobre todo cuando se le percibe amenzado".[29] El infanticidio (sobre todo en los casos en que existía la opción de entregar los hijos a la beneficencia) denota el poder desmesurado de las mujeres sobre sus hijos, el egoísmo de semejante amor, la posesión que los hijos representan para las madres. Ante la orfandad, ante la posibilidad de pensarlos mal atendidos, hambrientos, enfermos, maltratados, las mujeres prefieren matar a sus hijos. Si ellas no pueden conservarlos, nadie lo hará. Es preferible la muerte.

Notas

1   Rich, Adrienne, *Nacida de mujer,* Noguer, Barcelona, 1978, pág. 98.

2   Azaola, Elena, *El delito de ser mujer,* Ciesas/Plaza y Valdés, México, 1996, pág. 56.

3   Marcela Lagarde.

4   Morris y Wilzynski, "Rocking the cradle. Mothers who kill their children", en Birch, H. (comp.), *Moving Targets. Women, Murder and Representation*, University of California Press, Berkeley, 1994, pág. 214.

5   Bravo, María Celia y Teitelbaum, Vanesa, "Entrega de niños e infanticidios en la construcción de una imagen de la maternidad en Tucumán, Argentina (segunda mitad del siglo XIX)", en *Temas de Mujeres. Perspectivas de género,* CEHIM, Facultad de Filosofía y Letras, Universidad Nacional de Tucumán, 1998, pág. 87.

6   Véase Judith Allen, *Sex and Secrets. Crimes involving australian women since 1880*, Oxford, Melbourne, 1990, y Kertzer, D., *Sacrificed for Honor. Italian Infant Abandonment and the Politics of Reproductive Control,* Beacon Press, Boston, 1993.

7   Kertzer, D., ob. cit., pág. 32.

8   Rich, Adrienne; ob. cit., pág. 256.

9   Smart, Carol, *Feminism and the Power of Law,* Routledge, Londres, 1989. Allen, Judith; Shapiro, Ann-Louise; Byrne, entre otras.

10 Morris y Wilzynski, ob. cit., pág. 216.

11 Guy, Donna, "Familias de clase baja, mujeres y el derecho: Argentina, siglo XIX", en Barrancos, D. (comp), *Historia y Género*, CEAL, Buenos Aires, 1993, pág. 43.

12 Bravo, María Celia y Teitelbaum, Vanesa, ob. cit.

13 Ruggiero, Kristin, "Honor, maternidad y disciplinamiento de mujeres: infanticidio en el Buenos Aires de finales del XIX", en Fletcher, Lea (comp.), ob. cit., pág. 230.

14 Ibídem, pág. 231.

15 Bravo, María Celia y Teitelbaum, Vanesa, "Entrega de niños...", ob. cit., pág. 92.

16 Archivo General de la Nación (AGN), "Causa contra María Iguerra y Pedro Denglá por infanticidio, 1871". Todos los destacados en las citas corresponden a la autora.

17 AGN, "Causa contra Juana Larramendia por infanticidio".

18 La sentencia no especifica en qué Código se basa.

19 Ruggiero, Kristin, ob. cit., pág. 234.

20 Lagarde, Marcela, citada en Azaola, Elena, *El delito de ser mujer*, pág, 87.

21 Evaristo Carriego, defensor oficial de María Iguerra.

22 Alegato del fiscal contra Juana Larramendia.

23 Smart, C., "Disruptive Bodies and Unruly Sex. The regulation of reproduction and sexuality in the nineteenth century", en Smart, C. (comp.), *Regulating Womanhood,* Routledge, London, 1992.

24 Byrne, P., *Criminal Law and Colonial Subject. New South Wales 1810-1830,* Cambridge University Press, Melbourne, 1993, pág. 251.

25 Tubert, Silvia, "Introducción", en Tubert, S. (comp.), *Figuras de la madre,* Cátedra, Madrid, 1996.

26 Defensa de María Iguerra.

27 Shapiro, Ann-Louise, *Breaking the Codes. Female Criminality in Fin de Siècle Paris,* Stanford University Press, California, 1996.

28 Azaola, Elena, ob. cit., pág. 65.

29 Ibídem.

Cuerpos femeninos y cuerpos abyectos
La construcción anatómica de la feminidad en la medicina argentina

Pablo Ben

Durante los siglos XIX y XX, la medicina llegó a ocupar en el Estado y sus políticas un lugar destacado, desde el cual construyó una concepción particular con respecto a las mujeres: describió el cuerpo femenino, estableció cuáles eran las anatomías "adecuadas" y cuáles las anomalías, como también los elementos considerados imprescindibles para distinguir a un varón de una mujer.

La distinción médica los *sexos* se hizo pública por medio de manuales educativos, políticas oficiales, libros informativos generales y especializados, medidas higiénicas, exposiciones en la prensa, etc. Con esos instrumentos, el discurso médico edificó un poder que le permitió asentar interpretaciones hegemónicas, las cuales siguen siendo influyentes hasta nuestros días.

En el marco de la consolidación del Estado, la corporación médica asoció la femineidad en el comportamiento con ciertas características corporales, como la presencia de la vagina y los caracteres sexuales secundarios. El saber biológico en torno al cuerpo generaba afirmaciones imperativas que sostenían lo que las mujeres debían hacer y aquello que era incorrecto.

Sin embargo, este cuerpo sexuado al que se apelaba para fundar una verdad en torno al género femenino, no siempre se adecuaba a los cánones que planteaba la profesión médica, y en tales casos sufría la abyección,[1] y se lo condenaba a no ser reconocido como cuerpo femenino. La identidad femenina de las personas cuyos cuerpos no respondían a las pretensiones médicas era negada como una falsedad.

Manon fue una mujer con pene rechazada como tal por los médicos de su época porque no respondía a la normativa anatómica que éstos disponían. Por esta razón fue perseguida por la policía, y su muerte a causa de una enfermedad pulmonar fue considerada "lógica" para el médico que publicó esta foto en su artículo.
Archivos de Criminología, Medicina Legal y Psiquiatría, año 1902, tomo I.

El cuerpo femenino

El saber médico no circunscribía su incumbencia a los procesos biológicos, sino que también agrupaba aspectos comportamentales, desde la cuestión de la maternidad o el trabajo femenino hasta el tipo de vestidos más convenientes según la Higiene. Las concepciones de esta disciplina con respecto a estos temas han sido analizadas en otros estudios,[2] pero sin embargo sigue faltando un análisis de un aspecto constitutivo del discurso médico, a saber, el modo en que se abordó la cuestión del cuerpo y las conductas que de él se inferían.

Según la concepción médica dominante, "los fenómenos psicológicos son la expresión de procesos biológicos, siendo la 'psiquicidad' un carácter propio de la materia, lo mismo que la irritabilidad y el movimiento".[3] Esta concepción se evidencia en especial en un tema clave; la maternidad, considerada como tarea adecuada para la psiquis de la mujer, cuyo cerebro, supuestamente menor que el de los varones, menos pesado y vascular, originaría ciertas características atribuidas exclusivamente a ellas: "sensibilidad extremada", imaginación muy viva, atención y reflexión más constante y menos profunda, juicio más pronto y guiado por aquella exquisita sensibilidad y no por la razón. En la mujer, el amor, las facultades afectivas y la abnegación estaban más desarrolladas que en el varón; en cambio, las facultades morales eran menores, al igual que la ambición.[4]

Este dibujo era parte de una publicidad que anunciaba: "Es deber de las buenas madres conocer plenamente si su constitución orgánica les permite amamantar a sus niños y tener una opinión bien definida sobre aquel producto que ha de serles más beneficioso en caso de debilidad o empobrecimiento momentáneo o total de la nutrición materna". Discursos como éste estaban influidos por las concepciones médicas de la maternidad, entendida entonces como un comportamiento fundamentado en la anatomía femenina.
Mundo Argentino, 1917, año VII, n° 327.

La maternidad era una "ley natural" que se concluía de "los signos diferenciales radicados en la estructura anatómica y en la función reproductora";[5] por esto, la prédica de los médicos en torno al rol de la mujer en el hogar y la crianza adquiría sentido al referirse a una corporalidad específica propia de este género.

La dieta adecuada para las mujeres eran los alimentos livianos, como los vegetales, la leche y los dulces; en tanto que para los varones se reservaban las comidas fuertes y condimentadas.[6] Del mismo modo, a ellas se les recomendaba el consumo de bebidas acuosas y dulces, y se estipulaba que los líquidos fermentados y alcohólicos eran más típicos y pertinentes para los varones.[7]

Estas disposiciones se desprendían de una comprensión particular del aparato digestivo en las mujeres.[8] En general, desde la perspectiva médica, "todos los órganos digestivos de la mujer ofrecen en más o menos grado menor robustez que los del hombre".[9]

La anatomía y la fisiología eran una garantía de verdad de las afirmaciones de los médicos, una instancia que legitimaba sus posiciones y aseguraba la objetividad, conjurando las acusaciones de parcialidad que pudieran denunciar el poder de esta institución ligada al control social. Esta estrategia ocultaba esa relación de poder mediante la naturalización, presentando la construcción médica de lo femenino como una fatalidad objetiva, independiente de los saberes en cuestión. Por eso se sostenía que es "el organismo" el que "dispone sus elementos para la elección afectiva que encauzará sus nuevas funciones", y no el poder de una institución estatal.

Si la maternidad era un corolario del cuerpo, entonces las mujeres que se resistían a asumirla caían automáticamente en el terreno de la patología porque renunciaban a "sus naturales deberes". En la "fobia de la maternidad" faltaban "esos movimientos orgánicos y sensaciones internas" que "repercuten sobre la conciencia traduciéndose por una emotividad especial en presencia de los individuos del sexo opuesto". Rechazar el embarazo y la crianza era una conducta "incomprensible y veleidosa, mezcla de enigma y de quimera, sin más razón aparente que su propia sinrazón". La aspiración maternal constituía "la base misma de la vida femenina", porque era de raíz anatómica.[10]

Las mujeres que no querían encargarse del trabajo implicado en la crianza eran acusadas de "oposición mórbida a la maternidad", como afirma un marido desahuciado que sostiene su "legítimo deseo de ser padre" frente a la oposición femenina.[11]

Los médicos encontraban diferencias en cada aspecto del cuerpo y desde allí legitimaban una construcción dicotómica y opositiva del género. Si los varones y las mujeres tenían tareas diversas en la vida, si sus comportamientos debían estar sujetos a diferentes reglas, todo esto tenía que poder fundarse en una descripción detallada de las diferencias en cada una de las partes del organismo.

El tórax femenino también era tenido por menos capaz y resistente, y se sostenía que el volumen de la laringe era menor, de allí que su respiración quemara menos ácido carbónico y sufriera más el aire contaminado de las habitaciones.[12] Las mujeres tenían corazones y vasos arteriales menos profundos, en ellas predominaban los linfáticos y los venosos. La sangre era más rica en albúmina y agua, y poseía menos elementos sólidos. La descripción de la piel de las mujeres indicaba una tendencia a ser más blanca, porque la segregación de pigmento se suponía menor.[13] El pelo de la cabeza era más largo y fino que en el varón; las uñas, más blandas y delgadas; las secreciones mucosas, más abundantes; la orina, más frecuente y menos copiosa.

Otra diferencia en la que se observaba una apariencia propia y exclusiva del cuerpo femenino era la distribución del tejido adiposo, que cubría las "saliencias musculares" dando a las mujeres una forma "más redondeada y menos angulosa".[14] Estas formas eran consideradas una consecuencia misma de las características biológicas de la mujer, en cuyos tejidos las adiposidades se depositarían con mayor facilidad.

Esta mujer, al igual que muchas otras, estaba fuera del modelo propuesto por los médicos. Según la visión de éstos, el cabello corto no era adecuado para el sexo femenino, el maquillaje no se adaptaba a las normas higiénicas y el corsé deformaba el cuerpo. La imagen sensual que ofrece este anuncio es opuesta al estereotipo de la mujer asexuada que propone la medicina. Anuncio publicitario, ca. 1920.

El cuerpo descrito por el saber médico parecía estar especificado por el *sexo* en cualquiera de sus órganos, como si todas las partes hubieran pretendido dejar en claro que no existe ninguna posibilidad de confundir a un varón con una mujer. También el desarrollo corporal a lo largo de la vida estaba cruzado por una interpretación binaria de los *sexos*: se sostenía que las mujeres acceden a la adultez a una edad algunos años anterior respecto de los varones. Se destaca que en la "puericia" los movimientos de las niñas son "menos bulliciosos", como si esto fuera una consecuencia directa de su desarrollo anatómico. Los juegos de niñas se diferenciarán de los de varones, que preferirán actividades más bruscas y agresivas.[15]

En la pubertad o adolescencia, "el pelo cubre la cara [...], las axilas y otras partes del cuerpo" de los varones, y varía la forma en que experimentan el amor cada uno de los *sexos*, manifestándose en los jóvenes como "arrebatada y fogosa", mientras que en el caso de las jóvenes "es una poética y dulce pasión que la mece con arrullo divino".[16] La desexualización del amor en las mujeres fue una posición recurrente del discurso médico, se señalaba que los *sexos* se habían especializado en la evolución, adquiriendo los varones el "instinto sexual", mientras que las mujeres se caracterizaban por un "instinto maternal".[17]

Las diferencias entre los *sexos* se agudizan más aún en la consideración de la adultez, donde los varones desarrollan el "tipo perfecto del organismo y sus funciones". El cuerpo masculino es entendido "como modelo y objetivo".[18]

Las mujeres están por fuera de la norma y por eso en ellas se destacan las pérdidas. Se afirma que "pierde por fin su facultad reproductora, pasando por la edad crítica o menopausia", mientras que las especificidades señaladas para el varón, más allá de tomar en cuenta que éste "disminuye en su actividad por esta función del organismo", recuerdan fundamentalmente sus potencialidades; explicando que en ese momento "el hombre produce sus más bellas concepciones", y que además ésa "es la edad de los grandes hombres políticos".[19]

Los genitales y la abyección de la corporalidad femenina

Si el conjunto del cuerpo era un campo minado de signos que connotaban del *sexo* de una persona, más aún lo serían los órganos genitales. Éste era el sitio en el que se fundaban en última instancia todas las diferencias naturales entre varones y mujeres.

Los órganos que componen el aparato reproductor y que "varían en cada *sexo*", en el caso del varón son: "los testículos, los canales deferentes, las vesículas seminales, los conductos eyaculadores, la próstata y glándulas de Cowper y el pene"; y en la mujer: "los ovarios", "las trompas uterinas", "el útero o matriz", "la vagina", "la vulva" y "las glándulas mamarias".[20]

Entre las enumeraciones y descripciones de los médicos hay apenas matices que las diferencian. Algunas descripciones de los genitales femeninos prestaban más atención a la parte externa, otras privilegiaban a los órganos internos. Es decir que se podía trazar la distinción entre genitales masculinos y femeninos considerando los ovarios, las trompas uterinas, el útero, o bien considerando las características exteriores más salientes en una primera observación: "los pequeños labios", los "grandes labios" y el "clítoris".[21] Estas diferencias de apreciación son significativas, especialmente porque en la mayoría de las descripciones de los genitales femeninos el clítoris era un órgano ausente, precisamente cuando se lo reconocía e identificaba como el lugar donde se situaba el placer femenino.[22] La ausencia de este órgano era coincidente, por lo tanto, con una perspectiva que interpretaba a la mujer como un ser más

Obsérvese en la imagen las actitudes de cada sexo, la pose y el modo en que el cuerpo femenino es cubierto casi totalmente por el vestido. En las redondeces de esta mujer, y de muchas otras de su época, los médicos identificaban una cualidad esencial, biológica, de la corporalidad femenina.
Colección particular.

inclinado al afecto que a la sexualidad, y de este modo, se pone en evidencia el carácter ideológico de esa atribución. Mientras que del cerebro se concluía la compulsión a la maternidad, el clítoris no tenía corolarios y en ocasiones era invisibilizado, se imponía el silencio sobre él y, por lo tanto, sobre el deseo sexual.

En algunos casos, los genitales son ignorados, sobre todo en los manuales utilizados para la educación de adolescentes, aunque también están ausentes en otros textos de anatomía no necesariamente dirigidos al público en general. La ausencia de descripciones anatómicas de los genitales contrasta en muchos textos con la exhaustividad con la que es descrito el resto del cuerpo humano.[23] Sin embargo, estos silencios no pueden ser entendidos como un desinterés por la diferenciación sexual, pues la referencia a los órganos sexuales se consideraba poco conveniente en ciertas ocasiones; por otro lado, en general la distinción entre los genitales de ambos *sexos* era considerada un asunto propio de determinadas disciplinas particulares de la medicina, y no tanto un campo de la anatomía, aun cuando ésta podía incluir a estos órganos bajo su dominio.

Las referencias a los órganos genitales eran más corrientes en aquellos escritos dedicados específicamente a cuestiones sexuales, en la ginecología, la embriología, la urología, etc.[24] Allí se desarrollaba la dicotomía entre estos órganos de manera más profusa que en la anatomía propiamente dicha, lo cual no significaba que los textos de esta última disciplina no aceptaran esos saberes; por el contrario, se hallaban en íntima conexión con ellos.

La diferenciación de los órganos genitales de cada *sexo* coincidía con una patologización de la biología femenina. Ciertas particularidades de la mujer eran clasificadas como "anomalías" porque no respondían al "tipo perfecto": el masculino. En los órganos femeninos se observaban especificidades que se suponía acarreaban trastornos corporales y psíquicos de todo tipo.[25] La menstruación, por ejemplo, era entendida como un proceso sumamente traumático que podía dar a lugar enfermedades. Por eso se llegaba a sostener: "En la investigación de los actos criminales cometidos por mujer, lo mismo durante la menopausia que en la época de su actividad sexual, esté o no regularizado el flujo menstrual, deberemos tener en cuenta la influencia que sus trastornos ejercen sobre la inteligencia, estudiando con detenimiento los antecedentes morbosos y hereditarios para apreciar debidamente la responsabilidad de los actos cometidos".[26]

El presupuesto en el que se basa este discurso es el de "la correlación entre la locura y los desórdenes del aparato genital"; por esta razón, tanto la menstruación como cualquier alteración del funcionamiento normal se consideraban potenciales generadoras de efectos psíquicos negativos. Sin embargo, es necesario aclarar que los médicos considera-

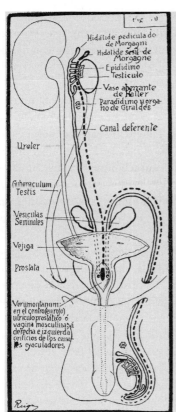
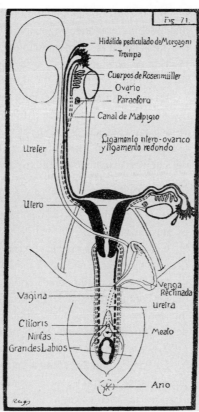

En estos esquemas que representan los genitales de cada sexo las diferencias son absolutas. No se señala que aun los genitales femeninos considerados normales incluyen los órganos masculinos de manera atrofiada o con un detenimiento en su desarrollo, y a la inversa. En los primeros estadios del desarrollo embrionario se encuentran todos los órganos en potencia, y luego se pueden desarrollar ambos (hermafroditas) o prevalecer uno de ellos, sin que el otro quede del todo excluido.
Revista de Ciencias Médicas, 1923, tomo VI, n° 61.

ban problemáticos no sólo ciertos fenómenos que identificaban como irregulares en la biología femenina, sino más bien aquellos que identificaban como típicos. La menstruación en sí misma, por ejemplo, implicaba una desviación del varón como modelo de ser humano.[27]

Algo similar ocurría con el embarazo. Se escribieron muchos artículos sobre las "locuras puerperales", afirmando que el embarazo provocaba "disturbios del sistema nervioso: agotamiento físico, agotamiento mundano, recuerdos de sus fastidios si la mujer es primípara, complicaciones, temores de hemorragia, de infecciones sépticas, inaptitud para alimentar", y de aquí se concluía que "los efectos de origen patológico del embarazo han de aumentar con las exigencias de la civilización".[28]

La locura puerperal se consideraba bastante frecuente, y se llegó a sostener que "la locura se manifiesta a menudo en las primíparas".[29] El fenómeno era considerado temporal, y por eso se creía que la mayoría de las mujeres se curaban luego, pues era simplemente una consecuencia de los procesos biológicos en juego en el embarazo.[30]

El discurso médico suponía una correlación perfecta entre anatomía

*La desestabilización
de la dicotomía anatómica*

y genitales, por un lado, e identidad de género, por otro: los varones tenían pene; las mujeres, vagina, y de aquí se concluían sujetos con características diversas. Pero cuando los médicos se enfrentaban con personas que poseían anatomía y genitales ambiguos, no les resultaba sencillo distinguir los *sexos*.

En un sanatorio, por ejemplo, se presenta alguien que legalmente es considerado mujer pero que solicita "una operación que le devuelva su verdadero sexo, que ella cree ser el masculino". Esta persona, que "viste traje femenino", posee una anatomía que no encaja en la definición del cuerpo femenino sostenida por la institución médica. Es "un poco gruesa", carece de barba y bigote y usa el cabello largo y abundante, pero "su voz es relativamente fuerte para una mujer, siendo varoniles sus maneras y su andar", y además "el sistema muscular es fuerte y el piloso muy desarrollado".[31]

Cuando el médico recurre al análisis de los genitales para definir la situación, también se encuentra con dificultades: hay un órgano que puede ser tanto un "pequeño pene", como un "clítoris hipertrofiado", que para mayor confusión se encuentra situado "entre dos grandes labios". En su interior "se palpan dos tumorcitos móviles, como almendras" y el canal de la uretra desemboca en una hendidura de tres a cuatro centímetros con pequeños repliegues de mucosa, situada por debajo del pene-clítoris.[32]

La concepción dicotómica entra en crisis en la descripción de estos genitales: el cuerpo ya no es aquí simplemente una fuente de verdad, sino que también es capaz de mentir. Cuando los médicos se enfrentaban a casos que impugnaban el modelo establecido por ellos, se buscaba la mentira en alguno de los órganos. Por este motivo, se hablará de "esos falsos labios" y del "falso clítoris", y se le reconocerá a este sujeto la identidad masculina.[33] Se le realiza una operación para que la uretra desemboque en el órgano que se ha decidido que es un pene y para que los labios desaparezcan. Finalmente, esta persona se retira conforme porque ha sido reconocida como varón por los médicos, que la ayudaron a suprimir las características ambiguas de su cuerpo.

Sin embargo, la restablecida tranquilidad del discurso médico se montaba sobre una operación quirúrgica y epistemológica contradictoria, porque implícitamente se estaba sosteniendo que en algunos casos la verdad anatómica venía dada por nacimiento, mientras que en otros, para que ésta aflorara, era necesaria una transformación del cuerpo ejercida por la medicina.

La modificación de los genitales era, y sigue siendo aún, un acto ilegal condenado; sin embargo, se autorizaba cuando los cuerpos no se adecuaban a las categorías corporales dicotómicas que constituían la garantía de interpelación[34] de las mujeres desde la perspectiva médica.

Tras la operación y a pedido de los médicos, esta persona que ahora había conjurado la inclasificabilidad, escribió un relato de su vida en el que se evidencian algunos de los ejes del discurso médico sobre la división sexual. En ese texto, sostiene que a pesar de que él había sido criado como mujer, permanentemente se manifestaban las tendencias masculinas, porque a pesar de "las restricciones y la presión que sobre mí debían ejercer el ropaje, la educación y la sociedad, las tendencias del verdadero varón se traslucían, o mejor dicho triunfaban".[35]

La masculinidad se "traslucía" como resultado de su "verdadera" anatomía, "confundida" por órganos que habían conducido a una identificación "errónea" del *sexo*. La correlación entre anatomía y comportamiento se mantenía en pie y las influencias sociales eran consideradas como fuerzas ineficaces.[36] La biología no era aquí cuestionada como fundamento de la verdad, y a pesar de que la ambigüedad genital había sido un inconveniente, la atribución precisa de un *sexo* fue finalmente posible.

En la infancia, este varón había sufrido la discriminación porque era considerado mujer y las actividades que prefería no se adecuaban al gé-

La identificación de lo femenino como desviante se observa incluso en aquellas conductas que la medicina prescribe como normales. Esta foto, que ilustra la publicidad de un tónico para "madres que crían, para los convalecientes y para los débiles", deja claro con qué otro tipo de personas están asociadas las madres. Caras y Caretas, 1907, tomo X, nº 439.

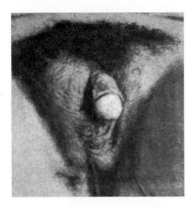

Un genital ambiguo. Puede observarse el tamaño de un pene poco desarrollado o de un clítoris hipertrofiado. Alrededor de éste se encuentra un tejido intermedio entre escroto y labios vaginales. La ambigüedad de estos órganos resultaba inadmisible para la concepción dicotómica de la corporación médica.
Revista del Médico Práctico, 1921, año II, n° 5.

nero reconocido: tenía una "afición a brincar, trepar, montar a caballo" y elegía la compañía de sus hermanos varones a la de su hermana, "compitiéndoles en valor, fuerza, agilidad para correr, trepar y otros ejercicios". Las muñecas no le inspiraban ninguna simpatía y cuando jugaba con otras niñas por obligación "era con la condición de que me dejaran el papel de peón, puesto que yo mismo había creado. Entonces estaba en mi elemento; soltaba mi caballo de caña embozalado con tiras o piolas, y salía a galope tendido para volver luego con las provisiones".[37]

Sin embargo, semejante despliegue de masculinidad resultaba por demás conflictivo y le planteaba la necesidad de justificar su comportamiento de algún modo. Como era considerado mujer, su única alternativa era sostener un "carácter franco, liberal, altivo y hasta impetuoso, [¡]tener que vivir siempre fingiendo!", por eso "yo sólo trataba de justificar mis procederes amparándome en un modernismo y liberalismo por los cuales abogaba, y con los que combatí la sinrazón de muchos usos de las mujeres. Algunos se manifestaban de acuerdo con mis ideas; eran más los que fingían estarlo".

Una de las conclusiones más significativas que los médicos extraen de este caso es que el feminismo a través del cual se justificaba el comportamiento "masculino" no era más que una forma de "fingir" aquello que no podía tener una fundamentación en la verdad biológica. Podemos notar en esta operación ideológico-quirúrgica la importancia que tenía la interpretación binaria del cuerpo para sostener el discurso de género construido por la medicina, con todas sus implicancias respecto de la maternidad y el comportamiento femenino "adecuado". De todos modos, este caso es sumamente particular, porque es una de las pocas situaciones en la cual tanto los médicos como la persona afectada concordaron en cuanto al "verdadero *sexo*". En general, los/as *hermafroditas* eran obligados/as al silencio y se les imponía una identidad diferente de aquella con la que habían sido criados/as desde pequeños/as.

Si algunas mujeres violaban las normas impuestas a su género, se consideraba que esto era producto de una asignación "errónea" de la identidad o bien de una patología, una "inversión del instinto sexual". Como han sostenido diversos autores y autoras, la acusación de perversión del instinto sexual no se dirigía sólo a las mujeres que deseaban a otras mujeres, sino también a las que exigían su derecho a votar, la igualdad legal o la posibilidad de trabajar sin por eso ser degradadas.[38]

Según su propio relato de vida, el *hermafrodita* –a quien se brindó la posibilidad de una cirugía que legitimara corporalmente su masculinidad– sostiene que la educación y la sociedad no habrían ejercido ninguna influencia, porque sobre ellas predominaría la influencia del "verdadero *sexo*". Sin embargo, en la mayoría de los casos, las personas criadas con determinado sexo *se apropiaban* de esa identidad atribuida, más allá de que luego los médicos "descubrieran" que su ambigüedad genital ocultaba un "sexo" que era diferente de aquel que se les había atribuido.

En general, las mujeres con genitales ambiguos rechazaban a los médicos cuando éstos pretendían que abandonaran la identidad de género que habían desarrollado desde los primeros días de vida. La pretendida determinación que la anatomía ejercía sobre el comportamiento era impugnada, y por este motivo los médicos patologizaban a esas personas, las consideraban "monstruos" y les dedicaban una disciplina especial denominada "teratología" (de *teras*, "monstruo", en griego).[39]

Para calificar de monstruosos a los cuerpos que no se adecuaban a la dicotomía sexual, era necesario fundamentar científicamente que la oposición binaria constituía el grado cero de la monstruosidad. La concepción médica del cuerpo recurría a una larga argumentación evolutiva para explicar la necesariedad de la oposición entre *sexos* y la especificidad del cuerpo femenino.[40] Las primeras especies vivientes habrían sido asexuadas; posteriormente surgieron especies que poseían en un mismo individuo ambos órganos sexuales (*hermafroditas*); y finalmente este período habría sido superado por una etapa en la cual los *sexos* se habían separado en diferentes organismos.[41]

Esta historia evolutiva de la especie era recapitulada[42] –según el pensamiento médico– en el estado embrionario por el que pasaba cada uno de los/as individuos humanos. De este modo, aquellas personas que nacían *hermafroditas*, en realidad habían sufrido una detención del crecimiento de sus órganos genitales que las había dejado en un estadio equivalente a aquel que ya había sido superado por la evolución. Por este motivo, la ambigüedad genital era considerada patológica.

Esta forma de concebir la evolución requiere como precondición lógica la unilinealidad, porque si existen varias líneas evolutivas, no es posible afirmar una relación directa y unívoca entre la historia de la especie y la del desarrollo de un/a individuo. Además, la multilinealidad está necesariamente asociada con el relativismo, que dificulta una perspectiva teleológica y normativa de la evolución. De modo que sin unilinealidad no era posible construir un concepto de patología y de normalidad, ni una concepción binaria de los *sexos*.

La perspectiva médica pretendía fundar científicamente su concepción del cuerpo femenino en una mirada de la evolución que justificara la abyección de los cuerpos no adecuados a su normativa y sólo podía hacerlo si instituía un *telos* evolutivo donde la dicotomía sexual fuera perfecta. Este razonamiento no podía ser más que tautológico, dado que al estar la explicación fundada en un *telos* binario, se presuponía justamente aquello que debiera haber sido demostrado.

La exhibición de genitales ambiguos mediante fotos, dibujos, modelos en yeso, etcétera, era una de las obsesiones médicas orientadas a mostrar aquello que debía ser conjurado porque escapaba a las categorías biologicistas de varón y mujer.
Revista del Médico Práctico, 1921, año II, nº 5.

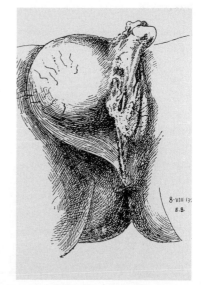

Para los médicos existía un "verdadero *sexo*", que no podía ser el *hermafrodita*, porque éste privaba de estabilidad a la diferenciación dicotómica entre varones y mujeres y por lo tanto al conjunto de normativas que se inferían de aquí. De este modo, el hermafroditismo debía ser "corregido" según el "verdadero *sexo*" de la persona en cuestión o de lo contrario esta persona debía ser *eliminada*, como veremos más adelante. Los encargados de legislar esta corrección, las autoridades que decidían sobre el *sexo* de otra persona, eran los médicos, situados en el lugar de jueces con jurisdicción en lo corporal.

La biografía hermafrodita y la negación de la identidad femenina

El "hermafroditismo" escapaba del poder médico y el control social; de ahí que se recurriera a términos como "ocultamiento", "simulación", y "falsedad", que denotan la ansiedad de un poder que sentía impugnado su saber. El discurso médico construyó una biografía ideal, donde las etapas clave de la vida de la persona *hermafrodita* estaban puestas precisamente en los momentos en los cuales se podía evidenciar la "malformación".

Se relataban las dificultades que los/as *hermafroditas* enfrentaban durante toda su vida, y se distinguían años clave en los cuales era mayor la tensión con el contexto social. El primer momento decisivo estaba signado por la salida del niño o niña de su hogar y el ingreso en la escuela, porque "comienzan a notarse y a resaltar más las fallas que, hasta entonces, pudieran haber pasado más o menos inadvertidas". Esto era así porque su "organización física o psíquica choca[ba] con la de los demás".[43]

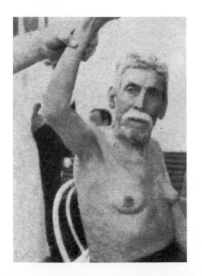

A veces, la indistinción entre lo femenino y lo masculino no se encontraba en los genitales. En la imagen puede observarse el desarrollo de mamas junto con vello facial, una combinación inadecuada para la normativa médica.
La Prensa Médica Argentina, 1922, tomo VIII.

Más tarde, "la pubertad marca un mal paso en la vida de los seudo-hermafroditas", porque en aquel momento el desarrollo de los órganos genitales mostraba "con estrépito la falla orgánica".[44] Aquí nuevamente se repetían las tensiones en la escuela y el "choque" con el contexto social. Pero el momento de mayor conflictividad era cuando las/os *hermafroditas* decidían casarse: "*Nada mejor* que el noviazgo y el matrimonio en la vida social de los seudo-*hermafroditas*, para demostrar la serie de traspiés a que fatalmente están expuestos estos transfigurados sexuales en su paso por el mundo".[45]

Cuando personas cuyos genitales externos o internos eran ambiguos decidían casarse y concurrían al médico para realizar un examen de rutina, en muchos casos se encontraban con un profesional que les informaba que no pertenecían al *sexo* con el que se habían identificado durante toda su vida y que eso les impedía el matrimonio con la persona que amaban. Por supuesto, en el diagnóstico médico no se tomaba en consideración cómo estas personas sentían o se identificaban.

Hay innumerables ejemplos de estas situaciones. Se cita un caso de una novia de 27 años de edad, cuyos genitales estaban "simulando el sexo opuesto como consecuencia de una hipospadias", entonces "está de más decir que el compromiso se rompió".[46] Otro caso es el de una muchacha de 19 años que también estaba de novia y fue operada por un problema que no tenía relación con los genitales. En esa operación los médicos descubren, al abrir el cuerpo, un "tumor", que "demostró ser un testículo", a partir de aquí se le impone un nuevo *sexo* y por esto se explica que ella fuera "indiferente" frente al deseo sexual de su novio.[47]

No resulta extraño que el momento de mayor tensión e imposición del poder médico adviniera cuando una persona *hermafrodita* pretendía casarse. La institución matrimonial era concebida como un vínculo social funcional a la compulsión reproductiva identificada en la naturaleza. Era el momento en el cual la sexualidad debía hacer posible la gestación, promoviendo una relación que tuviera como resultado la constitución de una familia con hijos. Para los médicos, no tenía sentido una pareja no fértil, era un absurdo, por eso la imposibilidad de reproducirse era causal de divorcio incluso en una sociedad donde éste había sido prohibido y altamente estigmatizado.[48]

En síntesis, la vida de un/a *hermafrodita* comenzaba con el "error" cometido por la partera en la identificación del *sexo*, y por tanto se requerían nuevas leyes y control estatal para que esto no ocurriera. Los médicos pretendían que se impusiera la obligación de que ellos atendieran los partos y además establecer, cuando no fuera posible desambiguar los genitales, una identidad dudosa en los documentos para que el/la *hermafrodita* quedara bajo el poder médico.

Entre la posibilidad de que la ambigüedad cuestionara el esquema binario y la eliminación de estas mujeres, los médicos elegían la última opción. Jacinta Duarte, una argentina de 22 años, casada, que vivía en Lanús, a pesar de sufrir profundos dolores "no quiso hacerse reconocer por ningún facultativo", hasta que no tuvo otra alternativa. La mujer (varón para los médicos) "muere [...] a consecuencia de una pleuro neumonía que se lo [¡la!] llevó en pocos días".[49] La enfermedad aparece como una entidad inevitable que "se lleva" a la gente. No son las prácticas médicas las que tienen determinados efectos, sino que éste es el modo en que las cosas ocurren porque así lo requiere la "naturaleza", o porque es "lógico".[50] Desde luego, en aquellos casos en que lo natural se equivoca, los médicos poseen el saber para corregirlo.

En realidad, las concepciones médicas sobre el *sexo* eran la clave a partir de la cual se producía la muerte de personas que esperaban casi hasta su agonía para atenderse, habiendo ocultado sus genitales a la mirada médica. Desde esta perspectiva, no importaba la muerte, percibida como

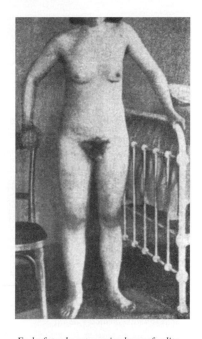

En la foto de esta mujer hermafrodita, la invisibilidad del rostro es una de las formas de deshumanización. No sólo son ambiguos los genitales externos, sino que también lo son los tejidos, que constituyen un "ovotestis", mezcla de ovario con testículo.
Revista del Médico Práctico, 1921, año II, nº 5.

Una de las publicaciones que marcaba la normativa médica y donde se publicaron algunos de los artículos analizados en este trabajo. En este caso, el artículo central se titula "Reseña Histórica de los Monstruos", denominación bajo la cual se incluía a las personas que eran hermafroditas. Revista de Ciencias Médicas, 1923, tomo VI, n° 61.

conclusión lógica, sólo interesaba la "autopsia", para determinar con "seguridad" el "verdadero *sexo*" sin dejarse engañar por "órganos sospechosos", vaginas que "simulan"[51] y sujetos que se "ocultan" en sus ropas.[52]

De Jacinta queda, finalmente, un modelo en yeso de sus genitales,[53] para que su "rareza" se exhiba y de ella emerja un conocimiento que evite las "dudas". Los genitales son zonas "pudendas", pero no pueden escapar a la identificación que el Estado realiza en sus hospitales. Resulta aleccionador, simbólicamente, que se exhiba el modelo en yeso de los genitales de quien quiso ocultarlos para poder decidir su subjetividad e identidad de género. El modelo en yeso es un trofeo de la victoria de los médicos sobre el ocultamiento de Jacinta, a quien se le negó su ser mujer hasta en la muerte.

En esta perspectiva médica, que llega a provocar la muerte de quienes no coincidieran con los supuestos genéricos de la autoridad, se evidencia el carácter de la medicina como forma de control social antes que como instancia de curación. La corporación médica, situada desde el Estado, se encargará de los "inevitables desechos [del] régimen familiar".[54] Se "trata, para los médicos, de considerar la sexualidad como un asunto de Estado" y de este modo "regentar los cuerpos" y "legislar [...] las uniones".[55]

En enero de 1903, una inmigrante francesa que trabajaba en una maternidad sufrió una "fuerte bronquitis [...] después de la cual conservó siempre un poco de tos, notando desde entonces que empieza a enflaquecer".[56] Los médicos se ofrecieron a atenderla, pero ella "fue de reserva absoluta, prestándose con dificultad para los reconocimientos que le fueron hechos por diversos facultativos".[57] De este modo, al no poder dejarse revisar, esta mujer "fallece el 14 de Diciembre de 1903".[58] Cuando fue atendida, ya era demasiado tarde, pero aun así los médicos no se privaron de asombrarse de que la mujer pretendiera conservar su trabajo,[59] ya que éste no era adecuado para su "verdadero *sexo*", el "masculino". Este asombro, que sería transmitido a los "superiores" de la mujer y que seguramente habría culminado en un despido, señala el poder de un médico para castigar a los/as disidentes de las perspectivas de género instituidas.

Conclusiones

El discurso médico impuso un modelo anatómico basado en sus propios parámetros de género.

Sin embargo, a pesar de que los procesos biológicos identificados eran una construcción teórica basada en concepciones culturales, fueron presentados como una verdad objetiva apelando a la idea de que en la biología se trataba de hechos y no de interpretaciones.

Para que esta justificación funcionara, fue necesario definir los cuerpos de las mujeres instituyendo una mirada que negaba la identidad femenina a quienes no coincidieran con las normativas impuestas. "Lo que no apunta a la generación o está figurado por ella ya no tiene sitio ni ley. Tampoco Verbo. Se encuentra a la vez expulsado, negado y reducido al silencio. No sólo no existe sino que no debe existir y se hará desaparecer a la menor manifestación –actos o palabras [podríamos agregar cuerpos]– [...] funciona como una condena de desaparición, pero también como orden de silencio, afirmación de inexistencia, y, por consiguiente, comprobación de que de todo eso nada hay que decir, ni ver, ni saber".[60]

Romper este silencio impuesto por la corporación médica que negó la identidad femenina a muchas mujeres con el objeto de sostener un discurso profundamente sexista permite un cuestionamiento de la categoría de mujer como algo dado, existente en la naturaleza.

Notas

1 Utilizamos el término abyección para referirnos a aquellos cuerpos o personas cuya identidad, al caer fuera de las normativas impuestas por una institución que tiene efectos en el conjunto de la sociedad, es considerada como algo que cae fuera de la categoría de lo "humano", lo/a excluye de la posibilidad de ser un/a "sujeto", etc. Esta expulsión tiene efectos constitutivos de las subjetividades en el conjunto de la cultura y muestra por la negativa la construcción social del cuerpo, la sexualidad y las identidades de género. Véase Judith Butler, *Bodies that matter. The discursive limits of sex*, Londres, Routledge, 1993.

2 Cfr. Guy, Donna, "Madres vivas y muertas. Los múltiples conceptos de la maternidad en Buenos Aires", en Balderston, Daniel y Guy, Donna (comp.), *Sexo y sexualidades en América Latina*, Paidós, Buenos Aires, 1998.

3 Ingenieros, José, "Psicopatología de las funciones sexuales", en *Archivos de Psiquiatría y Criminología*, 1910, pág. 5.

4 Acerca de la descripción del cerebro y la cabeza en general: Bialet Massé, Juan, *Compendio de Anatomía, Fisiología e Higiene humana. Obra arreglada para servir de texto a la segunda enseñanza*, tomo II, Imprenta del Mercurio, Buenos Aires, 1876, pág. 244; y Mallo, Pedro, *Compendio de Anatomía. Para servir de introducción al curso de Medicina Legal de la UBA*, Imprenta de Pablo Coni, Buenos Aires, 1872, pág. 128; sobre la maternidad, véase Otero, Francisco, *Anatomía, Fisiología e Higiene. Para uso de los colegios nacionales y escuelas normales de la República Argentina*, Cabaut, Buenos Aires, 1915, pág. 347.

5 Otero, F., ob. cit., pág. 347.

6 Bialet Massé, Juan, ob. cit., pág. 243; Otero, Francisco, *Higiene de la mujer*, Cabaut, Buenos Aires, 1916, pág. 25.

7 Ibídem., pág. 243.

8 Ibídem.

9 Otero, Francisco, *Higiene de la mujer*, ob. cit., pág. 25.

10 Ingenieros, José, ob. cit., págs. 12-6.

11 Ibídem.

12 Mallo, Pedro, ob. cit., págs. 20 y 128; Bialet Massé, ob. cit., pág. 243.

13 Bialet Massé, ibídem.

14 Roche, Carlos F., "El pseudo-hermafrodismo masculino y los androginoides", en *Archivos de Psiquiatría y Criminología*, 1904, pág. 422, y Bialet Massé, *Compendio...*, ob. cit.

15 Ingenieros, José, *Psicopatología en el arte*, Elmer, Buenos Aires, 1957(1903), pág. 17; "Psicopatología...", ob. cit., pág. 38; Bialet Massé, ob. cit., pág. 244.

16 Bialet Massé, ob. cit., pág. 238. Véase también Mallo, Pedro, ob. cit., pág 144.

17 Ingenieros, José, *Tratado del amor*, Meridión, Buenos Aires, 1955 (1ª ed. 1925), págs. 88-94.

18 Bialet Massé, ob. cit., pág. 239.

19 Ibídem, pág. 240.

20 Mallo, Pedro, ob.cit., págs. 9 y 241-7; Belou, Pedro, *Curso de Investigaciones,* Buenos Aires, Arsenio Giudi Buffardi Editor, 1906, págs. 171-81.

21 Roche, Carlos F., ob. cit., pág. 426.

22 Ingenieros, José, "Psicopatología...", ob. cit. Para un análisis del modo en que se concibió desde el Renacimiento hasta el siglo XX la relación entre clítoris y sexualidad femenina: Faderman, Lillian, *Surpassing the Love of Men: Romantic Friendship and Love between Women from the Renaissance to the Present*, William Morrow, Nueva York, 1981.

23 Por ejemplo, en: Pérez, Marcos José, *Elementos de Anatomía Humana*, edición del autor, Buenos Aires, 1926; Olive, Emilio, *Nociones de Anatomía fisiológica e Higiene*, Coll, Madrid y Cía., Buenos Aires, 1889.

24 Cfr. Suárez Battilana, V., *Nociones de embriología con apuntes taquigráficos tomados en clase del Dr. Widakowich*, Cappellano, Buenos Aires, 1920; Bernardi, Ricardo, "Embriología del aparato urinario superior", *El Día Médico*, 1943; Vila, Eduardo L., "Sobre algunas malformaciones genito-urinarias", *Boletín de la Sociedad de Obstetricia y Ginecología*, tomo VIII, Buenos Aires, 1929, pág. 398, e "Hipertrofia del clítoris", *Boletín de la Sociedad de Obstetricia y Ginecología*, tomo X, 1931, pág. 234; García, Ernesto, "Tabicamiento de la vagina", *Boletín de la Sociedad de Obstetricia y Ginecología*, tomo X, 1931.

25 Cfr. "Mothers, Monsters and Machines", en Braidotti, Rossi, *Nomadic Subjects. Embodiment and Sexual Difference in Contemporary Feminist Theory*, Columbia University Press, New York, 1994

26 Maucnaghton, "Las funciones sexuales, la locura y el delito en la mujer", en *Archivos de Psiquiatría y Criminología*, Buenos Aires, 1902, pág. 59.

27 Para una consideración de las consecuencias de la menstruación, véase también: Ingenieros, José, *Histeria y sugestión,* Tor, Buenos Aires, 1956 (1ª ed., 1904).

28 Tomilson, H. A., "Las locuras puerperales", en *Archivos de Criminología, Medicina Legal y Psiquiatría*, tomo I, Buenos Aires, 1902, pág. 310.

29 Ibídem.

30 Véase también: Canton, Eliseo e Ingenieros, José, "Locura del embarazo", en *Archivos de Psiquiatría, Criminología y Ciencias Afines*, tomo II, Buenos Aires, 1903, págs. 548-56.

31 Ingenieros, José, "Psicopatología...", ob. cit., págs. 36-40.

32 Ibídem.

33 La idea de los órganos "falsos", "simulantes", o que "engañan", se repite con insistencia en artículos de Roche, Carlos F.; Labaqui, J. M.; Lagos García, Carlos; Frank, Robert y Glodberger, M. A., en *La Semana Médica; Revista Argentina de Obstetricia y Ginecología; Revista de Ciencias Médicas*, 1917, 1918, 1923 y 1926. El hermafroditismo no era sólo un error en los genitales, o en otras regiones corporales, sino también un "error de persona" según lo expresa la obra de De Veyga, Francisco, *Estudios médico-legales sobre el Código Civil argentino*, Librería Científica de Agustín Etchepareborda, Buenos Aires, 1900.

34 Con este término pretendemos dar cuenta de la manera en que un/a "sujeto" se constituye a partir del modo en que se le atribuyen características y se le/a insta a aceptarlas como propias. Dado que el discurso médico *interpela*, esto permite que sus ideas tengan efectos, consecuencias prácticas, y no que sean simplemente una "forma de ver el mundo".

35 Ingenieros, José, "Psicopatología...", ob. cit., pág. 38.

36 Véase también: Lagos García, Carlos, "Los seudo-hermafroditas y la ley", *Revista de la Universidad de Buenos Aires*, tomos XLIX y, *La Semana Médica*, tomo L, pág. 9, Buenos Aires, 1922.

37 Ingenieros, José, "Psicopatología...", ob. cit., págs. 36-40.

38 Véase Chauncey, George Jr., "De la inversión sexual a la homosexualidad: la medicina y la evolución de la conceptualización de la desviación de la mujer", en Steiner, George (comp.), *Homosexualidad: Literatura y política*, Alianza, Madrid, 1980. Y para el caso de la Argentina: Salessi, Jorge, "The Argentine Dissemination of Homosexuality, 1890-1914", en Bergmann, Emilie L. & Smith, Paul Julian (comps.), *¿Entiendes? Queer Readings, Hispanic Writing*, Duke University Press, Durham and London, 1995, pág. 52.

39 Acerca de esta disciplina, véase Van de Pas, Luis., *I. Compendio de Embriología; II. Compendio de Teratología,* Biblioteca de Agronomía y Veterinaria, tomo VII, Buenos Aires, 1944, pág. 101. Y artículos publicados por De Luca, Francisco A.; De Veyga, Francisco; Morgan, John y Lagos García en *Archivos de Psiquiatría, Criminología y Ciencias Afines*; *Revista Médico Quirúrgica* y *La Semana Médica* en 1865, 1896, 1905, 1925 y 1934.

40 Véase Braidotti, Rossi, ob. cit.

41 Lagos García. Carlos: *Las deformaciones sexuales.* Trabajo al cumplir el primer año de adscripción a la cátedra de Clínica Quirúrgica. 1915 (páginas sin numerar).Véase también Häckel, Ernesto, *Las maravillas de la vida*, 2 vols., F. Sempere y Cía, Valencia, s/f.

42 Sobre la noción de recapitulación véase también: Häckel, Ernesto, ob. cit.

43 Lagos García, Carlos, ob. cit., pág. 544.

44 Ibídem, pág. 546.

45 Ibídem, pág. 550 (el destacado es nuestro).

46 Ibídem, pág. 551.

47 Ibídem, pág. 552.

48 Quesada, Ernesto, "Sobre el cumplimiento de los deberes matrimoniales", *Archivos de Psiquiatría, Criminología y Ciencias Afines*, Buenos Aires, 1907, págs. 219-21; y Baires, Carlos, "Nuevo concepto de la impotencia sexual como causa de divorcio", ibídem, 1909., págs. 641-70.

49 Roche, Carlos F., ob. cit., pág. 448.

50 Cfr. De Veyga, Francisco, "El sentido moral y la conducta de los invertidos sexuales", *Archivos de Psiquiatría y Criminología*, 1904. Sobre la producción de la muerte de aquellas personas no aceptadas por su identidad de género o por preferencias

sexuales, véase también Adam, Barry D., *The rise of a Gay and Lesbian Movement*, Twayne Publishers, G K. Hall & Co., Boston, 1987, pág. 29; y Forster, E. M.,"Introducción" [escrita entre 1913 y 1914], en *Maurice*, Seix Barral, Biblioteca Breve, Barcelona, 1983; también Marcus, Eric, *Making History. The Struggle for Gay and Lesbian Equal Rights 1945-1990. An Oral History,* HarperPerennial, New York, págs. 54-6 y 51.

51   Roche, Carlos F., ob. cit., págs. 421-22 y 434.

52   Ibídem, pág. 432.

53   Ibídem, pág 447.

54   Donzelot, Jacques, *La policía de las familias*, Valencia, Pre-textos, Valencia, 1990, pág. 27.

55   Ibídem, pág. 173.

56   Roche, Carlos F., "El pseudo-hermafrodismo masculino...", ob. cit., pág. 438.

57   Ibídem, pág. 439.

58   Ibídem, pág. 439.

59   Ibídem, pág. 438.

60   Foucault, Michel, *Historia de la sexualidad. 1- La voluntad de saber.* Siglo XXI, Madrid, 1990, pág. 10.

Damas, locas y médicos
La locura expropiada

Valeria Silvina Pita

Hasta 1854, año en que se inauguró el Hospicio de la Convalecencia, la Argentina carecía de una institución dedicada exclusivamente al tratamiento de la locura, siendo las cárceles y los hospitales generales los lugares más comunes de reclusión de los/as "orates". En 1853, el por entonces ministro de Gobierno de la Provincia de Buenos Aires, Juan María Gutiérrez, dispuso la creación de una casa para dementes mujeres en una parte de los terrenos de la finca "La Convalecencia", que fuera conocida como la chacra de Belén, y que abarcaba desde lo que hoy es –en la ciudad de Buenos Aires– la esquina de Caseros y Salta hasta la Estación Solá. Los encargados de llevar a cabo la obra de acondicionamiento del lugar fueron la Comisión Filantrópica –encabezada por el doctor Ventura Bosch–, que oficiaba como asesora en temas de salud pública, y la Sociedad de Beneficencia presidida por Tomasa Vélez Sarsfield, la que había sido restituida a sus funciones en 1852 luego de una *impasse* durante el régimen rosista, y concentraba ya en sus manos la administración de la Casa de Expósitos, el Hospital General de Mujeres y varias escuelas de niñas. Fue después de una década, precisamente en 1863, cuando en la parte noroeste de La Convalecencia se abrieron las puertas del Hospital para Hombres Dementes, que luego tomaría el nombre de Las Mercedes. La Comisión Filantrópica continuó trabajando en la ampliación del establecimiento hasta 1860 y, una vez finalizadas las obras, dejó por entero en manos de la Sociedad de Beneficencia el manejo del manicomio.

La creación de La Convalecencia posibilitó el encierro de aquellas que se encontraban "a las orillas de la ciudad buscando un pobre abrigo contra los rigores de las estaciones y de la intemperie",[1] y la libertad pa-

Orígenes del hospicio

Grupo de internas custodiadas por una de las hermanas de la caridad, tejiendo paja en el Hopital Nacional de Alienadas.
Álbum Histórico de la Sociedad de Beneficencia de la Capital. 1823-1910.

ra quienes "estaban amontonadas en la cárcel, en una verdadera cloaca, faltas de aire, de luz, de aseo y condenadas a arrastrar una vida, que parecía un castigo agregado a la cruel desgracia de que eran víctimas".[2] Esta matriz institucional[3] se fundió con la justificación –acorde con el ideario higienista– de la ubicación marginal del hospicio, que, situado en las afueras de la ciudad, enunciaba que el aire limpio y la vista sin tropiezos eran agentes eficaces para calmar la excitabilidad de la demencia y contribuir a su curación.[4]

El régimen asilar Durante las primeras décadas, el régimen asilar de la Convalecencia hacía hincapié en la reeducación de las enfermas en una serie de hábitos morales e higiénicos. El aseo diario del establecimiento estaba a cargo de las internas, a quienes se incentivaba también a trabajar en el taller de costura. A tan sólo un año de la apertura del hospicio, este taller había producido más de dos mil piezas, que fueron vendidas al Estado. En 1855, un cronista de *El Orden* señalaba al respecto: "estas mujeres, aunque faltas de razón, hacen muy bien uso de sus manos y cosen bastante bien. De esta manera contribuyen ellas mismas por su parte a sostener los gastos del establecimiento en que han sido asiladas".[5] Como recompensa, "las que [hacían] mayores esfuerzos para triunfar de los estravíos de su mente",[6] recibían ciertos premios: cigarros y mejores ropas, y también una relativa libertad de movimientos, que les permitía salir y circular por fuera del hospicio. La internación implicaba, dentro de este marco, la retribución por parte de las internadas de los dones recibidos (básicamente, techo, vestido y comida) con una predisposición a la disciplina laboral y el buen comportamiento, la asistencia regular a las prácticas religiosas, la abstinencia sexual, el recato en las actitudes y el desprecio por las cosas mundanas.

En aquella época, el hospicio funcionaba casi sin asistencia médica. Si bien Osvaldo Eguía, quien fue por décadas el único médico diplomado, concurrió al hospicio desde el momento de su fundación, no obtuvo su nombramiento hasta 1871. En ese año fue designado médico director, cargo que ocupó hasta su retiro en 1890. A partir de la creación de la figura del médico director, se fue operando en el establecimiento un proceso de consolidación de los discursos psiquiátricos modernos y de sus prácticas terapéuticas, aunque sería particularmente en la última década del siglo XIX cuando la psiquiatría moderna lograría instalarse definitivamente en el hospicio. Quienes estaban la mayor parte del tiempo con las enfermas, organizando la vida en el asilo y de hecho observando su comportamiento, eran las "Hermanas de la Caridad", que se ocupaban, desde la apertura del manicomio, del cuidado diario de las internas. Eran ellas y no el médico quienes discutían con las inspectoras de la Sociedad de Beneficencia los aspectos de la administración y gobierno del lugar.

En la medida en que la población del asilo fue aumentando, el clima original de laboriosidad e higiene fue diluyéndose, y se incrementó la aplicación de formas más duras de disciplinamiento y vigilancia sobre las enajenadas mentales. Con el advenimiento de la psiquiatría moderna, la obediencia y el respeto a la autoridad médica comenzó a ser exigida sin que las internadas pudieran aspirar a recuperar las viejas ventajas. La ociosidad y el desgano hacia las tareas encomendadas fueron evaluadas como muestra acabada de locura. A fines del siglo XIX, el hospicio era sostenido en gran medida por el trabajo de las propias internas ocupadas en la cocina, en la lavandería, como sirvientas y auxiliares de cuidado, entre otras tareas. El trabajo ya no era considerado como una *contribución* sino como una *obligación* para con la institución y como la forma de someter y neutralizar la carga peligrosa que portaban las locas para con ellas mismas y la sociedad. A partir de los inicios del siglo XX, el régimen manicomial funcionó mediante una racionalidad que implicó la segregación, separación y discriminación de las internadas, que, divididas por su nivel de agresividad y peligrosidad, como también de clase, fueron sometidas al dispositivo institucional: las "tranquilas", sumadas como trabajadoras dentro del lugar; las "agresivas", aisladas, recluidas, silenciadas.

El hacinamiento fue una de las características del hospicio y una constante durante todo el período estudiado. La capacidad del lugar quedó tempranamente colmada: de las 60 enfermas que inicialmente fueron conducidas allí se pasó, en el término de diez años, a 265, y hacia fines

El hacinamiento

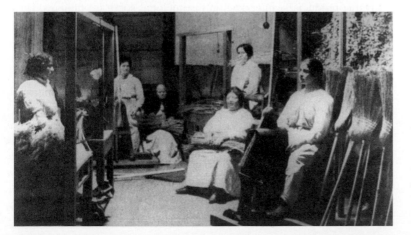

Hacia fines del siglo XIX, el trabajo en la institución era considerado una obligación y, a la vez, una forma de someter y neutralizar la carga peligrosa que portaban las locas. Mujeres haciendo escobas. Álbum Histórico de la Sociedad de Beneficencia de la Capital. 1823-1910.

de la década de 1870 había más de 400 internas, cifra que continuó creciendo con el correr de los años, hasta trepar a más de 1400 internadas en 1900. Las continuas ampliaciones edilicias quedaban siempre desfasadas con relación al número de pacientes admitidas: cuando el lugar tenía capacidad para albergar a unas 200 mujeres, había allí 400, y cuando se disponía de 400 camas, estaban ya internadas más de 700 enfermas. Por momentos, la situación era tan caótica que las autoridades estatales decretaron el cierre de las admisiones como una forma de impedir mayores niveles de aglutinamiento y precariedad; así, tanto en 1882 como en 1895, las puertas del hospicio se cerraron provisoriamente y la Cárcel de Mujeres y el Asilo de Mendigos volvieron a ser utilizados como ámbitos de reclusión de la locura.

El hacinamiento fue tempranamente señalado como consecuencia de los abusos que se cometían en las admisiones. En 1879, el médico higienista Emilio Coni y el alienista Lucio Meléndez indicaban como causas de la sobrepoblación del asilo la admisión de "imbéciles inofensivas, dementes y otras enfermas completamente incurables, incapaces físicamente de hacer mal, remitidas las menos por sus familias y las más por las Municipalidades y Policías".[7] La mayoría de las mujeres que ingresaban eran remitidas por la Policía, cuyo cuerpo médico realizaba "un reconocimiento breve como incompleto",[8] lo que daba lugar a la internación "en calidad de locas [a] mujeres ebrias consuetudinarias [...] bajo la influencia de una sobreexcitación momentánea, determinada por los alcoholes".[9] En otros casos, la ausencia de antecedentes del padecimiento dificultaba hacer una pronta evaluación médica, y las mujeres eran sometidas a una serie de observaciones.[10] La observación de los síntomas y síndromes tenía como objetivo diagnosticar la enfermedad, aunque el resultado indicaba no sólo su presencia sino también los efectos que producía la intervención institucional sobre las mujeres. Hasta fines del siglo XIX, el manicomio careció de la infraestructura edilicia mínima para efectuar dichas evaluaciones: las mujeres eran conducidas a alguno de los patios habitados por centenas de internadas y abandonadas casi a su propia suerte, situación que producía no sólo la manifestación de los cuadros patológicos en toda su magnitud sino también su agudización.

Hacia el final del siglo, el director exigiría revisar cada caso que llegara al hospicio para discriminar quiénes debían ser internadas, cuáles podían ser recluidas en sus propios domicilios al cuidado de sus familiares y quiénes, no padeciendo ninguna disfunción mental, debían ser conducidas a la cárcel por ser simplemente delincuentes o criminales.[11] Esta estrategia no tardó en fracasar. La institución no estaba en condiciones de negar asilo a las exaltadas, las epilépticas, intoxicadas o sim-

plemente enloquecidas mujeres que vagaban sin domicilio fijo por la ciudad, situaciones todas que fueron consideradas peligrosas y desestabilizadoras del orden imperante.

Hacia la década de 1880, los discursos y las prácticas sobre la locura fueron complejizándose. Las nuevas teorías psiquiátricas que ponderaban la fuerza de la herencia patológica, la debilidad de las razas inferiores, la importancia de los aspectos morales en la producción de la locura, fueron imponiéndose en la medida en que el aumento de población, sobre todo a causa de la afluencia de inmigrantes, cambiaba el paisaje urbano.[12] En este sentido, la inmigración fue percibida por Lucio Meléndez, entre otros, como "la principal fuente de locos, porque, con ellos no sólo nos vienen los ya enfermos sino también los gérmenes heredados".[13] En consecuencia, los locos resultaban ser *peligrosos* para el desarrollo *sin conflicto* de la nación y en esta clave los médicos interpelaron al Estado, reclamando tanto su presencia activa en los programas de orden sanitario y profiláctico como su aval político encargando esas empresas a los especialistas de la medicina.

Así, dentro de los manicomios debían operarse una serie de cambios que permitieran la *neutralización* de los temidos locos. Éste es el marco de la reforma alienista llevada a cabo por Meléndez en el Hospicio de las Mercedes a partir de su nombramiento en 1876. Reforma inspirada en el modelo pineliano, que establecía un nuevo ordenamiento interno, donde la figura del médico asumía un rol todopoderoso en el tratamiento de la locura. Según el alienismo, el médico director debía concentrar el poder de la administración de la institución, sin necesidad de tener que mediar con ningún otro grupo religioso o filantrópico. Sus funcio-

Nuevos discursos y prácticas en torno a la locura

nes iban desde la terapéutica implementada, la clasificación de los diagnósticos, hasta las dietas, las recompensas y castigos, y los aspectos financieros del asilo.[14] En suma, el médico concentraba bajo su égida todos los aspectos de la vida en el hospicio y de los internos del lugar. Frente a esto, el funcionamiento de La Convalecencia y el rol periférico de Osvaldo Eguía fueron motivo de críticas por parte de los alienistas. Ya por 1879, el tesista de medicina Norberto Maglione expresaba su desacuerdo con el funcionamiento del manicomio, que, en manos de mujeres, no permitía la irrupción de la ciencia médica moderna. Su trabajo describía las deficiencias en la organización al carecer de una figura médica de autoridad, denunciando que eran las religiosas quienes determinaban los medios coercitivos sobre las enfermas, administraban los medios terapéuticos y manejaban el lugar como si se tratara de una casa de recogimiento, donde las enfermas eran sometidas en forma indiscriminada a largas sesiones de oraciones y sermones religiosos.[15]

De médicos y de locas   Para los alienistas, la presencia de las Damas de Beneficencia y de las religiosas resultaba un obstáculo al momento de acceder a las locuras femeninas. Por entonces y hasta los albores del siglo XX, no hubo muchos casos de enajenadas mentales, especialmente aquellas de pocos recursos. Por el contrario, fueron divulgados numerosos ejemplos masculinos –provenientes del material clínico del Hospicio de las Mercedes–, sobre todo aquellos casos que demostraban de antemano la tendencia a la degeneración y a la locura de los varones pobres y/o inmigrantes, más aún si eran jóvenes, solteros o habían arribado al país para "hacerse la América". Los ejemplos de mujeres dementes eran muchas veces tomados de la bibliografía psiquiátrica extranjera más que de la práctica médica local. Hasta fines del siglo XIX, los alienistas reconocidos como tales intervenían en casos de locura femenina cuando las familias solicitaban en forma privada los servicios médicos, o cuando la justicia requería evaluaciones periciales a fin de determinar la responsabilidad de las personas en delitos criminales.

No obstante la escasez de material clínico y las diferentes mediaciones –las instituciones, las familias, la justicia, entre otros– que los médicos debían sortear para acceder a las locuras femeninas, el tema se convirtió en uno de los predilectos. Entre 1880 y el Centenario, la literatura y otros materiales escritos, como tesis doctorales, artículos y folletos, dieron cuenta de este interés creciente.

En términos generales, las mujeres, sus cuerpos y sus conductas pasaron a considerarse como objetos de estudio bajo la mirada de los especialistas médicos. A la hora de definir la constitución femenina, los especialistas coincidían en caracterizarla por su debilidad física y moral, la poca inteligencia y la extremada sensualidad, rasgos que entre otros eran interpretados como peligrosos y salvajes si quedaban librados a sus propios designios. Con la intención de *proteger a la nación y su futuro*, los galenos insistirían en regular el comportamiento moral y social de las mujeres mediante una red de vigilancia y profilaxis. En este marco, las locuras resultarían ser un terreno fecundo que la medicina permanentemente intentó penetrar y dominar. La importancia de comprender y domesticar la naturaleza de las mujeres, madres de los futuros ciudadanos, se ubicaba en el centro de la cuestión.

En 1898, Arturo Balbastro, en su celebrada tesis para acceder al título de médico –titulada "La mujer argentina"– planteaba: "Cuanto más avanzo en el campo de la investigación científica más me convenzo de que el estudio de la mujer en su conjunto, es decir, en las relaciones de su físico y su moral, pertenece por completo al médico".[16] Esa certeza, construida y compartida por la comunidad médica de fines del siglo XIX, fue cuestionada por la sociedad. Por otro lado, el acceso de los médicos a las mujeres pobres y en particular a las enajenadas mentales resultó dificultoso. Ellos debieron luchar por captar la atención del Estado en detrimento de las organizaciones filantrópicas que estaban a cargo de esas mujeres.

De médicos y de damas

La organización filantrópica más cuestionada por la corporación médica fue la Sociedad de Beneficencia, entidad dirigida integralmente por mujeres de la elite, cuya hegemonía en el terreno de la asistencia social dirigida a las mujeres pobres y la infancia desprotegida, fue una constante durante todo el periodo. Las socias representaban "lo más selecto de las Damas Argentinas"[17] y, como parte de la elite, se apropiaron del

La Sociedad de Beneficencia pudo concretar la edificación de las nuevas secciones del establecimiento mediante los aportes monetarios del Estado nacional. Hacia fines del siglo XIX estaban en funcionamiento las principales secciones.
Archivo General de la Nación, Departamento Fotografía.

espacio de la caridad convirtiéndolo en un deber patriótico de las mujeres argentinas.[18] Su actividad les valió el reconocimiento en los asuntos pertinentes al cuidado y protección de los/as desvalidos/as en el marco de un Estado en proceso de modernización. En términos generales, se consideraba beneficioso que esas mujeres se ocuparan de tareas afines a su *condición femenina*, como velar por los enfermos y brindar protección maternal a huérfanos y abandonados, "nada más completo desde el punto de vista de la moral y el orden".[19] A pesar de esto, sus detractores pretendían subvertir el rol autónomo y con poder de decisión de las damas, convirtiéndolas en meras auxiliares administrativas de las empresas sanitarias, que por supuesto debían estar supervisadas enteramente por los especialistas médicos.

A partir de la década de 1880, la administración de La Convalecencia comenzó a ser materia de críticas por parte de la corporación médica. Las denuncias destacaban principalmente el mal manejo de los fondos, el abandono y mal tratamiento que recibían en el lugar las internadas, y la ausencia de criterios terapéuticos modernos. Según los galenos, el manicomio era "una institución necesaria para el perfecto funcionamiento del Estado [...] y uno de los servicios más interesantes del servicio nacional".[20] Desde esta perspectiva, era un error mantenerlo bajo la jurisdicción de la entidad filantrópica dejando en un lugar secundario a "los hombres de ciencia y verdaderamente patriotas".[21] Por otra parte, la locura era un asunto médico y, según Meléndez, uno de los mayores detractores de las socias, éstas carecían "de la preparación necesaria para manejar esta clase de asilos, y de la constancia indispensable a la buena administración, vigilancia de los asilos y asilados y de todo cuanto se manejaba en esas casas de caridad".[22] La falta de competencia profesional y de la *constancia* que suponía la dirección del manicomio eran atribuidas a las limitaciones que, por ser mujeres, portaban las socias, cuyas ocupaciones domésticas y religiosas les impedían cumplir satisfactoriamente con esos deberes.

Ahora bien, la Sociedad de Beneficencia funcionaba como una agencia estatal, recibiendo año tras año partidas del Presupuesto Nacional, que eran votadas en el Congreso basándose en sus balances y propuestas. Su accionar era definido como *un servicio a la nación*, de la cual se sentían partícipes a pesar de carecer de derechos políticos. Las socias se defendían de las diversas acusaciones demostrando la eficacia y el alcance de su obra, la cual crecía con el correr del tiempo. Con relación al manicomio a su cargo, siempre salieron airosas frente a las denuncias y críticas formuladas. También supieron actualizar el establecimiento y las instalaciones, sin por ello perder las riendas de la administración.

La Sociedad recibió muchas críticas durante la década de 1880, pe-

La relación de Antoño Piñero con las Damas de Beneficencia fue siempre conflictiva. En 1905 fue reemplazado definitivamente de su cargo de director al denunciar públicamente el mal manejo administrativo y financiero de las entidad.
Archivo General de la Nación, Departamento Fotografía.

ro fue en la de 1890 cuando llegaron los más duros y permanentes cuestionamientos, tanto de los médicos colegiados como del Departamento Nacional de Higiene encabezado por José María Ramos Mejía, que intentaron limitar al máximo el poder de decisión de las inspectoras de la Sociedad. No obstante haber sufrido recortes en el manejo de la institución, las damas de beneficencia se mantendrían en ella hasta la década de 1940, conservando para sí, entre otros asuntos, la designación cada cinco años de los directores médicos, y la presentación de proyectos de ampliación, presupuestos y balances ante el Estado Nacional. A partir de 1906, incluso se fortaleció el accionar de la entidad al sancionarse la ley 4953, que autorizaba y estructuraba las Loterías de Beneficencia, que permitieron un aumento considerable de sus ingresos. Hacia 1908, la Sociedad se transformó en institución oficial, y pasó a depender del Ministerio de Relaciones Exteriores y Culto, y se le otorgó personería jurídica. La importancia de la organización en escala nacional no decreció en ningún momento, y conformó la mayor asociación filantrópica de América manejada integralmente por mujeres.

A partir de la década del 90, la psiquiatría moderna irrumpió con estridencia en el hospicio. En pocos años, más de veinte profesionales de la medicina se desempeñaban en el lugar. En la foto, de izquierda a derecha: Federico Sivori (nº 4), José Antonio Esteves, (nº 5), Antonio Piñero (nº 6), Manuel Podestá (nº 7).
Archivo General de la Nación, Departamento Fotografía.

    Los alienistas finiseculares sostenían que en el Manicomio de Mujeres los tratamientos médicos habían ingresado hacia la ultima década del siglo XIX, de la mano de Antonio Piñero. Antes de este director, el hos-

Las prácticas médicas

Una joven, hipnotizada en pleno ataque histérico, "...cierra los ojos, su cabeza se inclina hacia un costado, crispa las manos, junta las piernas y luego cae lentamente en un lugar cualquiera. Viene luego el período tónico [...], sus miembros se ponen duros y elásticos. Inmediatamente entra en el período clónico, caracterizado por rotación de todo su cuerpo sobre sí mismo, con movimientos rítmicos de piernas y caderas/sensuales). [...] luego las contracciones. Sus brazos se levantan...".
Archivos de Psiquatría y Ciencias Afines, 1904.

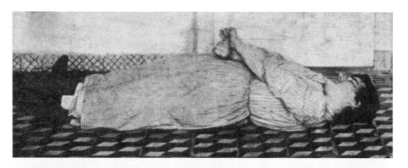

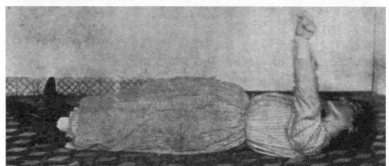

picio era un terreno de sombras donde los rituales religiosos suplantaban a los tratamientos científicos. Destacaban también las profundas diferencias en el accionar entre el Hospicio de las Mercedes y el Hospital Nacional de Alienadas. A pesar de esto y durante largo tiempo, las prácticas médicas no difirieron en gran medida en uno y otro lugar. Por ejemplo, el manicomio de mujeres había construido el Departamento Hidroterápico con anterioridad al de hombres, hecho que adquirió relevancia, pues en esa época las duchas y baños eran considerados uno de los instrumentos más necesarios para calmar la excitabilidad de la locura y obtener la *curación* de los sujetos.[23] En 1881, Celestino Arce, practicante de medicina en La Convalecencia, dio a conocer, aunque de manera sintética, algunos datos sobre el funcionamiento y de la terapéutica llevados a cabo en el lugar, demostrando la paridad de criterios entre ambos establecimientos. En el mismo año, Domingo Cabred, también prácticante del manicomio de mujeres, al indagar en su tesis sobre la locura refleja, detalló la terapéutica implementada en tales casos, mostrando que se atendía a las enfermas con todo el arsenal de la ciencia médica disponible entonces.[24] Ambos trabajos explicitan la utilización de fármacos sedativos y paliativos de la sintomatología, los baños, el trabajo y la importancia que iba adquiriendo la figura del médico en la terapéutica de la locura. Décadas después, las dos tesis no fueron tomadas en cuenta por José Ingenieros al elaborar su informe del funcionamiento de

La Convalecencia, prevaleciendo la idea de que hasta el ingreso del director Piñero no había habido criterios científicos en la institución.

La diferencia entre el Hospicio de las Mercedes y La Convalecencia radicaba principalmente en las formas prevalecientes de segregación de los enfermos. Las primeras medidas ordenadas por Meléndez consistieron en separar a los internados sobre la base de la patología, la pertenencia de clase y la conducta moral, en el intento de preservar un clima de *orden y disciplina* dentro del manicomio, como también evitar el contacto de unos con otros. Esta medida, considerada terapéutica –puesto que implicaba la subordinación dentro del espacio manicomial de los locos y por ende el control de sus pasiones frente a la autoridad médica–, fue imposible de implementar en el manicomio de mujeres hasta la inauguración de los nuevos pabellones a fines del siglo XIX: la falta de espacio y el consiguiente hacinamiento hacían imposible llevar a la práctica el principio de separación de las internas. La disciplina y el orden fueron impuestos mediante el trabajo de las internas, donde los talleres de costura tuvieron un papel central, como también la observancia de las prácticas religiosas. Otra de las diferencias radicó en los canales de promoción y publicidad sobre los efectos de la terapéutica implementada. En el caso de La Convalecencia, ni la Sociedad de Beneficencia ni su primer director, Osvaldo Eguía, se interesaron en dar a publicidad lo realizado

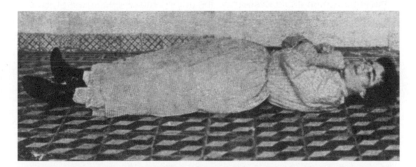

"Durante el período clónico del ataque histérico la paciente flexiona los brazos, los cruza sobre el pecho [...] Sobreviene el período de los grandes movimientos caracterizados por sacudidas violentas en todo su cuerpo y golpes de puño con ambos brazos..."
Archivos de Psiquiatría y Ciencias Afines, 1904.

en el lugar. Recién en 1881, Eguía publicaría oficialmente en los *Anales del Círculo Médico* una estadística completa del nosocomio, en la que se consignaban ingresos, altas y defunciones, características de la población y diagnósticos de las enfermas.

Terapias morales y físicas

Hacia el término de la década de 1870, las prácticas terapéuticas de las diversas enfermedades mentales se dividían en morales y físicas, dependientes y complementarias entre sí. Las primeras implicaban la acción directa del médico y de la institución como rectores de pautas morales. Dentro de las terapias físicas se concentraban los agentes farmacológicos, la camisa de fuerza y la hidroterapia.

Para esa época, el tratamiento moral de corte alienista ya se había asentado en La Convalecencia. Consistía en el ejercicio por parte del médico de una fuerte influencia sobre las pacientes, combinándose en su figura la caridad de un padre amoroso hacia sus hijos y la autoridad e intransigencia de quien imparte las leyes. Tanto la obediencia y el respeto a la jerarquía médica como la sublimación de las pasiones eran parte del proceso curativo, y aquellas que se resistieran a los métodos de la persuasión debían ser sometidas, ya fuera mediante la camisa de fuerza, los ayunos y/o el aislamiento. Empeñándose en hacer entrar en razón a la paciente, quien debía desistir de los juicios falsos que sostenía, en ocasiones, el galeno mostraba la evidencia material que contradecía los supuestos de aquélla. En su tesis, Cabred ejemplifica esta situación extraída de un alienista francés y su paciente de La Salpêtrière: "Estoy encinta de 42 meses, he tenido relaciones con un individuo, después de la muerte de mi marido; mi embarazo ha sido constatado por una partera; siento que el niño se mueve [...] Le dije que eso no es posible y le muestro un libro donde está escrito que un embarazo no puede pasar de los trescientos días".[25] Los aspectos morales del tratamiento se completaban con la reglamentación de una serie de hábitos racionales y ordenados que la institución intentaba inculcar. El trabajo, los paseos al aire libre, las buenas lecturas y las conductas piadosas eran una parte de la terapéutica.

En cuanto a los dispositivos de control físico, uno de los medios coercitivos más eficaces era el chaleco de fuerza, aunque a comienzos de la década de 1880 dejó de utilizarse en forma generalizada, al registrarse una serie de inconvenientes relacionados con la imposibilidad de ejecutar ningún tipo de acción y movimiento. Se introdujo entonces el uso de un cinturón de cuero acolchado, el cual se cerraba en la espalda por medio de un candado. En las partes laterales presentaba anillos, también de cuero acolchado, destinados a sujetar las manos tomándolas por las muñecas. Eso posibilitaba cierta movilidad y disimulaba, según Arce, "la impresión desagradable que produce ver una loca enchalecada".[26] La preocupación médica radicaba en mitigar "la impresión desagradable" que les producia a ellos la vision de las internas maniatadas, y no el estado en que las mujeres se encontraban. De este modo, la enferma conservaba una relativa libertad de movimientos, sin posibilidad de hacerse daño ni dañar a las demás internadas. Hacia la década de 1890, se volvió a introducir en el hospicio el chaleco de lona tradicional, dejando de lado la preocupación por procurar una relativa libertad "para ejecutar los actos más indispensables a la vida",[27] ante la urgencia de controlar los brotes de agresividad y rebeldía de las enfermas, que podían conducir, según los psiquiatras, a amenazar su vida y las de otras pacientes.

Las duchas y baños eran otra parte del instrumental coercitivo de la institución. Las primeras eran utilizadas como medio de corrección y no con fines terapéuticos. Al respecto, comenta Arce: "recuerdo en este momento una enferma que se encontraba en un estado de estupor profundo, no hablaba con nadie ni contestaba a las preguntas que se le dirigían. Tenían que darle el alimento, pues si no se lo daban tampoco lo pedía. Esta enferma, mediante la ducha, prometía comer, trabajar, en una palabra hacer todo lo que le mandaran, con tal que no se las aplicasen más".[28] La hidroterapia consistía en la aplicación de baños tibios, fríos, de lluvia, de chorro más o menos grueso, de ducha. Los baños tibios con afusiones frías a la cabeza eran usados en los casos de manía aguda, generalmente sumergiendo en el agua a las pacientes por el término de horas. Aunque la terapéutica de Brierre de Boismont, introductor de este tipo de baños en el tratamiento de enfermedades mentales, aconsejaba prolongarlos por el término de ocho, diez y aun dieciocho horas, en La Convalecencia nunca los prolongaban por más de dos. También los empleaban "con las maníacas crónicas agitadas, con el objeto de calmar la excitabilidad del sistema nervioso, tan común en las alienadas". Según Arce, los baños ofrecían otros efectos: refrescaban a las pacientes, mantenían limpia su piel, regularizaban sus funciones, disminuían los movimientos respiratorios y cardíacos, procurando una calma completa. Al contrario, los baños fríos eran empleados con menor regularidad, salvo en los casos de debilidad general, en lo que su aplicación, acompañada por un estricto reposo, era indicada bajo las formas de inmersión, de lluvia y "de sábana". Este último consistía en envolver a la enferma en una sábana y una manta, dándosele de beber en forma abundante para provocar una sudorización que mojase totalmente el envoltorio.[29] A las pacientes melancólicas se les aplicaban chorros fríos más o menos gruesos dirigidos a la cabeza. La efectividad de los baños nunca fue establecida

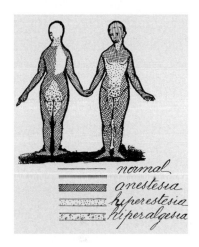

Como antesala de la práctica curativa, las pacientes eran sometidas a una rigurosa observación para diagnosticar la etiología de sus afecciones. La anestesia corporal casi generalizada es, para la psiquiatría, una de las muestras más contundentes de la presencia del estigma histérico. Archivos de Psiquiatría y Ciencias Afines, 1904.

con precisión y las estadísticas, incompletas hasta finales de siglo, no daban cuenta cierta de los beneficios proclamados por los alienistas.

Los fármacos fueron introducidos en forma temprana, y su uso fue generalizándose y complejizándose a lo largo de los años. Los narcóticos eran administrados en gran escala, generalmente bajo la forma de píldoras de extracto de opio, clorhidrato de morfina e hidrato de cloral. Se usaban con el objeto de procurar el sueño, moderar la excitabilidad del sistema nervioso, como también por su acción hipnótica. El bromuro de potasio y el de alcanfor asociado a la valeriana se empleaban en casos de epilepsia y otras afecciones convulsivas. El uso de sales bromuradas era de lo más corriente en la época, así como los efectos adversos que acarreaba. En la *Revista Médico Quirúrgica* eran frecuentes las alusiones a los cuadros de intoxicación y los controles que debían implementarse para evitarlos.[30] El empleo de purgantes en casos de constipación y como forma de provocar "una derivación intestinal" suponía que en "ciertos estados congestivos del cerebro, consecutivos a una supresión de los menstruos" regularizaba las funciones génito-urinarias. Los vomitivos eran empleados en la mayoría de los casos como droga inicial de los tratamientos, dado que debilitaban rápidamente a las pacientes, haciéndolas más dóciles a la acción de las futuras intervenciones. Otros de los sedativos introducidos en la década de 1870 fue la *cannabis índica*, que se administraba bajo la forma de extracto, píldoras y gotas. La medicación arsenical era empleada para combatir las afecciones de la piel, ciertos estados inflamatorios que se suponían localizados en el cerebelo y para erradicar alucinaciones auditivas y de la vista. Las cauterizaciones con nitrato de plata, los lavatorios astringentes, compuestos por sulfato de zinc, alumbre y el bromuro de litina se empleaban con frecuencia en las zonas genitales de las pacientes so pretexto de que padecían de afecciones uterinas que las llevaban a estados de locura. Frente a la suspensión de la función menstrual, situación frecuente en el manicomio, las mujeres eran sometidas a diversas terapéuticas para restablecerla; pociones sobre la base de aloes eran introducidas por la vagina mediante lavativos; también se empleaban diversos antiespasmódicos y la compresión de la zona afectada.[31] En los casos de histeria, además de la medicación sedativa e hipnótica se practicaba la compresión manual de los ovarios enunciada por Charcot –quien adjudicaba a los ovarios un papel central en la histeria–; también se aplicaban los baños, las cauterizaciones del cuello uterino, el aislamiento, las dietas reconstituyentes y el reposo. La aplicación de fármacos era vigilada por el médico director y los prácticantes de medicina, que mediante el interrogatorio y la observación del comportamiento de las pacientes evaluaban el curso del tratamiento.

Las prácticas médicas sobre la locura en La Convalecencia se encontraban a tono con las llevadas a cabo en el manicomio de varones, pero algunas posibilidades terapéuticas no fueron implementadas, a pesar de la publicidad difundida en los ámbitos médicos. Por ejemplo, la ablación del clítoris en los casos de histeria furiosa, divulgada en *La Revista Médico Quirúrgica*.[32] La electroterapia –aplicación de electricidad galvánica o farádica en diversas zonas corporales– y la hidroelectroterapia –una combinación de baños e inducción de electricidad– fueron adscriptas como métodos, cuando sus usos terapéuticos se habían generalizado, hacia fines de la década de 1880.

En 1890, cuando en el Hospital Nacional de Alienadas irrumpió con toda estridencia la psiquiatría moderna, los tratamientos terapéuticos se sofisticaron a la par de los cuadros nosográficos. La histeria resultó ser la patología más profusamente explicada, diagnosticada e intervenida médicamente. Bajo su figura se agruparon una serie de discursos y prácticas que dieron cuenta de cómo la ciencia médica definía a las mujeres y a la condición femenina. En forma casi unánime los psiquiatras entendían que la mayoría de las mujeres eran histéricas, aunque no padecieran de ataques, y si bien existían varones histéricos, la explicación se hallaba en la inversión genérica de los valores, actitudes y comportamientos del sujeto enfermo.[33] La histeria representaba una serie de aberraciones mentales y afectivas; la excentricidad, la hipocresía, la mentira, el cinismo y la seducción eran algunas de sus características. En suma, en la histeria se combinaban los aspectos morbosos propios de la afección, cuyo origen radicaba en las lesiones cerebrales,[34] con las condiciones

Advenimiento de la psiquiatría

El laboratorio fue otra de las muestras del "avance científico" en el manicomio. En él se realizaron investigaciones pioneras en neuropatología y anatomopatología. Archivo General de la Nación, Departamento Fotografía.

"naturales" que portaban *las organizaciones* más débiles y proclives a caer en el abismo de la patología mental, es decir, las mujeres.[35]

La introducción en el nosocomio del uso de la hipnosis resultó en un conjunto de prácticas médicas donde la ausencia y la presencia de dolor físico cobraron una nueva dimensión. La sugestión hipnótica era empleada en el tratamiento de los síndromes histéricos, que comprendían a un conjunto de lesiones que imposibilitaban el uso pleno de las facultades motoras, como las hemiplejias, monoplejias y otras parálisis corporales, también los ataques convulsivos, la pérdida del conocimiento y del habla, entre otros. Como antesala de la práctica curativa, las pacientes eran sometidas a una rigurosa observación: se diagnosticaba la etiología de sus afecciones y, una vez descartado el origen orgánico de éstas, el conjunto de síntomas pasaba a considerarse como la obra de la patología histérica. Joaquín Durquet, prácticante del manicomio a principios del siglo XX, explicaba que el examen clínico consistía en efectuar sobre el cuerpo de las pacientes toda clase de "insultos mecánicos sin que expresara el menor sufrimiento, aun cuando le atravesáramos con largos alfileres la piel, ni tampoco al aplicarle un objeto caliente, etc".[36] Para comprobar la ausencia total de gusto y olfato, se les depositaba en la lengua quinina, sustancia sumamente revulsiva y amarga, y se les hacía oler diversas sustancias, generalmente desagradables y nauseabundas. Los antecedentes hereditarios, las costumbres y modos de vida eran indagados en profundidad, para completar la evaluación médica. Una vez comprobado el cuadro patológico, se sometía a las mujeres al trance hipnótico, en el que se provocaban los distintos períodos del ataque histérico: letargia, sonambulismo y catalepsia. El médico creaba zonas productoras del paroxismo histérico llamadas "histerógenas" y "frenadoras" en el cuerpo de las pacientes. La primera zona permitía que, cuando y donde el especialista quisiera, se desencadenara un ataque histérico al presionar un punto corporal, músculo o miembro de la paciente. La segunda implicaba, bajo idéntico mecanismo, la posibilidad de detener el ataque producido. La siguiente fase consistía en la "sugestión terapéutica preventiva del paroxismo, diciendo a la enferma que cuando sufriera un nuevo ataque, éste cesaría inmediatamente de apretarle las muñecas",[37] o cualquier zona seleccionada por el médico. Por último, en el estado de vigilia se repetían las sugestiones hechas durante la hipnosis, "inspirándole confianza acerca de su eficacia".[38] El procedimiento era una y otra vez practicado con el objeto de reconocer fehacientemente el estado de las pacientes, probar la efectividad del método y reeducar plenamente a esos cuerpos. La hipnosis implicó una novedosa y audaz manipulación sobre el cuerpo de las pacientes, y generó un ensañamiento por instaurar una nueva lógica, por la cual el poder de la palabra

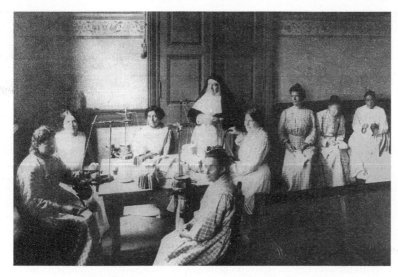

del especialista bastaba para desencadenar o frenar la sintomatología patológica, como también para quebrar todo indicio de resistencia y singularidad de las pacientes.

A principios de siglo cobró fuerza la llamada "curación aparatosa",[39] consistente en la aplicación, en estado hipnótico, "de corrientes eléctricas, con aplicación de chispas, efluvios, etc.".[40] El objetivo era "herir la imaginación de la enferma"[41] cuando la sugestión verbal fracasaba, es decir, quebrar todo vestigio de resistencia subjetiva a la práctica médica. La combinación de hipnosis y electroterapia era auxiliada con la extensión continua y forzada de los miembros afectados por intermedio de arneses de metal recubiertos internamente con algodones o de ataduras de alambres. En este tratamiento, el dolor era considerado parte del proceso curativo. En 1904, Durquet, siendo aún practicante de medicina, relató su intervención en el caso de una joven indigente de 26 años, que padeciendo de paraplejia histérica fue sometida a esta terapéutica. En el reporte clínico de la paciente, el practicante señalaba que "su estado revela sufrimiento. [...] Llora constantemente y su conversación gira alrededor de su enfermedad".[42] La aplicación de un aparato ortopédico para extender los miembros inferiores, afectados por la parálisis, resultaron ser causa de grandes sufrimientos físicos. El padecimiento psíquico y físico de la mujer fue minimizado, pues se trataba de una paciente histérica, y tanto la presencia del dolor como su ausencia revelaban el estado morboso de la joven. Para la medicina alienista, las histéricas eran "comediantes por instinto"[43] y su arma, la simulación. Al respecto, Decoud, médico del Hospital de Clínicas, escribió: "La simulación en las histéricas adquiere un carácter singularmente peligroso, por la facilidad con que saben sorprender al espíritu más sagaz y prevenido, y admira su tendencia por engañar, sobre todo cuando se trata de un médico".[44] Sobre esta base, la psiquiatría sustentaba la serie de prácticas anteriormente enunciadas: ya no se trataba tan sólo de doblegar y silenciar a la enfermedad mental, sino de disponer, dominar y controlar, mediante el dispositivo institucional y terapéutico, lo subversivo y transgresor que portaban esos cuerpos y mentes enfermos.

Para 1900, la clínica psiquiátrica practicada en el Hospital Nacional de Alienadas reflejaba los adelantos más notables de la ciencia médica. Un año mas tarde, se dotaba al lugar de un moderno laboratorio de Anatomía Patológica destinado a servicios prácticos y a investigaciones científicas.[45] Los nuevos pabellones, inaugurados hacia fines del siglo XIX, habían permitido la introducción de los principios de separación de las enfermas teniendo en cuenta sus patologías, sus niveles de peligrosidad, agresividad, así como sus conductas morales y condiciones económicas. Por su parte, la práctica médica se había complejizado; el período de observación y vigilancia de las internas y los efectos de la tecnología implementada tendieron a satisfacer la necesidad de una terapéutica que intentaba anular y neutralizar los elementos peligrosos que las locas portaban en el cuerpo.

Conclusiones

En 1854, el edifico de La Convalecencia se dividía en tres grandes patios, bautizados con los nombres de Esquirol, Pinel y Gobernador Obligado. Formaban un gran cuadrilátero de tierra apisonada, rodeado por una galería a la cual se abrían las puertas de las habitaciones, cuyas ventanas de doble postigo estaban previsoramente enrejadas; también se contaba con un salón utilizado como comedor y como sala de estar y de labores para las internas. Para 1898, el por entonces renombrado Hospital Nacional de Alienadas inauguraba las principales secciones de los edificios proyectados por el ingeniero Carlos Nyströmer. En ellas comenzaron a funcionar: la cocina central, la sala de máquinas, un pabellón para enfermas "agitadas", otro para "tranquilas". Cada pabellón tenía una sala de recreos, talleres y comedor. La sección para pensionistas fue nombrada como Pabellón Charcot.

A pesar de contar con las nuevas construcciones, la situación de las internas no mejoró; el clima de hacinamiento sería una constante, dado que la población de internadas crecía en forma continua. El dispositivo institucional y la consabida aplicación de formas más duras de control y vigilancia repercutió directamente sobre ellas, siendo sus cuerpos el soporte principal de la clínica implementada. Para el Centenario, más de 1700 mujeres se hallaban recluidas en el lugar. Muchas de ellas, solas, iletradas, pobres, permanecerían allí por el resto de sus vidas. A diferencia de las socias, *las otras mujeres* en este relato, las internadas carecieron de relaciones en el mundo exterior que les permitieran establecer alianzas y estrategias para enfrentarse al dispositivo médico-institucional, siendo ellas las grandes perdedoras de la contienda.

En otro sentido, entre 1880 y 1910, las relaciones entre las inspectoras de la Sociedad de Beneficencia y los médicos alienistas nunca dejaron de ser conflictivas. En 1905, Antonio Piñero fue reemplazado definitivamente en el cargo de director del Hospital Nacional de Alienadas. El motivo principal de su desplazamiento fue una serie de denuncias relacionadas con el manejo administrativo que éste había formulado contra la Sociedad. Fue electo, entonces, para el cargo Manuel Podestá, quien, al decir de las socias en la memoria de ese año: "...se lleva mejor de acuerdo con el criterio de la Presidencia". La entidad lucharía no sólo por mantenerse nominalmente al frente de la administración de la institución, sino también por imponer sus proyectos e impronta, los que se expresaron, por ejemplo, en la construcción del pabellón Charcot en detrimento del proyecto médico de formar una colonia para enfermas crónicas, como también en mantener la presencia constante de las religiosas como celadoras de las internadas.

Por su parte, los médicos ingresarían en el Hospicio para instalarse definitivamente. En pocos años, la locura no podría ser pensada por fuera de los muros de la institución. La peligrosidad de los locos y las locas sería parte de las pesadillas que ellos, custodios de la nueva nación, debían perseguir y silenciar con el objetivo de no empeñar jamás el futuro venturoso que aguardaba a la Argentina.

Notas

1   *El Orden*, 4/12/1855, en Coni, Emilio y Meléndez, Lucio, *Consideraciones sobre la estadística de la enajenación mental en la Provincia de Buenos Aires*, Imprenta Pablo Coni, Buenos Aires, 1879, pág. 19.

2   Ibídem.

3   Vezzetti, Hugo, *La locura en la Argentina*, Paidós, Buenos Aires, 1985.

4   *El Orden*, ob. cit.

5   Coni, Emilio y Meléndez, Lucio, ob. cit., pág. 21.

6   Ibídem.

7   Ibídem, pág. 23.

8   Ibídem.

9   Ibídem.

10   Arce, Celestino, *Curabilidad de la locura en el manicomio de mujeres*, tesis, Imprenta y Litografía La Argentina, Buenos Aires, 1881, pág. 9.

11   Loudet, Osvaldo y Loudet, Osvaldo Elías, *Historia de la psiquiatría argentina*, Troquel, Buenos Aires, 1971.

12   A modo de ejemplo: Ramos Mejía, José María, *La neurosis de los hombres célebres*, (1879), Rosso, Buenos Aires, 1932; Gache, Samuel, *La locura en Buenos Aires,* Imprenta Biedma, Buenos Aires, 1879; "El estado mental de la sociedad de Buenos Aires", *Anales del Círculo Médico*, IV, Buenos Aires, 1879-1880; Korn, Alejandro, *Locura y crimen*, tesis, Imprenta La Nación, Buenos Aires, 1883, entre otros.

13   Meléndez, Lucio, "Los locos en la Capital", *Revista Médico Quirúrgica,* año XXI, n° 7, Buenos Aires, 8/7/1884, pág. 103.

14   Para el tema del alienismo en la Argentina, véase Vezzetti, Hugo, ob. cit.

15   Maglioni, Norberto, *Los manicomios*, tesis, Imprenta Pablo Coni, Buenos Aires, 1879.

16   Balbastro, Arturo, *La mujer argentina. Estudio medico-social,* tesis, Imprenta Sud-América, Buenos Aires, pág. 11.

17   Maglioni, Norberto, ob. cit., pág. 39.

18   Vassallo, Alejandra, "Asociaciones de mujeres y formación de identidades políticas femeninas en la Argentina", mimeo.

19   Maglioni, Norberto, ob. cit., pág. 41.

20   Ibídem, pág. 37.

21   Ibídem.

22   Meléndez, Lucio, "Un proyecto de hospicio de alienados", *Revista Médico Quirúrgica*, año XVIII, n° 23, 8/3/1882, pág. 494.

23   Meléndez, Lucio, "Departamento Hidroterápico en el Hospicio de las Mercedes", *Revista Médico Quirúrgica*, año XVII, n° 16, 23/11/80.

24   Cabred, Domingo, *Contribución al estudio de la locura refleja*, tesis, Imprenta La Nación, Buenos Aires, 1881.

25 Ibídem, pág. 48.

26 Arce, Celestino, ob. cit., pág. 39.

27 Ibídem, pág. 39.

28 Ibídem, pág. 38.

29 "Tratamiento de la manía", *Revista de Ciencias Médicas de Barcelona*, en *Revista Médico Quirúrgica*, año XXIV, n° 13, 8/10/87, págs. 207 y 208

30 Véase "El cloruro y el bromuro potásico en las anginas", *Revista Médico Quirúrgica*, año XVII, n° 21, 8/2/81; "Contribución al estudio de las enfermedades intercurrentes en los epilépticos bromurados", *Revista Médico Quirúrgica*, año XX, n° 5, 8/6/83, "Investigaciones experimentales sobre la acción del cloral, opio, bromuro de potasio", *Revista Médico Quirúrgica*, año XX, n°12, 23/9/83; "Terapéutica general de algunos desórdenes funcionales del sistema nervioso", *Revista Médico Quirúrgica*, año XXII, n° 2, 23/4/85.

31 Cabred, Domingo, ob. cit., págs. 52-5.

32 "Tratamiento quirúrgico del histerismo", *Revista Médico Quirúrgica*, año XXIII, n° 8, 23/7/86; "Tratamiento quirúrgico del histerismo", *Revista Médico Quirúrgica*, año XXIII, n° 14, 23/10/86.

33 Ramos Mejía, José María, *Estudios clínicos sobre las enfermedades nerviosas y mentales*, Félix Lajouane, Buenos Aires, 1893.

34 Ídem, *La neurosis de los hombres célebres*, ob. cit.

35 Ibídem, pág. 91.

36 Durquet, Joaquín, "Manía ambulatoria epiléptica y monoplejia histérica", *Archivos de Psiquiatría, Criminología y Ciencias Afines*, año V, tomo V, Buenos Aires, 1906, pág. 340.

37 Ingenieros, José, "La risa histérica", *Archivos de Psiquiatría, Criminología y Ciencias Afines*, año III, tomo III, Buenos Aires, 1905.

38 Ibídem, pág. 365.

39 Durquet, Joaquín, "Paraplejía histérica. Curación por sugestión", *Archivos de Psiquiatría, Criminología y Ciencias Afines*, año IV, tomo IV, Buenos Aires, 1906, pág. 313.

40 Ibídem.

41 Ibídem.

42 Ibídem, pág. 312.

43 Decoud, Diógenes, "La sugestión hipnótica", *Anales del Círculo Médico*, año XI, tomo XI, 1888, pág. 8.

44 Ibídem.

45 Ingenieros, José, *La locura en la Argentina* (1919), Rosso, Buenos Aires, 1991.

Bibliografía general

AA. VV., *Historia General del Arte en la Argentina*, tomo VI, Academia Nacional de Bellas Artes, Buenos Aires, 1988.

AA. VV., *Actas del Congreso Internacional "Jesuitas - 400 años en Córdoba"*, tomo I, Córdoba, 1999.

AA. VV., *Imagen y recepción de la Revolución Francesa en la Argentina. Jornadas Nacionales en el Bicentenario de la Revolución Francesa (1789-1989)*, Comité Argentino para el Bicentenario de la Revolución Francesa, Grupo Editor Latinoamericano, Buenos Aires, 1989.

AA. VV., *La Revista de Buenos Aires*, tomo XIV, Imprenta de Mayo, Buenos Aires, 1867.

AA. VV., *Los médicos*, colección La Vida de Nuestro Pueblo, Centro Editor de América Latina, Buenos Aires, 1982.

AA. VV., *Situación jurídica de la mujer en México*, Facultad de Derecho, Universidad Autónoma Metropolitana, México, 1975.

Abella de Ramírez, María, *En pos de la justicia*, vols. I y II, La Plata, 1908.

Adam, Barry D., *The Rise of a Gay and Lesbian Movement*, Twayne Publishers, G. K. Hall & Co., Boston, 1987.

Alberro, Solange, *Inquisición y sociedad en México. 1571-1700*, Fondo de Cultura Económica, México, 1988.

Allen, Judith, *Sex and Secrets. Crimes Involving Australian Women Since 1880*, Oxford, Melbourne, 1990.

Amerlang, James y Nash, Mary, *Historia y género. Las mujeres en la Europa moderna y contemporánea*, Alfons El Magnanim, Valencia, 1990.

Anderson, Bonnie y Zinsser, Judith, *Historia de las mujeres: una historia propia*, Crítica, Grijalbo, Barcelona, 1991.

Arana, María José, *La clausura de las mujeres. Una lectura teológica de un proceso histórico*, Mensajero, Bilbao, 1991.

Arce, Celestino, *Curabilidad de la locura en el manicomio de mujeres*, tesis, Imprenta y Litografía La Argentina, Buenos Aires, 1881.

Ascasubi, Hilario, *Santos Vega* o *Los mellizos de la Flor* (1ª ed., 1872), La Cultura Argentina, Buenos Aires, 1919.

Aspell de Yanzi, Marcella, *¿Qué mandas hacer de mí? Mujeres del siglo XVIII en Córdoba del Tucumán*, Mónica Figueroa, Córdoba, 1996.

Auza, Néstor Tomás, *La literatura periodística porteña del siglo XIX. De Caseros a la Organización Nacional*, Confluencia, Buenos Aires, 1999.

— *Periodismo y feminismo en la Argentina. 1830-1930*, Emecé, Buenos Aires, 1988.

Azaola, Elena, *El delito de ser mujer*, Ciesas/Plaza y Valdés, México, 1996.

Balbastro, Arturo, *La mujer argentina. Estudio médico-social,* tesis, Imprenta Sud-América, Buenos Aires, s/f.

Balderston, Daniel y Guy, Donna (comps.), *Sexo y sexualidades en América latina,* Paidós, Buenos Aires, 1998.

Barrán, José Pedro, *Historia de la sensibilidad en el Uruguay*, Ediciones de la Banda Oriental, Montevideo, 1989.

— *Medicina y sociedad en el Uruguay del Novecientos*, Ediciones de la Banda Oriental, Montevideo, 1995.

Barrancos, Dora (comp.), *Historia y género,* Centro Editor de América Latina, Buenos Aires, 1993.

Bazán, Armando Raúl, *Historia de La Rioja*, Plus Ultra, Buenos Aires, 1979.

Bellucci, Mabel, *Mujeres y escritura*, Puro Cuento, Buenos Aires, 1989.

Belou, Pedro, *Curso de Investigaciones*, Arsenio Giudi Buffardi Editor, Buenos Aires, 1906.

Beltrán, Oscar R., *Historia del periodismo argentino*, Sopena, Buenos Aires, 1943.

Bergmann, Emilie L. y Smith, Paul Julian (comps.), *Queer Readings, Hispanic Writing*, Duke University Press, Durham y Londres, 1995.

Bialet Massé, Juan, *Compendio de Anatomía, Fisiología e Higiene humana. Obra arreglada para servir de texto a la segunda enseñanza*, tomo II, Imprenta del Mercurio, Buenos Aires, 1876.

Bianchetti, María Cristina, *Cosmovisión sobrenatural de la locura. Pautas populares de salud mental en la Puna argentina*, Víctor Manuel Hanne, Salta, 1996.

Birch, H. (comp.), *Moving Targets. Women, Murder and Representation*, University of California Press, Berkeley, 1994.

Blomberg, Héctor Pedro (introducción, selección y notas), *Poetas que cantaron al indio en América. Antología*, Estrada, Buenos Aires, 1950.

Boisdron, Ángel, *Discursos y escritos*, Talleres Gráficos Presuche y Eggeling, Buenos Aires, 1921.

Bosch, Mariano G., *Historia del teatro en Buenos Aires*, El Comercio, Buenos Aires, 1910.

Boyer, Richard, *Lives of the Bigamists. Marriage, Family and Community in Colonial México*, University of New Mexico, Albuquerque, 1995.

Braidotti, Rossi, *Nomadic Subjects. Embodiment and Sexual Difference in Contemporary Feminist Theory*, Columbia University Press, Nueva York, 1994.

Burguera y Serrano, Amado, *Acción católico-social de la mujer*, Imprenta Doménech y Taroncher, Valencia, 1909.

Burke, Peter (comp.), *Formas de hacer Historia*, Alianza Universidad, Madrid, 1996.

Butler, Judith, *Gender Trouble. Feminism and the Subversion of Identity,* Routledge, Londres, 1991.

— *Bodies that Matter. The Discursive Limits of Sex*, Routledge, Londres, 1993.

Byrne, P., *Criminal Law and Colonial Subject. New South Wales 1810-1830*, Cambridge University Press, Melbourne, 1993.

Cabred, Domingo, *Contribución al estudio de la locura refleja*, tesis, Imprenta La Nación, Buenos Aires, 1881.

Caminos, María F., "Periodismo femenino", ponencia presentada en el Primer Congreso Femenino Internacional de la República Argentina. *Historia, Actas y Trabajos*, organizado por la Asociación Universitarias Argentinas en 1910, Imprenta Ceppi, Buenos Aires, 1911.

Canal Feijoo, Bernardo, *Ensayo sobre la expresión popular artística en Santiago*, Compañía Impresora Argentina, Buenos Aires, 1937.

Cardiel, José, *Breve relación de las misiones del Paraguay (1771)*, Theoria, Buenos Aires, 1994.

Carlson, Marifran, *Feminism! The Woman's Movement in Argentina from its beginnings to Eva Perón*, Academy Chicago Publishers, Chicago, 1988.

Carrizo, Juan Alfonso, *El cancionero popular de Tucumán*, tomo I, Universidad Nacional de Tucumán, Tucumán, 1937.

Casey, James *et al.*, *La familia en la España mediterránea (siglos XV-XIX)*, Crítica, Barcelona, 1987.

Castañega, fray Martín de, *Tratado de las supersticiones y hechicerías*, Universidad de Buenos Aires, Facultad de Filosofía y Letras, Buenos Aires, 1997.

Cicerchia, Ricardo, *Historia de la vida privada en la Argentina*, Buenos Aires, Troquel, 1998.

Clark, Timothy, *Imagen del pueblo. Gustave Courbet y la revolución de 1848*, G. Gili, Barcelona, 1981.

Comisión Nacional del Sesquicentenario de la Revolución de Mayo, *Catálogo del periodismo e imprenta argentina*, Exposición del Museo Histórico Nacional, Buenos Aires, 1960.

Concolorcorvo, *El lazarillo de ciegos caminantes desde Buenos Aires hasta Lima, 1773*, Buenos Aires, 1942, Biblioteca de la Junta de Historia y Numismática Americana, vol. IV, Buenos Aires, 1908.

Coni, Emilio, *La mortalidad infantil en la ciudad de Buenos Aires*, Imprenta Coni, Buenos Aires, 1879.

— y Meléndez, Lucio, *Consideraciones sobre la estadística de la enajenación mental en la provincia de Buenos Aires*, Imprenta Coni, Buenos Aires, 1879.

D'Orbigny, Alcides, *Viaje a la América Meridional. Realizado de 1826 a 1833 por Alcides D'Orbigny, Caballero de la Orden Real de la Legión de Honor* [...], Futuro, Buenos Aires, 1945.

De Ángelis, Pedro; *Colección de obras y documentos relativos a la historia antigua y moderna de las Provincias del Río de la Plata*, vol. III, Buenos Aires, 1836.

De Mello e Souza, Laura, *El diablo en la tierra de Santa Cruz*, Alianza América, Madrid, 1993.

De Veyga, Francisco, *Estudios médico-legales sobre el Código Civil argentino*, Librería Científica de Agustín Etchepareborda, Buenos Aires, 1900.

Di Tella, Torcuato (comp.), *Sindicatos como los de antes...*, Biblos, Buenos Aires, 1993.

Díaz de Guzmán, Rui, *Historia argentina del descubrimiento, población y conquista de las provincias del Río de la Plata*, Buenos Aires, Imprenta de la Revista, 1854.

Dobash, Dobash y Noaks (comps.), *Gender and Crime*, University of Wales Press, Cardiff, 1995.

Duby, G. y Perrot, M. (comps.), *Historia de las mujeres* (cinco tomos), Taurus, Madrid, 1993.

Duviols, Pierre, *Cultura andina y represión. Procesos y visitas de idolatrías y hechicerías. Cajatambo, siglo XVII*, Centro de Estudios Rurales Andinos Bartolomé de las Casas, Cusco, 1988.

— *La destrucción de las religiones andinas (durante la Conquista y la Colonia)*, Universidad Nacional Autónoma de México, México, 1977.

Ercilla, Alonso de, *La Araucana*, s/e, Madrid, 1597.

Faderman, Lillian, *Surpassing the Love of Men: Romantic Friendship and Love between Women from the Renaissance to the Present*, William Morrow, Nueva York, 1981.

Fernández Latour de Botas, Olga, "Periódicos femeninos en Buenos Aires. Contribución a su estudio", ponencia presentada en el VI Congreso Internacional de Historia de América, Academia Nacional de la Historia, tomo VI, Buenos Aires, 1982.

Fernández, Rómulo, *Historia del periodismo argentino*, Librería Perlado, Buenos Aires, 1943.

Ferro, Lucía, *Las socialistas que hicieron futuro. Humanidad Nueva. Tribuna Femenina. Nuestra Causa. Vida Femenina. Ciudadana*, Agencia Periodística CID, Buenos Aires, 1996.

Fletcher, Lea (comp.), *Mujeres y cultura en la Argentina del siglo XIX*, Feminaria, Buenos Aires, 1994.

Florescano, Enrique (coord.), *Haciendas, latifundios y plantaciones en América latina*, México, Siglo XXI, 1973.

Forster, E. M., "Introducción" [escrita entre 1913 y 1914], en *Maurice*, Seix Barral, Barcelona, 1983.

Foucault, Michel, *Historia de la sexualidad*, vol. 1: "La voluntad de saber", Siglo XXI, Madrid, 1990.

— *La verdad y las formas jurídicas*, Gedisa, Barcelona, 1984.

— *Microfísica del poder*, La Piqueta, Madrid, 1979.

Frederick, Bonnie, *Wily Modesty. Argentine Women Writers. 1860-1910*, ASU Center for Studies Press, Arizona, 1997.

Freedberg David, *El poder de las imágenes. Estudios sobre la historia y la teoría de la respuesta*, Cátedra, Madrid, 1992.

Frugoni, Emilio, *La mujer ante el Derecho*, Indoamericana, Montevideo, 1940.

Gache, Samuel, *La locura en Buenos Aires*, Imprenta Biedma, Buenos Aires, 1879.

Galván Moreno, C., *El periodismo argentino. Amplia y documentada historia desde sus orígenes hasta el presente*, Claridad, Buenos Aires, 1944.

Gálvez, Lucía, *Guaraníes y jesuitas. De la Tierra sin Mal al Paraíso*, Sudamericana, Buenos Aires, 1995.

Garcés, Carlos, *Brujas y adivinos en Tucumán (siglos XVII y XVIII)*, Universidad Nacional de Jujuy, San Salvador de Jujuy, 1997.

García Belsunce, César, *Buenos Aires, 1800-1830. Salud y delito*, Emecé, Buenos Aires, 1977.

— *et al.*, *Buenos Aires, su gente*, tomo I, Buenos Aires, 1976.

García Fernández, Máximo, *Herencia y patrimonio familiar en la Castilla del Antiguo Régimen (1650-1834). Efectos socioeconómicos de la muerte y la partición de bienes*, Universidad de Valladolid, Valladolid, 1995.

García Mansilla, Daniel, *Visto, oído y recordado (sobre Eduarda Mansilla de García)*, Kraft, Buenos Aires, 1950.

Gonzalbo Aizpuru, Pilar (comp.), *Familias novohispanas. Siglos XVI al XIX*, El Colegio de México, México, 1991.

— (comp.), *Historia de la familia*, Universidad Autónoma Metropolitana, México, 1993.

Griffith, Nicholas, *La cruz y la serpiente*, Universidad Católica, Lima, 1998.

Guinnard, A., *Tres años de cautiverio entre los patagones*, Espasa Calpe Argentina, Buenos Aires, 1941.

Häckel, Ernesto, *Las maravillas de la vida*, 2 vols., F. Sempere y Cía, Valencia, s/f.

Halperin Donghi, Tulio, *Revolución y guerra,* Siglo XXI, México, 1979.

Henningsen, Gustav, *L'avvocato delle streghe. Stregoneria basca e Inquisizione spagnola*, Garzanti, Milán, 1990.

Hoberman, Louisa y Socolow, Susan (comp.), *Ciudades y sociedad en Latinoamérica colonial*, Fondo de Cultura Económica, Buenos Aires, 1992.

Iglesia, Cristina y Schvartzman, Julio, *Cautivas y misioneros. Mitos blancos de la conquista*, Catálogos, Buenos Aires, 1987.

Ingenieros, José, *Histeria y sugestión* (1ª ed., 1904), Tor, Buenos Aires, 1956.

— *La locura en la Argentina*, Rosso, Buenos Aires, 1991.

— *La psicopatología en el arte*, Elmer, Buenos Aires, 1957.

— *Tratado del amor* (1ª ed., 1925), Meridión, Buenos Aires, 1955.

Jaimes Freyre, Ricardo, *El Tucumán colonial*, Imprenta Coni, Buenos Aires, 1915.

Kertzer, D., *Sacrificed for Honor. Italian Infant Abandonment and the Politics of Reproductive Control*, Beacon, Boston, 1993.

Knecher, Lidia y Panaia, Marta (comps.), *La mitad del país. La mujer en la sociedad argentina*, Centro Editor de América Latina, Buenos Aires, 1994.

Korn, Alejandro, *Locura y crimen*, tesis, Imprenta La Nación, Buenos Aires, 1883.

Lafleur, Héctor René *et al., Las revistas literarias argentinas (1893-1930)*, Ediciones Culturales Argentinas, Buenos Aires, 1962.

Lafuente Machain, Ricardo, *Buenos Aires en el siglo XVII*, Buenos Aires, Emecé, 1944.

Lagarde, Marcela, *Los cautiverios de las mujeres: madresposas, monjas, putas, presas y locas*, Universidad Nacional Autónoma de México, México, 1997.

Larrauri, Elena (comp.), *Mujeres, derecho penal y criminología*, Siglo XXI, Madrid, 1993.

Lauriber, Paule de, *Le Code de l'éternelle mineure*, Plon, París, 1922.

Lavrin, Asunción (coord.), *Sexualidad y matrimonio en la América hispánica. Siglos XVI-XVIII*, Grijalbo, México, 1991.

Lerner, Gerda, *El origen del patriarcado,* Crítica, Grijalbo, Barcelona, 1990.

Levaggi, A., *Historia del derecho penal argentino*, Perrot, Buenos Aires, 1978.

Levi, Giovanni, "On the specify of the catholic model of the modern state", *Revista Portuguesa de Historia*, tomo XXXII, años 1997-1998.

López Cordón, María V. *et al., Ordenamiento jurídico y realidad social de las mujeres. Siglos XVI-XX*, UAM, Madrid, 1986.

Loudet, Osvaldo y Loudet, Osvaldo Elías, *Historia de la psiquiatría argentina*, Troquel, Buenos Aires, 1971.

Maglioni, Norberto, *Los manicomios*, tesis, Imprenta Coni, Buenos Aires, 1879.

Mallo, Pedro, *Compendio de Anatomía. Para servir de introducción al curso de Medicina Legal de la UBA*, Imprenta Coni, Buenos Aires, 1872.

Mannarelli, María Emma, *Pecados públicos. La ilegitimidad en Lima, siglo XVII*, Flora Tristán, Lima, 1994.

Mantilla, Manuel Florencio, *Crónica histórica de la provincia de Corrientes*, Buenos Aires, 1974.

Marcus, Eric, *Making History. The Struggle for Gay and Lesbian Equal Rights 1945-1990. An Oral History*, HarperPerennial, Nueva York.

Masiello, Francine (comp.), *La mujer y el espacio público. El periodismo femenino en la Argentina del siglo XIX*, Feminaria, Buenos Aires, 1994.

Mayo, Carlos (comp.), *Fuentes para la historia de la frontera. Declaraciones de cautivos*, publicación de la cátedra de Historia de América I, Universidad de Mar del Plata, Facultad de Humanidades, Departamento de Historia, Mar del Plata, 1990.

Mitre, Bartolomé, *Historia de Belgrano y de la Independencia Argentina*, Anaconda, Buenos Aires, 1950.

Molinari, Diego Luis, *La trata de negros. Datos para su estudio en el Río de la Plata*, Universidad de Buenos Aires, Buenos Aires, 1944.

Moyano Aliaga, Alejandro, *La Rioja. Revelaciones documentales acerca de su fundación*, Junta Provincial de Historia de Córdoba, Córdoba, 1991.

Muriel, Josefina, *Las mujeres de Hispanoamérica. Época colonial*, Mapfre, Madrid, 1992.

Navarro, Marysa y Stimpson, Catharine (comps.), *¿Qué son los estudios de mujeres?*, Fondo de Cultura Económica, México, 1998.

Nicholson, Linda (comp), *Feminismo y posmodernismo*, Feminaria, Buenos Aires, 1992.

Olive, Emilio, *Nociones de Anatomía fisiológica e Higiene*, Coll, Madrid y Cía., Buenos Aires, 1889.

Otero, Francisco, *Anatomía, Fisiología e Higiene. Para uso de los colegios nacionales y escuelas normales de la República Argentina*, Cabaut, Buenos Aires, 1915.

Padilla y Bárcena, Pablo, *Obras pastorales*, tomo II, Herder, Friburgo, 1916.

Pagés Larraya, Antonio, *Delirium. Documentos para la etnohistoria de crímenes y tormentos de naturales en el Tucumán colonial*, Publicaciones del Seminario de Investigaciones sobre Antropología Psiquiátrica, Conicet, Buenos Aires, 1991.

Pallière, Juan León, *Diario de viaje por la América del Sud*, Peuser, Buenos Aires, 1945.

Parish, Woodbine, *Buenos Aires y las Provincias del Río de la Plata desde su descubrimiento y conquista por los españoles*, Buenos Aires, Hachette, 1958.

Peña, Enrique A., *Estudio de los periódicos y revistas existentes en la Biblioteca Enrique Peña*, Imprenta Amorrortu, Buenos Aires, 1935.

Percas, Helena, *La poesía femenina argentina (1810-1950)*, Cultura Hispánica, Madrid, 1958.

Pereyra, Washington, *La prensa literaria argentina, 1890-1984*, tomo I: "Los años dorados 1890-1919", Librería Colonial, Buenos Aires, 1993.

Pérez, Marcos José, *Elementos de Anatomía Humana*, edición del autor, Buenos Aires, 1926.

Peristiany, J. G. y Pitt-Rivers, Julian, *Honor y gracia*, Alianza, Madrid, 1992.

Petit Muñoz, Eugenio; Marancio, Edmundo M. y Traibel Nelcis, José M., *La condición jurídica, social, económica y política de los negros durante el coloniaje en la Banda Oriental*, vol. I, Biblioteca de Publicaciones Oficiales de la Facultad de Derecho y Ciencias Sociales de la Universidad de Montevideo, Montevideo, 1948.

Puig, Juan de la C., *Antología de poetas argentinos*, Martín Biedma e Hijo, Buenos Aires, 1910.

Ramos Escandón, Carmen (comp.), *Género e historia: la historiografía sobre la mujer.* Universidad Autónoma Metropolitana, México, 1992.

Ramos Mejía, José María, *Estudios clínicos sobre las enfermedades nerviosas y mentales*, Félix Lajouane, Buenos Aires, 1893.

—   *La neurosis de los hombres célebres* (1879), Rosso, Buenos Aires, 1932.

—   *Rosas y su tiempo*, OCESA, tomo III, Buenos Aires, 1952.

—   (coord.), *El monacato femenino en el imperio español. Monasterios, beaterios, recogimientos y colegios*, Condumex, México, 1995.

Ranke-Heinemann, Uta, *Eunucos por el reino de los cielos. Iglesia católica y sexualidad*, Trotta, Madrid, 1994.

Rich, Adrienne, *Nacida de Mujer*, Noguer, Barcelona, 1978.

Rodríguez Marquina, Paulino, *La mortalidad infantil en Tucumán*, s/e, Tucumán, 1899.

Rodríguez Molas, Ricardo, *Divorcio y familia tradicional*, Centro Editor de América Latina, Buenos Aires, 1984.

Rojas, Ricardo, *Historia de la literatura argentina. Los modernos,* II, Kraft, Buenos Aires, 1960.

Roulet, Florencia, *La resistencia de los guaraníes del Paraguay a la conquista española (1537-1556)*, Editorial Universitaria Universidad Nacional de Misiones, Posadas, 1993.

Russell, Jeffrey B., *Historia de la brujería. Hechiceros, herejes y paganos*, Paidós, Buenos Aires, 1998.

Sabán, Mario, *Los hebreos. Nuestros hermanos mayores. Judíos conversos* II, Distal, Buenos Aires, 1991.

Sahlins, Marshall, *Economía de la Edad de Piedra*, Akal, Barcelona, 1983.

Samuel, Raphael (comp.), *Historia popular y teoría socialista*, Crítica, Grijalbo, Barcelona, 1984.

Schleh, Emilio, *Compilación legal sobre el azúcar*, tomo IV, Centro Azucarero Argentino, Imprenta Ferrari Hnos., Buenos Aires, 1939.

Schoo Lastra, Dionisio, *El indio del desierto. 1535-1879* (1ª ed., 1927), Meridiano, Buenos Aires, 1957.

Scott, Joan, *Only Paradoxes to Offer*, Harvard University Press, Londres, 1996.

Seed, Patricia, *Amar, honrar y obedecer en el México colonial. Conflic-*

tos en torno a la elección matrimonial, 1574-1821, Grijalbo, México, 1991.

Senado de la Nación, *Biblioteca de Mayo. Colección de obras y documentos para la historia argentina*, vol. IV, Buenos Aires, 1960.

Serrano Redonnet, Jorge, *La sangre del conquistador Juan Gregorio Bazán*, Dunken, Buenos Aires, 1997.

Shapiro, Ann-Louise, *Breaking the Codes. Female Criminality in Fin de Siècle Paris*, Stanford University Press, California, 1996.

Silverblatt, Irene, *Luna, sol y brujas: género y clases en los Andes prehispánicos y coloniales*, Centro de Estudios Regionales Andinos "Bartolomé de las Casas", Cusco, 1990.

Smart, Carol, *Feminism and the Power of law*, Routledge, London, 1989.

—   (comp), *Regulating Womanhood. Historical Essays on marriage, motherhood and sexuality*, Routledge, Londres, 1992

Sosa de Newton, Lily, *Diccionario biográfico de mujeres argentinas*, Plus Ultra, Buenos Aires, 1972, 1980 y 1986.

—   *Las argentinas, de ayer a hoy*, Zanetti, Buenos Aires, 1967.

—   *Las protagonistas*, Plus Ultra, Buenos Aires, 1999.

—   *Narradoras argentinas. 1852-1932*, Plus Ultra, Buenos Aires, 1995.

Steedman Jones, Gareth, *Lenguajes de clase: estudios sobre la historia de la clase obrera inglesa, Siglo XXI*, Madrid, 1989.

Steiner, George (comp.), *Homosexualidad: literatura y política*, Alianza, Madrid, 1980.

Stern, Steve, *La historia secreta del género. Mujeres, hombres, y poder en México en las postrimerías del período colonial*, Fondo de Cultura Económica, México, 1999.

Studer, Elena de, *La trata de negros en el Río de la Plata durante el siglo XVIII*, Universidad de Buenos Aires, Buenos Aires, 1958.

Suárez Battilana, V., *Nociones de embriología con apuntes taquigráficos tomados en clase del Dr. Widakowich*, Cappellano, Buenos Aires, 1920.

Tobal, Gastón Federico, *De un cercano pasado*, Rosso, Buenos Aires, 1952.

Thompson, Edward P., *La formación de la clase obrera en Inglaterra*, Crítica, Grijalbo, Barcelona, 1989.

Tubert, Silvia (comp.), *Figuras de la madre*, Cátedra, Madrid, 1996.

Universidad Autónoma de Madrid, *Nuevas perspectivas sobre la mujer*, Actas de las Primeras Jornadas de Investigación Interdisciplinarias, s/f.

Urdinarrain, J. J., *El matrimonio*, Imprenta Coni, Buenos Aires, 1875.

Van de Pas, Luis, *I. Compendio de Embriología; II. Compendio de Teratología*, Biblioteca de Agronomía y Veterinaria, tomo VII, Buenos Aires, 1944.

Varela, Juan Cruz, *Poesías*, Rosso, Buenos Aires, 1943.

Verdevoye, Paul, *Costumbres y costumbrismo en la prensa argentina. Desde 1801 hasta 1834*, Academia Argentina de Letras, Buenos Aires, 1994.

Vezzetti, Hugo, *La locura en la Argentina*, Paidós, Buenos Aires, 1985.

Vigil, Mariló, *La vida de las mujeres en los siglos XVI y XVII*, Siglo XXI, Madrid, 1986.

Villalobos, Sergio *et al.*, *Relaciones fronterizas en la Araucania*, Universidad Católica, Santiago de Chile, 1982.

Viñas, David, *Indios, ejército y fronteras*, Siglo XXI, Buenos Aires, 1982.

Zaffaroni, Raúl, *Tratado de Derecho Penal. Parte general,* Ediar, Buenos Aires, 1987.

Zinny, Antonio, *Efemeridografía argirometropolitana. Hasta la caída del gobierno de Rosas*, Buenos Aires, 1869.

Sobre los autores

FERNANDA GIL LOZANO es profesora de Historia por la Facultad de Filosofía y Letras de la UBA y cursó la maestría de Sociología y Análisis Cultural en la Fundación Banco Patricios. Es docente de Historia Social Latinoamericana en la Facultad de Ciencias Sociales y adscripta a la cátedra de Historia Moderna de la Facultad de Filosofía y Letras, ambas de la UBA. Es miembro del Instituto Interdisciplinario de Estudios de Género de la Facultad de Filosofía y Letras. Es autora de los libros educativos *Ciencias Sociales 8* y, en colaboración con otros especialistas, participa de la autoría de *El mundo contemporáneo. Siglos XVIII, XIX y XX* (coordinado por R. Fradkin). Es autora de numerosos artículos publicados en *El Murciélago, Mora, Malacandra* y *Todo es Historia.*

VALERIA SILVINA PITA es profesora de Historia egresada de la Facultad de Filosofía y Letras de la UBA y obtuvo su licenciatura en Trabajo Social en la Facultad de Ciencias Sociales de la misma universidad. Ha sido docente en la cátedra de Metodología de la Investigación Social de la carrera de Trabajo Social (UBA), y actualmente es adscripta a la cátedra de Historia Argentina Contemporánea de la carrera de Historia (UBA). Miembro del Instituto Interdisciplinario de Estudios de Género de la Facultad de Filosofía y Letras, es autora de artículos aparecidos en las publicaciones *Mora*; *Temas de mujeres. Perspectivas de Género* y *Luxemburg.*

MARÍA GABRIELA INI es licenciada en Ciencias Antropológicas por la Facultad de Filosofía y Letras de la Universidad de Buenos Aires y escritora. Fue docente en dicha institución, y participó como coordinadora del área de género en el Instituto de Estudios Comparados en Ciencias Penales y Sociales (INECIP). Ha publicado trabajos referidos a la problemática de género en los libros *Mujeres y cárcel*; *Mujeres y cultura en Argentina* y *Huellas* (Chile), y artículos en las revistas *Cuadernos de Ética*, *Mora* y *El Rodaballo*, entre otras.

JUDITH FARBERMAN es licenciada y profesora en Historia por la Facultad de Filosofía y Letras de la UBA y doctora en Historia por la Università degli Studi, República de San Marino. Es profesora adjunta de Historia Argentina en la Universidad de Quilmes e investigadora del Conicet. Es autora de artículos que han sido publicados en las revistas *Quinto Sol. Revista de Historia Regional*, *Boletín del Instituto de Historia Argentina y Americana "Dr. Emilio Ravignani"* y *Población y Sociedad*.

JUAN LUIS HERNÁNDEZ es licenciado en Historia por la Facultad de Filosofía y Letras de la UBA. Ha publicado artículos en las revistas *Dialéktica*, *Taller* y *Memoria Americana* (Sección Etnohistoria del Instituto de Ciencias Antropológicas de la Facultad de Filosofía y Letras de la UBA).

MARTA GOLDBERG es profesora de enseñanza secundaria, normal y especial en Historia por la Facultad de Filosofía y Letras de la UBA. Es profesora titular ordinaria de Historia Argentina en la carrera de Historia de la Universidad Nacional de Luján, donde también coordina la Licenciatura en Historia. Es miembro consultor de Afroamérica-México del Programa Afroamérica de la Universidad Nacional Autónoma de México (UNAM). Integra el Comité Científico del Programa de la Unesco "La Ruta del Esclavo". Participa en las obras *La tercera raíz en Sudamérica* (México, 1995), compilada por Luz María Martínez Montiel, y *IV Congreso Internacional de Historia de América* (en colaboración con Laura B. Jany). Ha publicado numerosos artículos en revistas nacionales y extranjeras, entre ellas *Desarrollo Económico*; *Boletín del Instituto de Historia Argentina y Americana "Dr. Emilio Ravignani"*; *Revista de Historia Bonaerense*; *Todo es Historia*; *Arenal* (Universidad de Granada, España) y *América Negra* (Bogotá).

Laura Malosetti Costa Es doctora en Filosofía y Letras y licenciada en Artes por la Facultad de Filosofía y Letras de la Universidad de Buenos Aires. Es docente con dedicación exclusiva de la carrera de Artes en la Facultad de Filosofía y Letras de la UBA, en las cátedras Teoría e Historia de la Historiografía de las Artes Plásticas e Historia de las Artes Plásticas V (siglo XIX). Es además investigadora del Instituto de Teoría e Historia del Arte "Julio E. Payró" de esa Facultad y miembro de la Comisión Directiva del Centro Argentino de Investigadores en Artes. Ha escrito ensayos sobre historia del arte argentino y latinoamericano del siglo XIX y sobre temas de historiografía del arte que han sido publicados en libros, revistas y publicaciones académicas de la disciplina en el país y en el extranjero.

Dora Barrancos es socióloga egresada de la UBA y doctora en Ciencias Humanas-Área Historia por el Instituto de Filosofía y Ciencias Humanas-Unicamp, Brasil. Es investigadora independiente del Conicet, profesora titular de la cátedra de Historia Social Latinoamericana de la Facultad de Ciencias Sociales de la UBA y profesora invitada de universidades extranjeras. Ha escrito numerosos artículos para diversas publicaciones, es autora de "Moral sexual, sexualidad y mujeres trabajadoras en el período de entreguerras", que integra el tercer tomo de *Historia de la vida privada en la Argentina* y de los libros *La escena iluminada. Ciencias para trabajadores. 1890-1930*; *Cultura, educación y trabajadores. 1890-1930* y *Anarquismo, educación y costumbres en la Argentina de principios de siglo*.

Roxana Edith Boixadós es licenciada en Ciencias Antropológicas por la Facultad de Filosofía y Letras de la UBA y obtuvo su Master en Antropología Social en la Universidad Federal de Río de Janeiro. Es investigadora del Conicet y profesora adjunta en las universidades de Buenos Aires y de Quilmes. Ha publicado artículos en las revistas *Americana. Cuadernos de Etnohistoria* y *Andes, Antropología e Historia*. Es autora de manuales escolares (Estrada), participa en la colección "La otra historia" (Ediciones El Quirquincho) y en la obra compilada por A. M. Lorandi, *El Tucumán Colonial y Charcas*. En 1995 ganó (con M. A. Palermo) el Segundo Premio Nacional de Cultura.

GABRIELA BRACCIO es licenciada en Historia por la Facultad de Filosofía y Letras de la UBA. Integra el Programa de Historia de América Latina del Instituto de Historia Argentina y Americana "Dr. Emilio Ravignani". Ha publicado artículos en *Revista Andina* (Cuzco) y en *Colonial Latin American Review*. Es autora de "Para mejor servir a Dios. El oficio de ser monja", que integra el primer tomo de *Historia de la vida privada en la Argentina*.

LILY SOSA DE NEWTON es escritora, miembro, entre otras instituciones, de la Academia Argentina de la Historia, de la Academia Belgraniana y del Instituto Moreniano. Preside la Asociación Argentina de Lectura, participa en jornadas y congresos sobre historia de las mujeres argentinas y colabora con diversos medios. Entre 1967 y 1971 publicó los libros *Lavalle*; *Dorrego*; *El general Paz* y *Lamadrid*. Es autora del *Diccionario biográfico de mujeres argentinas*; *Las argentinas de ayer a hoy* (Faja de Honor de la SADE); *Genio y figura de Hilario Ascasubi* (Premio Eudeba 1981); *Narradoras argentinas. 1852-1932*, y *Las protagonistas*.

ALEJANDRA CORREA estudió Periodismo en el Instituto Grafotécnico de Buenos Aires, cursó materias de la carrera de Antropología en la Universidad de Buenos Aires y realizó seminarios de Sociología y Literatura. Se desempeñó como periodista, investigadora y editora en el diario *Clarín* y las revistas *Viva* y *Tres puntos*. Colaboró además con diversos medios gráficos, entre ellos *Noticias* y *Todo es Historia*, donde publicó varios trabajos. Es autora del volumen de poesías *Río partido* (1998).

MARÍA CELIA BRAVO obtuvo la maestría en Historia Latinoamericana
en la Universidad Internacional de Andalucía (España). Es profesora adjunta en la cátedra de Historia Argentina (curso especial) de la Facultad de Filosofía y Letras de la Universidad Nacional de Tucumán, investigadora en el Centro de Estudios Históricos Interdisciplinarios sobre las Mujeres (CEHIM) de la Facultad de Filosofía y Letras (UNT) y en el Conicet. Participa en
las obras *Expansión capitalista y transformaciones regionales*,
compilada por Jorge Gelman, Juan Carlos Garavaglia y Blanca
Zeberio, y *Población y trabajo en el Noroeste argentino. Siglos
XVIII y XIX* (en colaboración con Daniel Campi), compilada
por Ana Teruel. Ha publicado artículos en *Población y trabajo
en el Noroeste argentino. Siglos XVIII y XIX*; *Actas del Iº Congreso de Investigación Social. Región y Sociedad en Latinoamérica, su problemática en el noroeste, Argentina* (en colaboración don Daniel Campi); *Temas de Mujeres. Perspectivas de
Género*, y *Travesías. Revista de Historia Económica y Social*.

ALEJANDRA LANDABURU obtuvo su profesorado en Historia en la Facultad de Filosofía y Letras de la Universidad Nacional de Tucumán. Es profesora adjunta en la cátedra de Historia Económica de la Facultad de Ciencias Económicas de la UNT e investigadora en el Centro de Estudios Históricos Interdisciplinarios
sobre las Mujeres (CEHIM) de la Facultad de Filosofía y Letras
de la UNT. Ha publicado artículos en *Temas de Mujeres. Perspectivas de Género* (con María Estela Fernández y Flavia Ma-
cías); *Mujeres latinoamericanas del siglo XX. Historia y Cultura* (con María Estela Fernández), y *Espacios de Género* (con
María Celia Bravo y María Estela Fernández y con Norma Ben
Altabef).

PABLO BEN es antropólogo por la Facultad de Filosofía y Letras de la
UBA y miembro del Instituto Interdisciplinario de Estudios de
Género de la Facultad de Filosofía y Letras (UBA). Actualmente realiza investigaciones relativas a la medicina y la psiquiatría
de fines del siglo XIX y principios del XX en la Argentina desde una perspectiva de género. Bajo el título *Escritos sobre el
amor* (en prensa), ha compilado junto con Omar Acha artículos

en su mayor parte inéditos de José Ingenieros. Participa también en la obra *Cuerpos, géneros e identidades*, compilada por Paula Lucía Halperín y Omar Acha. Es autor de artículos publicados en las revistas *Periferias* y *WAC News. World Archaeological Newsletter*.

Índice

Este libro se terminó de imprimir
en el mes de julio de 2000
en Super Press, Estomba 44,
Ciudad Autónoma de Buenos Aires,
República Argentina.